银行业专业人员职业资格考试辅导系列

个人贷款(初级)过关必备
(名师讲义+历年真题+考前预测)

圣才学习网　主　编

清华大学出版社
北 京

内 容 简 介

本书是银行业专业人员职业资格考试《个人贷款(初级)》的学习辅导用书,具体包括四部分内容:第一部分介绍了银行业专业人员职业资格考试制度,总结了近几年真题的命题规律,并针对考试提出了有效的复习应试策略;第二部分在对历年考试真题进行研究的基础上全面讲解考试重点、难点内容;第三部分是历年真题及详解,根据最新《个人贷款(初、中级适用)》教材和考试大纲的要求,对2015年下半年和2016年上半年两套真题中的每道题目从难易程度、考查知识点等方面进行了全面、细致的解析;第四部分是考前预测及详解,按照最新考试大纲及近年的命题规律精心编写了两套考前模拟试题,并根据教材对所有试题进行了详细的分析和说明。

本书以参加银行业专业人员职业资格考试的考生为主要读者对象,特别适合临考前复习使用,同时也可以用作银行业专业人员职业资格考试培训班的教辅,以及大、中专院校师生的参考用书。

图书在版编目(CIP)数据

个人贷款(初级)过关必备(名师讲义+历年真题+考前预测)/圣才学习网主编. —北京:清华大学出版社,2017

(银行业专业人员职业资格考试辅导系列)

ISBN 978-7-302-46313-9

Ⅰ. ①个… Ⅱ. ①圣… Ⅲ. ①个人—贷款—中国—资格考试—自学参考资料 Ⅳ. ①F832.479

中国版本图书馆 CIP 数据核字(2017)第 021363 号

责任编辑:杨作梅
装帧设计:杨玉兰
责任校对:吴春华
责任印制:杨 艳
出版发行:清华大学出版社
          网   址:http://www.tup.com.cn, http://www.wqbook.com
          地   址:北京清华大学学研大厦 A 座   邮   编:100084
          社 总 机:010-62770175   邮   购:010-62786544
          投稿与读者服务:010-62776969, c-service@tup.tsinghua.edu.cn
          质量反馈:010-62772015, zhiliang@tup.tsinghua.edu.cn
印 刷 者:北京富博印刷有限公司
装 订 者:北京市密云县京文制本装订厂
经   销:全国新华书店
开   本:190mm×260mm   印   张:17.5   字   数:422 千字
版   次:2017 年 3 月第 1 版   印   次:2017 年 3 月第 1 次印刷
印   数:1~2000
定   价:39.80 元

产品编号:064806-01

银行业专业人员职业资格考试辅导系列

编 委 会

为了帮助考生顺利通过银行业专业人员职业资格考试，我们根据最新考试大纲、教材和相关考试用书编写了银行业专业人员职业资格考试辅导系列用书，具体如下。

- ● 《银行业法律法规与综合能力(初级)过关必备(名师讲义+历年真题+考前预测)》；
- ● 《风险管理(初级)过关必备(名师讲义+历年真题+考前预测)》；
- ● 《个人理财(初级)过关必备(名师讲义+历年真题+考前预测)》；
- ● 《公司信贷(初级)过关必备(名师讲义+历年真题+考前预测)》；
- ● 《个人贷款(初级)过关必备(名师讲义+历年真题+考前预测)》；
- ● 《银行业法律法规与综合能力(中级)过关必备(名师讲义+历年真题+考前预测)》；
- ● 《个人理财(中级)过关必备(名师讲义+历年真题+考前预测)》。

本书是银行业专业人员职业资格考试《个人贷款(初级)》的学习辅导用书，根据《个人贷款(初级)》考试科目的最新命题规律和特点，总结分析了考试要点，并对难点进行了重点讲解。

总体来说，本书具有以下几个方面的特点。

1. 备考指南剖析考情，解读命题规律

本部分重点介绍银行业专业人员职业资格考试，剖析历年考试的命题规律，并有针对性地给出相应的学习方法和应试技巧，用以提高考生的应试能力。

2. 整理考试重点，浓缩知识点精华

【考查内容】总体介绍各章考查重点、历年考试题型等，方便考生从总体上把握全书要点。

【备考方法】指明具体的复习思路和学习要点。

【框架结构】清晰勾勒出每章知识的轮廓，使考生明确各知识点在整个体系中的地位和作用，形成脉络分明的复习主线。

【核心讲义】集聚名师数年讲授经验和授课精华，浓缩知识点精华。重要考点后附有精选例题，以近年考题为切入点，重点阐释各知识点的潜在联系。

【过关练习】根据高频考点，精选习题，难度与真题相近，便于考生检验学习效果，巩固知识点。

3. 精准解析历年真题，深度解读考试重难点

本书精选 2015 年下半年和 2016 年上半年共两套真题，按照最新考试大纲、指定教材和法律法规对全部真题的答案进行了详细的分析和说明。解析部分对相关知识点进行了系统归纳和总结，利于考生全面掌握和熟悉相关知识点。

4. 考前预测紧扣大纲，直击考点实战演练

本书根据历年考试真题的命题规律及热门考点，精心编写了两套模拟试题，其试题数

量、难易程度、出题风格与考试真题完全一样,紧扣大纲,知识"全",直击考点,命题"准",实战演练,提高"快",方便考生检测学习效果,评估应试能力。

购买本书可享受大礼包增值服务,登录圣才学习网(www.100xuexi.com),刮开所购图书封面防伪标密码,即可享受以下大礼包增值服务:①28小时视频课程(价值 150 元);②本书3D电子书(价值30元);③3D题库【历年真题+章节题库+考前押题】(价值30元);④手机版【电子书/题库】(价值60元),可在圣才学习网旗下所有网站进行消费。本书提供名师考前直播答疑,手机、电脑均可观看,直播答疑在考前推出(具体时间见网站公告)。

与本书相配套,圣才学习网还提供银行业专业人员职业资格考试网络课程、3D电子书、3D题库(免费下载,免费升级)。

圣才学习网编辑部

目录

第一部分 备考指南

考试制度解读 3
  一、考试简介 3
  二、报名条件 3
  三、考试科目、范围和题型 3
  四、考试方式 3
  五、考试时间和考试地点 3
  六、成绩认定 4

命题规律总结 5
  一、以填空形式考查教材原文 5
  二、通过具体情况考查知识点 5

三、不同形式、多种角度考查同一
  考点 7
四、多个考点在同一题目中考查 7
五、计算题考查的知识点集中，注意
  理解运用 8
六、考查概念、属性 9
七、考查法律法规中的具体条款 10

复习应试策略 12
  一、学习方法 12
  二、应试技巧 13

第二部分 核心讲义

第一章 个人贷款概述 17
  【考查内容】 17
  【备考方法】 17
  【框架结构】 17
  【核心讲义】 17
  一、个人贷款的性质和发展 17
  二、个人贷款产品的种类 18
  三、个人贷款产品的要素 23
  过关练习 26

第二章 个人贷款营销 29
  【考查内容】 29
  【备考方法】 29
  【框架结构】 29
  【核心讲义】 29
  一、个人贷款的客户定位 29
  二、个人贷款的营销渠道 31
  三、个人贷款的营销组织 32
  过关练习 35

第三章 个人贷款管理 37
  【考查内容】 37
  【备考方法】 37
  【框架结构】 37
  【核心讲义】 37
  一、个人贷款的流程 37
  二、个人贷款业务风险识别 49
  三、个人贷款定价 51
  四、抵质押物管理 52
  过关练习 53

第四章 个人住房贷款 56
  【考查内容】 56
  【备考方法】 56
  【框架结构】 56
  【核心讲义】 57
  一、基础知识 57
  二、贷款的流程 62
  三、风险管理 68

四、公积金个人住房贷款....................77
　　过关练习....................83

第五章　个人消费类贷款....................86
　　【考查内容】....................86
　　【备考方法】....................86
　　【框架结构】....................86
　　【核心讲义】....................86
　　一、个人汽车贷款....................86
　　二、个人教育贷款....................98
　　三、其他个人消费贷款....................109
　　过关练习....................111

第六章　个人经营类贷款....................114
　　【考查内容】....................114
　　【备考方法】....................114

　　【框架结构】....................114
　　【核心讲义】....................115
　　一、个人商用房贷款....................115
　　二、个人经营贷款....................122
　　三、农户贷款....................128
　　四、下岗失业小额担保贷款....................131
　　过关练习....................132

第七章　个人征信管理....................135
　　【考查内容】....................135
　　【备考方法】....................135
　　【框架结构】....................135
　　【核心讲义】....................135
　　一、概述....................135
　　二、个人征信报告内容介绍....................138
　　过关练习....................140

第三部分　历年真题及详解

2015年下半年银行业专业人员职业资格考试《个人贷款(初级)》真题....................145
　　答案及详解....................160
2016年上半年银行业专业人员职业资格考试《个人贷款(初级)》真题....................176
　　答案及详解....................192

第四部分　考前预测及详解

银行业专业人员职业资格考试《个人贷款(初级)》考前预测(一)....................209
　　答案及详解....................225
银行业专业人员职业资格考试《个人贷款(初级)》考前预测(二)....................240
　　答案及详解....................255

第一部分

备考指南

考试制度解读

根据《银行业专业人员职业资格制度暂行规定》和《银行业专业人员初级职业资格考试实施办法》的规定，银行业专业人员职业资格考试有关事项如下。

一、考试简介

"银行业专业人员职业资格考试"由"中国银行业从业人员资格认证考试"更名而来。银行业专业人员的职业水平评价分为初级、中级和高级 3 个资格级别，其中初级和中级职业资格采用考试的评价方式；高级职业资格的评价办法暂未公布。

银行业专业人员初级职业资格的评价实行全国统一大纲、统一命题、统一组织的考试制度，原则上每年举行两次考试。

二、报名条件

中华人民共和国公民同时具备下列条件的，都可以报名参加银行业初级资格考试。
(1) 遵守国家法律、法规和行业规章；
(2) 具有完全民事行为能力；
(3) 取得国务院教育行政部门认可的大学专科以上学历或者学位。

三、考试科目、范围和题型

银行业初级资格考试设《银行业法律法规与综合能力》和《银行业专业实务》2 个科目。其中，《银行业专业实务》下设风险管理、个人理财、公司信贷、个人贷款、银行管理 5 个专业类别。

考试范围限定在大纲范围内，但不局限于教材内容。

考试题型目前均为客观题，具体分为单选题、多选题和判断题。

四、考试方式

银行业初级资格考试，采用计算机闭卷答题的方式进行。

五、考试时间和考试地点

(一)考试时间

考试日期原则上为每年的第二季度和第四季度。

《银行业法律法规与综合能力》科目和《银行业专业实务》科目 5 个专业类别的考试

时间均为 2 个小时。

(二)考试地点

考试地点原则上设在地级以上城市的大、中专院校或者高考定点学校。

六、成绩认定

考试成绩实行 2 次为一个周期的滚动管理办法，在连续的 2 次考试中，参加《银行业法律法规与综合能力》科目和《银行业专业实务》科目 1 个专业类别的考试并合格，即可取得银行业专业人员该专业类别的初级职业资格证书。对参加《银行业专业实务》科目其他专业类别考试并合格的，其专业类别可以在职业资格证书中签注。

命题规律总结

银行业专业人员职业资格考试的真题每次都是随机抽取的，但是通过对最近几年大量考试真题的研究，我们发现有一些命题规律仍可以遵循，具体总结如下。

一、以填空形式考查教材原文

该类题目多是对细节内容的考查，要求考生能够对知识点准确记忆。

1. 个人理财业务是建立在(　　)关系基础之上的银行业务。[个人理财 2016 年上半年真题]

　　A. 完全信任　　　　　B. 委托—代理　　　　C. 自愿平等　　　　D. 行业监督

【答案】B

【解析】个人理财业务是建立在委托—代理关系基础之上的银行业务，是一种个性化、综合化的服务活动。

2. 进行信贷客户内部评级的评价主体是＿＿，评价目标是＿＿，评价结果是＿＿。(　　)[公司信贷 2016 年上半年真题]

　　A. 商业银行；客户违约风险；信用等级

　　B. 专业评级机构；偿债意愿；违约概率

　　C. 商业银行；偿债意愿；违约概率

　　D. 专业评级机构；客户违约风险；信用等级

【答案】A

【解析】客户信用评级是商业银行对客户偿债能力和偿债意愿的计量和评价，反映客户违约风险的大小。客户评级的评价主体是商业银行，评价目标是客户违约风险，评价结果是信用等级。

3. 信息科技系统事件是指第三方故意骗取、盗用、抢劫财产、伪造要件、攻击商业银行信息科技系统或逃避法律监管导致的损失事件。(　　)[银行管理 2016 年上半年真题]

　　A. 正确　　　　　B. 错误

【答案】B

【解析】信息科技系统事件，是指因信息科技系统生产运行、应用开发、安全管理以及由于软件产品、硬件设备、服务提供商等第三方因素，造成系统无法正常办理业务或系统速度异常所导致的损失事件。外部欺诈事件，是指第三方故意骗取、盗用、抢劫财产、伪造要件、攻击商业银行信息科技系统或逃避法律监管导致的损失事件。

二、通过具体情况考查知识点

该类题目比较灵活，需要考生对考点有深刻的理解，并掌握其内在含义，从而能把知识点应用到具体实践中去。

1. 审查人员在审查犯罪分子提交的有明显伪造痕迹的 100 万元银行承兑汇票时，由于工作马虎，没有识别出来而予以贴现，犯罪分子获取贴现资金后潜逃，银行追赃无果。该工作人员的行为涉嫌构成( )。[银行业法律法规与综合能力 2016 年上半年真题]

　　A．诈骗罪　　　　　　　　　　　B．对违法票据承兑、付款、保证罪

　　C．伪造金融票证罪　　　　　　　D．票据诈骗罪

【答案】B

【解析】对违法票据承兑、付款、保证罪，是指银行或其他金融机构的工作人员在票据业务中，对违反《票据法》规定的票据予以承兑、付款或者保证，造成重大损失的行为。

2. 甲向乙贷款 6 万元，由丙书面承诺在甲不能履行债务时，由丙承担一般保证责任，借款到期后，甲虽有钱仍想赖账不还，乙找甲催款未果，遂要求丙履行保证责任还款。下列关于保证责任的表述，正确的是( )。[银行管理 2016 年上半年真题]

　　A．丙应当履行保证责任，代甲还款 6 万元

　　B．丙应当履行保证责任，与乙共同向甲追款，追款未果给乙还款 6 万元

　　C．丙应当履行保证责任，先代甲还款 6 万元后，再向甲追债

　　D．丙目前可以拒绝承担保证责任

【答案】D

【解析】根据我国《担保法》的规定，保证的方式有一般保证和连带责任保证两种。当事人在保证合同中约定，债务人不能履行债务时，由保证人承担保证责任的为一般保证。一般保证的保证人在主合同纠纷未经审判或者仲裁，并就债务人财产依法强制执行仍不能履行债务前，对债权人可以拒绝承担保证责任。

3. A 公司股东张先生向银行申请个人商用房贷款，下列不能认定为其还款来源的是( )。[个人贷款 2016 年上半年真题]

　　A．A 公司的经营收入　　　　　　B．张先生的工资收入

　　C．张先生贷款所购商用房的出租收入　　D．张先生名下住房出租收入

【答案】A

【解析】个人商用房贷款要确认借款人收入来源是否稳定，是否具备按时足额偿还贷款本息的能力，收入还贷比是否符合规定；在计算借款人收入时，可将所购商用房未来可能产生的租金收入作为借款人收入。A 项属于公司的经营收入，不能作为个人贷款的还款来源。

4. 商业银行将部分企业贷款的贷前调查工作外包给专业调查机构，并根据该机构提供的调查报告，与某企业签订了一份长期抵押贷款合同。不久，因经济形势恶化导致该企业出现违约行为，同时商业银行发现其抵押物价值严重贬损。在这起风险事件中，( )应当承担风险损失的最终责任。[风险管理 2014 年下半年真题]

　　A．贷款审批人　　　　　　　　　B．贷款企业

　　C．专业调查机构　　　　　　　　D．商业银行

【答案】D

【解析】从本质上说，业务操作或服务虽然可以外包，但其最终责任并未被"包"出去。商业银行仍然是外包过程中出现的操作风险的最终责任人，对客户和监管者承担着保证服务质量、安全、透明度和管理汇报的责任。

三、不同形式、多种角度考查同一考点

在考试中，有的考点会从不同角度、以不同形式进行多次考查，考生需格外重视这类考点。

1. 下列关于商业银行资本的表述，正确的是(　　)。[银行业法律法规与综合能力 2014 年下半年真题]

 A. 经济资本是一种完全取决于银行盈利大小的资本

 B. 会计资本也称为账面资本，即所有者权益

 C. 商业银行的会计资本等于经济资本

 D. 银行资本等于会计资本、监管资本和经济资本之和

【答案】B

【解析】A 项，经济资本又称风险资本，是指银行内部管理人员根据银行所承担的风险计算的、银行需要保有的最低资本量，与银行盈利大小没有直接联系；C 项，会计资本是账面资本，即所有者权益，经济资本是银行需要保有的最低资本量，两者含义不同；D 项，会计资本、监管资本和经济资本是银行从不同的角度将资本进行的定义。

2. 下列关于经济资本的表述，正确的有(　　)。[银行业法律法规与综合能力 2016 年上半年真题]

 A. 经济资本可能大于账面资本，也可能小于账面资本

 B. 经济资本是银行持有的可用于抵御风险的现实资本

 C. 经济资本的大小与商业银行的整体风险水平成反比

 D. 经济资本就是会计资本

 E. 经济资本被广泛应用于商业银行的绩效管理、资源配置、风险控制等领域

【答案】AE

【解析】经济资本是描述在一定的置信度水平下(如 99%)，为了应对未来一定期限内资产的非预期损失而应该持有或需要的资本金。BD 两项，经济资本是根据银行资产的风险程度计算出来的虚拟资本，而现实资本和会计资本都是银行实实在在拥有的资本。C 项，经济资本本质上是一个风险概念，又称风险资本，与商业银行的整体风险水平成正比。

四、多个考点在同一题目中考查

在考试中，有时一道题目会将两个考点或者多个考点连接起来，旨在考查不同考点之间的联系和区别，因此，对于这类考点，考生需通过对比进行学习。

1. 下列关于基金的前端收费与后端收费的表述，正确的有(　　)。[个人理财 2015 年下半年真题]

 A. 某些基金甚至规定如果在持有基金超过一定期限后才卖出，后端收费的申购费可以完全免除

 B. 前端收费是指投资人在申购基金时缴纳申购费用，按投资资金划分费率

 C. 后端收费是指投资人在赎回时缴纳申购费率，以持有时间划分费率档次

    D．前端收费与后端收费是针对申购费而言的，也适用于赎回费

    E．前端收费与后端收费只是针对申购费而言的

【答案】ABC

【解析】前端收费是在申购时支付申购费，而后端收费是在赎回基金时才支付。后端收费的形式是费率随着持有基金时间的增长而递减，某些基金甚至规定如果能在持有基金超过一定期限后才卖出，后端收费可以完全免除。

2．下列关于分公司和子公司的表述，正确的是(　　)。[银行业法律法规与综合能力2014年下半年真题]

    A．分公司具备法人资格，依法独立承担民事责任，子公司不具备法人资格，其民事责任由公司承担

    B．分公司和子公司都不具备法人资格，其民事责任由公司承担

    C．分公司和子公司都具备法人资格，依法独立承担民事责任

    D．分公司不具备法人资格，其民事责任由公司承担，子公司具备法人资格，依法独立承担民事责任

【答案】D

【解析】根据《公司法》的规定，公司分为有限责任公司和股份有限公司。子公司是一个独立的主体，拥有法人资格，分公司不具备企业法人资格，不具有独立的法律地位，不独立承担民事责任。

五、计算题考查的知识点集中，注意理解运用

银行业专业人员职业资格考试各科目均涉及简单的计算题，其中风险管理科目中的计算题较多且难度较大，考生需牢记公式，多加练习，在理解分析的基础上计算出结果。

1．根据我国《商业银行资本管理办法(试行)》，某商业银行扣除资本扣减项后的一级资本为120亿元人民币，二级资本为50亿元人民币，风险加权资产为1700亿元人民币，要达到资本充足率10.5%的要求，则其应增加资本(　　)亿元人民币。[银行业法律法规与综合能力2014年上半年真题]

    A．50　　　　　　B．8.5　　　　　　C．0.5　　　　　　D．10.5

【答案】B

【解析】要达到资本充足率10.5%的要求，该商业银行应持有的符合规定的资本为：10.5%×1700=178.5(亿元)，应增加的资本为：178.5-(120+50)=8.5(亿元)。

2．某公司2013年度销售收入净额为3000万元，年初应收账款余额为150万元，年末应收账款余额为250万元，每年按360天计算，则该公司应收账款周转天数为(　　)天。[公司信贷2014年上半年真题]

    A．22　　　　　　B．17　　　　　　C．24　　　　　　D．15

【答案】C

【解析】根据公式，应收账款周转次数=销售收入/平均应收账款余额，周转天数=360/周转次数，可得，该公司的应收账款周转天数=360/(3000/200)=24(天)。

3. 某生产企业 2013 年年末的速动比率为 1.2，该企业流动资产包括存货、待摊费用、货币资金、交易性金融资产和应收账款 5 个部分，其中应收账款占整个企业流动负债的比例为 40%，该公司的现金比率为(　　)。[公司信贷 2016 年上半年真题]

    A．60%　　　　　B．无法计算　　　　C．70%　　　　　D．80%

【答案】D

【解析】现金比率的计算公式为：现金比率=现金类资产/流动负债，其中现金类资产是速动资产扣除应收账款后的余额，又知，速动比率=速动资产/流动负债。因此，现金比率=(速动资产-应收账款)/流动负债=速动资产/流动负债-应收账款/流动负债=速动比率-应收账款/流动负债=1.2-40%=80%。

4. 商业银行向某客户提供一笔 3 年期的贷款 1000 万元，该客户在第 1 年的违约率是 0.8%，第 2 年的违约率是 1.4%，第 3 年的违约率是 2.1%。3 年到期后，贷款会全部归还的回收率为(　　)。[风险管理 2014 年上半年真题]

    A．95.757%　　　B．96.026%　　　　C．98.562%　　　D．92.547%

【答案】A

【解析】根据死亡率模型，该客户能够在 3 年到期后将本息全部归还的概率为：(1-0.8%)×(1-1.4%)×(1-2.1%)=95.757%。

5. 如果采用分期付款方式购买一台电脑，期限 6 个月，每月月底支付 800 元，年利率为 12%，则可购买一台(　　)元的电脑。(取最接近数值)[个人理财 2016 年上半年真题]

    A．4578　　　　　B．4286　　　　　C．4636　　　　　D．4800

【答案】C

【解析】本题中，月利率=12%/12=1%。根据(期末)年金现值的公式，可购买的这台电脑的价值为

$$PV = \frac{C}{r}\left[1 - \frac{1}{(1+r)^t}\right] = \frac{800}{1\%}\left[1 - \frac{1}{(1+1\%)^6}\right] \approx 4636(元)$$

六、考查概念、属性

概念题是历年考试的必考项。此外，业务归属、不同相似知识点的差异也经常作为考题出现。对于这类考点，考生除了多看多背外，还可以通过创建表格的方式加强记忆。

1. 贷款公司可经营的业务包括(　　)。[银行业法律法规与综合能力 2016 年上半年真题]

    A．办理同业拆借　　　　　　　　　B．办理各项贷款

    C．办理票据贴现　　　　　　　　　D．办理贷款项下的结算

    E．办理资产转让

【答案】BCDE

【解析】经批准，贷款公司可经营下列业务：①办理各项贷款；②办理票据贴现；③办理资产转让；④办理贷款项下的结算；经中国银行业监督管理委员会批准的其他资产业务。

2. 根据《担保法》的规定，担保的形式包括(　　)。[公司信贷 2015 年下半年真题]

    A．抵押　　　　　　　　B．质押　　　　　　　　C．留置

  D．承诺   E．定金

【答案】ABCE

【解析】担保的形式有多种，一笔贷款可以有几种担保，担保的具体形式主要有：抵押、质押、保证、留置、定金。

  3．在收集客户信息的过程中，属于定性信息的是( )。[个人理财2014年上半年真题]

    A．投资偏好   B．雇员福利

    C．客户的投资规模   D．资产与负债

【答案】A

【解析】客户信息分为定量信息和定性信息，其中，定性信息包括：①家庭基本信息；②职业生涯发展状况；③家庭主要成员的情况；④客户的期望和目标。BCD三项均属于定量信息。

七、考查法律法规中的具体条款

  法律法规的考查难度不大，有的只是考查一些比较重要的数字，如时间、金额、人数、比例等，大多比较简单，这就要求考生对知识点准确识记；有的是给出小的案例，让考生运用法条进行解释，这时就需要考生对有关法律法规有深刻的理解。

  1．根据《商业银行法》，商业银行的注册资本最低限额为( )。[银行业法律法规与综合能力2015年下半年真题]

    A．认缴资本五千万元人民币 B．认缴资本一千万元人民币

    C．实缴资本一千万元人民币 D．实缴资本五千万元人民币

【答案】D

【解析】设立全国性商业银行的注册资本最低限额为十亿元人民币；设立城市商业银行的注册资本最低限额为一亿元人民币；设立农村商业银行的注册资本最低限额为五千万元人民币。注册资本应当是实缴资本。

  2．在销售境外机构设计发行的理财产品时，商业银行对理财资金的成本与收益( )。[个人理财2014年上半年真题]

    A．应独立测算   B．无须测算

    C．只需交给投资者进行测算 D．应要求境外机构提供测算

【答案】A

【解析】根据《商业银行个人理财业务管理暂行办法》第三十九条的规定，商业银行应对理财计划的资金成本与收益进行独立测算，采用科学合理的测算方式预测理财投资组合的收益率。商业银行不得销售不能独立测算或收益率为零或负值的理财产品。

  3．根据《商业银行理财产品销售管理办法》的规定，理财产品宣传材料应当在醒目位置提示客户( )。[银行管理2016年上半年真题]

    A．"本理财产品有投资风险，只能保证获得合同明确承诺的收益，您应当充分认识投资风险，谨慎投资"

    B．"理财非存款、产品有风险、投资须谨慎"

  C．"如影响您风险承受能力的因素发生变化，请及时完成风险承受能力评估"

  D．"本理财产品有投资风险，只保障理财资金，不保证理财收益，您应当充分认识投资风险，谨慎投资"

【答案】B

【解析】根据《商业银行理财产品销售管理办法》第十七条的规定，理财产品宣传材料应当在醒目位置提示客户，"理财非存款、产品有风险、投资须谨慎"。

4．根据商业银行绿色信贷合同管理的要求，对涉及重大环境和社会风险的客户，说法错误的是( )。[公司信贷 2015 年下半年真题]

  A．应当设立客户加强环境和社会风险管理的声明和保证条款，设定客户接受贷款人监督等承诺条款

  B．应当订立客户增加抵押、质押和其他担保方式的条款

  C．应当设立客户在管理环境和社会风险方面违约时银行业金融机构的救济条款

  D．在合同中应当要求客户提交环境和社会风险报告

【答案】B

【解析】根据《绿色信贷指引》第十八条，银行业金融机构应当通过完善合同条款督促客户加强环境和社会风险管理。对涉及重大环境和社会风险的客户，在合同中应当要求客户提交环境和社会风险报告，订立客户加强环境和社会风险管理的声明和保证条款，设定客户接受贷款人监督等承诺条款，以及客户在管理环境和社会风险方面违约时银行业金融机构的救济条款。

5．如果投保人因为疏忽大意或过失而未履行如实告知义务，保险人无权解除保险合同。( )[个人贷款 2016 年上半年真题]

  A．正确   B．错误

【答案】B

【解析】《保险法》赋予保险公司解除保险合同的权利，即如果投保人故意或过失不履行如实告知义务，足以影响保险人决定是否同意承保或提高保险费率的，保险人有权解除保险合同。

复习应试策略

一、学习方法

1. 重视考试大纲

银行业专业人员职业资格考试大纲是考试命题的依据，也是应考人员备考的重要资料，考试范围限定在大纲范围内，但不局限于教材内容。

考生可以根据给出的考试大纲，更为合理地安排复习时间，也可以根据考试内容分值的多少，合理地分配自己的时间。比如，前四章内容占整个卷面分值的 60%，就要多花些时间。知识面的学习一定要宽，因为考试难度不大，题目一定会在宽度上有所体现。复习时一定要根据考试大纲的知识点、考点备考，要对考试大纲有个很好的了解和分析。

因此，考生备考的第一步便是分析大纲，知晓每个科目的考试内容，这也有利于考生把握各科目的知识脉络。

2. 制订学习计划

提前规划学习进度有助于取得理想的考试成绩，银行业专业人员职业资格考试也不例外。从整体来说，银行业专业人员职业资格考试的难度并不大，但是考查的内容很多，因此非常有必要制订学习计划。学习计划的制订应充分考虑教材内容的多少和备考时间的长短。一般而言，考生应保证做到对教材的初步全面学习和后期的重点强化。

3. 以指定教材为基础

考试大纲可帮助考生把握考试方向，教材则是具体地给出了实实在在的知识点。在重视考试大纲的基础上使用教材能达到事半功倍的效果。

银行业专业人员职业资格考试的整体难度并不大，考试中出现的基本概念、理论都出自教材，只有在教材与大纲和法律法规有冲突的情况下，才以大纲和最新的法律法规为准。很多比较难的计算分析题也是改编于教材中的例题，考生应该反复记忆教材中的重要知识点，对例题要做到彻底理解并能独立进行解答分析。例如，风险管理，考试中常涉及一些比较复杂的分析和计算题，很多考生屡考不过。其实万变不离其宗，计算题用到的公式以及分析题运用的原理在教材上都是可以找到的，考生熟悉教材并辅之以适当的练习即可顺利通过考试。

总之，教材在考试中举足轻重，是考试成功的关键。考生对教材中的知识点需熟记于心，并能灵活运用。

4. 适当进行章节练习

从历年考试情况来看，银行业专业人员职业资格考试的知识点相对固定，考试中反复出现的真题较多。针对上述考试特点，虽然我们不建议考生采用题海战术，但是，在学习教材的过程中，应进行适当的章节练习，以便在巩固知识点的同时，掌握高频考点和常见的出题方式。

对教辅的选择也很重要，优秀的辅导用书会帮助考生熟悉考试程序，抓住考试要点，节省考生的宝贵时间。一般而言，教辅用书以有考点归纳、配有考试真题的为佳。

随着电子产品的普及，学习途径也变得越发丰富起来，考生可以利用智能手机、平板电脑购买电子书和题库，随时随地进行练习，以便早日熟悉机考环境。此外，配有视频讲解的电子书更是考生复习备考的好帮手。

5．重视历年真题

银行业专业人员职业资格考试的真题从不对外公布，因此，一份完整的真题显得异常珍贵。通过研习考试真题，我们可以了解本考试科目的出题风格、难度及命题点，所以考生应该格外珍惜历年真题，真题中出现的每一个考点都值得考生仔细研究、反复记忆。

银行业专业人员职业资格考试的技巧性很强，考生需要保持一种做题的感觉，否则，即使知识点掌握得很牢固也有可能会失败。强化重点题型，提高解题熟练度。建议考生预留出三四套完整的真题到考前一到两周进行模拟训练，以检测学习效果，这时要求考生严格要求自己，把模拟当作实战，切勿分心走神。边做题边翻书更是不可取的。

鉴于考试中真题重复出现的概率比较高，考生对于自己在练习模拟中不会答、错答的真题，一定要做好笔记，多次查看，认真理解相关知识点。

6．劳逸结合，查缺补漏

进入最后冲刺阶段后，在各个方面都已经复习到位的基础上，考生不应情绪紧张，而应该劳逸结合，切忌疲劳复习，影响考试成绩。考生最好把整个科目的知识体系从头到尾进行梳理，把之前做错的题目(尤其是真题)再看一遍，以加深记忆，这样不仅能提早进入考试状态，而且又不至于过分紧张。

建议考前最后一星期不要再进行题海战术，而应查缺补漏，看看之前做过的错题，补充知识点为上上策，看着大纲回忆具体内容也是一个非常好的方法。

7．梳理答题思路

学习永无止境，没有人觉得自己真正准备好了，如果你觉得自己还有很多知识点没有看、很多题没有做，不用担心，万变不离其宗，知道答题思路即可。最佳的状态就是把答题思路融入答题过程中，灵活应对。

在最后的三天时间里，建议考生梳理答题思路，针对不同的题型，总结出一套自己的答题模式。这样做可以避免在紧张的考试环境中无话可说，即使在答题的过程中用不到，提前准备也可以避免考生心慌。

二、应试技巧

根据考试真题的特点，我们建议考生可以参考以下几点技巧。

1．细致审题

细节决定成败，考生在答题过程中一定要仔细审题，区分题目是选择肯定项还是否定项。准确审题是取得考试成功的关键。

2．不纠缠难题

遇到不会做的题，建议考生不要用太多的时间思考。考试的时间比较紧张，建议考生遇到难题时做上标记，留待最后解决，珍惜考试时间，不能因小失大，导致最后出现大量题目做不完的情况。

3．使用猜题技巧，不漏答题

即使有难题、自己感觉拿不准的题，也应尽量给出一个答案。毕竟答了就有希望，不答肯定不能得分。这里可以使用猜题技巧：①表示绝对含义的词语所在的选项通常为错误选项，如完全、一定、所有等；②表示相对意义的词语所在的选项一般为正确选项，如一般、通常、往往、可能、可以等；③寻找题干和选项重复的关键字，一般就是正确答案。

另外，在具体的答题过程中，考生也可以采用排除法，对于与自身经验和常识不符的选项，可逐步排除。

4．合理分配考试时间

在不纠缠难题和不遗漏答题的基础上，考试时在各题型的时间和精力分配上需要讲究策略，单选题和判断题题量大，但题目比较简单，因此，这两个题型可以占用考试一半左右的时间。多选题虽然题量少，但是难度大，每题都需要仔细审题，因此，总体需要的时间与单选题和判断题相当，会做的题目一定注意不要多选、漏选，争取多得分。

如果试卷全部答完后还有剩余时间，可以充分利用剩余时间检查答案。需要提醒考生的是，答完卷后别着急交卷，认真检查一遍，除非你有十足的把握，否则不要盲目改答案。

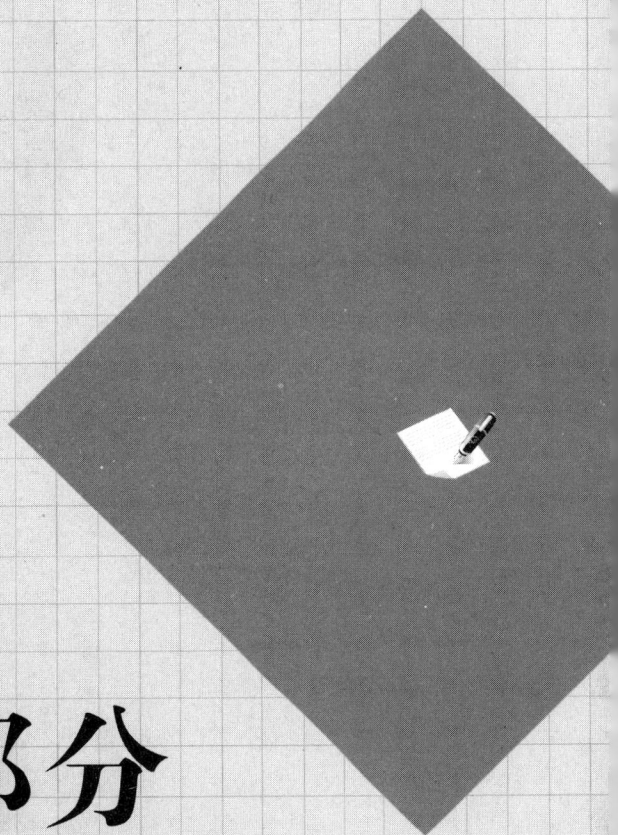

第二部分

核心讲义

第一章　个人贷款概述

【考查内容】

　　本章主要分三部分对个人贷款进行基本概述。考生需掌握个人贷款的性质和发展、产品的种类和要素，其中，对于个人贷款产品的三种分类依据及具体类别、六大要素等考查较为常见，考生需要深刻理解。

　　本章考点在单选题、多选题和判断题这三种题型中均会出现。其中，判断题多是对细节的考查，对知识点的考查比较灵活。

【备考方法】

　　本章知识点以记忆为主，难度不大，且考点集中，真题大多是对细节的考查，因此，考生在备考的过程中要深刻理解并熟记教材中涉及的内容，比如个人贷款产品，考生不仅要了解其分类依据及具体类别的概念，还要掌握每种类别产品的特征。有些内容考生需对比记忆，比如个人贷款产品的几种还款方式及担保方式等。建议考生联系图表记忆，有助于提高学习效率。

【框架结构】

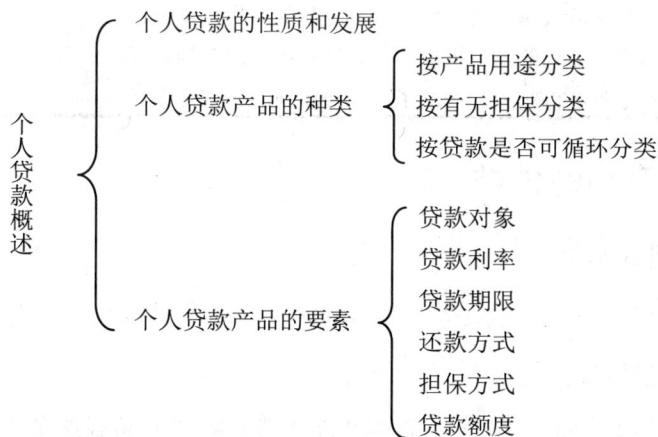

【核心讲义】

一、个人贷款的性质和发展

　　个人贷款的概念、意义、特征和发展历程的具体内容如表 1-1 所示。

表 1-1 个人贷款

项　目	内　容
概念	①个人贷款是指贷款人向符合条件的自然人发放的用于个人消费、生产经营等用途的本外币贷款； ②个人贷款业务属于商业银行贷款业务的一部分
意义	①对金融机构而言： a．开展个人贷款业务可以为商业银行带来新的收入来源； b．个人贷款业务可以帮助银行分散风险。 ②对宏观经济而言： a．个人贷款业务的发展，对实现城乡居民的消费需求、极大地满足广大消费者的购买欲望起到了融资的作用； b．对启动、培育和繁荣消费市场起到了催化和促进的作用； c．对扩大内需，推动生产，带动相关产业，支持国民经济持续、快速、健康和稳定发展起到了积极作用； d．对商业银行调整信贷结构、提高信贷资产质量、增加经营效益以及繁荣金融业起到了促进作用
特征	①贷款品种多、用途广；②贷款便利；③还款方式灵活；④低资本消耗
发展历程	到目前为止，我国个人贷款业务的发展经历了起步、发展和规范三个阶段，促进个人贷款的产生和发展的主要因素包括： ①住房制度的改革促进了个人住房贷款的产生和发展； ②国内消费需求的增长推动了个人消费信贷的蓬勃发展； ③商业银行股份制改革推动了个人贷款业务的规范发展

二、个人贷款产品的种类

(一)按产品用途分类

根据产品用途的不同，个人贷款产品可分为个人消费类贷款和个人经营类贷款。

1．个人消费类贷款

个人消费类贷款是指银行向申请购买"合理用途的消费品或服务"的借款人发放的个人贷款。个人消费类贷款包括：①个人住房贷款；②个人汽车贷款；③个人教育贷款；④个人住房装修贷款；⑤个人耐用消费品贷款；⑥个人旅游消费贷款；⑦个人医疗贷款等。

1)　个人住房贷款

个人住房贷款是指银行向自然人发放的用于购买、建造和大修各类型住房的贷款。具体分类如表 1-2 所示。

表 1-2 个人住房贷款的种类

分 类	解 释
自营性个人住房贷款	也称商业性个人住房贷款,是指银行运用信贷资金向在城镇购买、建造或大修各类型住房的自然人发放的贷款
公积金个人住房贷款	①也称委托性住房公积金贷款,是指由各地住房公积金管理中心运用个人及其所在单位缴纳的住房公积金,委托商业银行向购买、建造、翻建、大修自住住房的住房公积金缴存人以及在职期间缴存住房公积金的离退休职工发放的专项住房贷款; ②是一种政策性个人住房贷款,不以营利为目的,实行"低进低出"的利率政策,带有较强的政策性,贷款额度受到限制
个人住房组合贷款	是指按时足额缴存住房公积金的职工在购买、建造或大修住房时,可以同时申请公积金个人住房贷款和自营性个人住房贷款,从而形成特定的个人住房贷款组合

【例 1.1·单选题】下列关于个人住房贷款的表述,错误的是( )。[2014 年下半年真题]

A. 公积金个人住房贷款实行"低进低出"的利率政策

B. 自营性个人住房贷款也称商业性个人住房贷款

C. 个人住房组合贷款不追求营利,是一种政策性贷款

D. 个人住房贷款是指银行向自然人发放的用于购买、建造和大修各类型住房的贷款

【答案】C

【解析】C 项,公积金个人住房贷款实行"低进低出"的利率政策,是一种政策性个人住房贷款。个人住房组合贷款是指按时足额缴存住房公积金的职工在购买、建造或大修住房时,可以同时申请公积金个人住房贷款和自营性个人住房贷款,从而形成特定的个人住房贷款组合。

2) 个人汽车贷款

个人汽车贷款是指银行向自然人发放的用于购买汽车的贷款。个人汽车贷款所购车辆的类别如表 1-3 所示。

表 1-3 个人汽车贷款所购车辆的类别

分类依据	类 型	概 念
按用途	自用车	是指借款人申请汽车贷款购买的、不以营利为目的的汽车
	商用车	是指借款人申请汽车贷款购买的、以营利为目的的汽车
按注册登记情况	新车	—
	二手车	是指从办理完机动车注册登记手续到规定报废年限一年之前进行所有权变更并依法办理过户手续的汽车

3) 个人教育贷款

个人教育贷款是银行向在读学生或其直系亲属、法定监护人发放的用于满足其就学资金需求的贷款。根据贷款性质的不同，个人教育贷款分为国家助学贷款和商业助学贷款两种，具体内容如表1-4所示。

表1-4 个人教育贷款的分类

类 型	概 念	实行原则
国家助学贷款	是由政府主导、财政贴息、财政和高校共同给予银行一定风险补偿金，银行、教育行政部门与高校共同操作的，帮助高校家庭经济困难的学生支付在校学习期间所需的学费、住宿费及生活费的银行贷款	财政贴息、风险补偿、信用发放、专款专用和按期偿还
商业助学贷款	是指银行按商业原则自主向自然人发放的用于支持境内高等院校困难学生学费、住宿费和就读期间基本生活费的商业贷款	部分自筹、有效担保、专款专用和按期偿还

4) 个人住房装修贷款

个人住房装修贷款是指银行向自然人发放的、用于装修自用住房的人民币担保贷款。个人住房装修贷款可以用于支付家庭装潢和维修工程的施工款、相关装修材料和厨卫设备款项等。

5) 个人耐用消费品贷款

个人耐用消费品贷款是指银行向自然人发放的用于购买大额耐用消费品的人民币担保贷款。耐用消费品通常是指价值较大、使用寿命相对较长的家用商品，包括除汽车、房屋以外的家用电器、电脑、家具、健身器材和乐器等。该类贷款通常由银行与特约商户合作开展，即借款人需在银行指定的商户购买特定商品。

6) 个人旅游消费贷款

个人旅游消费贷款是指银行向自然人发放的用于借款人个人及其家庭成员(包括借款申请人的配偶、子女及其父母)参加银行认可的各类旅行社(公司)组织的国内、外旅游所需费用的贷款。

借款人必须选择银行认可的重信誉、资质等级高的旅游公司，并向银行提供其与旅游公司签订的有关协议。

7) 个人医疗贷款

个人医疗贷款是指银行向自然人发放的用于解决贷款人个人及其配偶或直系亲属伤病就医时资金短缺问题的贷款。

个人医疗贷款一般由贷款银行和保险公司联合当地特定合作医院办理，借款人到特约医院领取并填写经特约医院签章认可的贷款申请书，持医院出具的诊断证明及住院证明，到开展此业务的银行申办贷款，获准后持个人持有的银行卡和银行盖章的贷款申请书及个人身份证到特约医院就医、结账。

2．个人经营类贷款

1）概念

个人经营类贷款是指银行向从事合法生产经营的自然人发放的，用于定向购买商用房以及满足个人控制的企业(包括个体工商户)生产经营流动资金需求和其他合理资金需求的贷款。

2）分类

个人经营类贷款的分类具体如表1-5所示。

表1-5 个人经营类贷款的分类

类 别	概 述
个人商用房贷款	①是指贷款人向借款人发放的用于购买商业用房的贷款，如中国银行的个人商用房贷款、交通银行的个人商铺贷款； ②商用房贷款主要是为了解决自然人购买用以生产经营用商铺(销售商品或提供服务的场所)资金需求的贷款
个人经营贷款	①是指用于借款人合法经营活动的人民币贷款； ②借款人是指具有完全民事行为能力的自然人，贷款人是指银行开办个人经营贷款业务的机构，比如中国银行的个人投资经营贷款、中国建设银行的个人助业贷款
农户贷款	①是指银行业金融机构向符合条件的农户发放的用于生产经营、生活消费等用途的本外币贷款； ②农户是指长期居住在乡镇和城关镇所辖行政村的住户、国有农场的职工和农村个体工商户
下岗失业小额担保贷款	①是指银行在政府指定的贷款担保机构提供担保的前提下，向中华人民共和国境内(不含港、澳、台地区)的下岗失业人员发放的人民币贷款； ②政府指定的担保机构是指中国人民银行《下岗失业人员小额担保贷款管理办法》中规定的，下岗失业人员小额担保贷款担保基金会委托的各省(自治区、直辖市)、市政府出资的中小企业信用担保机构或其他信用担保机构

【例1.2·单选题】下列关于个人经营类贷款的说法，错误的是(   )。[2013年上半年真题]

A．个人经营类贷款包括个人商用房贷款、个人经营贷款、农户贷款和下岗失业小额担保贷款

B．个人商用房贷款是指银行向自然人发放的用于购买、建造和大修理各类型住房的贷款

C．个人经营贷款是指用于借款人合法经营活动的人民币贷款

D．农户贷款是指银行业金融机构向符合条件的农户发放的用于生产经营、生活消费等用途的本外币贷款

【答案】B

【解析】B项，个人住房贷款是指银行向自然人发放的用于购买、建造和大修理各类型住房的贷款，属于个人消费类贷款。

(二)按有无担保分类

1．个人贷款产品的分类

个人贷款产品按有无担保分类的具体内容如表 1-6 所示。

表 1-6　个人贷款产品按有无担保分类

分　类		概　念	特　点
有担保贷款	个人抵押贷款	是指贷款银行以借款人或第三人提供的、经贷款银行认可的、符合规定条件的财产作为抵押物而向自然人发放的贷款。当借款人不履行还款义务时，贷款银行有权依法以该财产折价或者以拍卖、变卖财产的价款优先受偿	①先授信后用信； ②一次授信，循环使用； ③贷款用途比较综合
	个人质押贷款	是指自然人以合法有效、符合银行规定条件的质物出质，向银行申请取得的一定金额的贷款	①贷款风险较低，担保方式相对安全； ②时间短、周转快； ③操作流程短； ④质物范围广泛
	个人保证贷款	是指银行以银行认可的，具有代位清偿债务能力的法人、其他经济组织或自然人作为保证人而向自然人发放的贷款	①手续简便； ②办理时间短，环节少； ③可通过法律程序解决纠纷
无担保贷款	个人信用贷款	是银行向自然人发放的无须提供任何担保的贷款，主要依据借款申请人的个人信用状况确定贷款额度，信用等级越高，信用额度越大	①准入条件严格； ②贷款额度小； ③贷款期限短

【例 1.3·判断题】个人保证贷款仅包括以银行认可的、具有代位清偿债务能力的法人或其他经济组织作为保证人而向个人发放的贷款。(　　)[2014 年下半年真题]

　　A．正确　　　　　　　　　　　　B．错误

【答案】B

【解析】个人保证贷款是指银行以银行认可的，具有代位清偿债务能力的法人、其他经济组织或自然人作为保证人而向个人发放的贷款。

2．可用于个人抵押贷款与个人质押贷款的财产

可用于个人抵押贷款与个人质押贷款的财产存在一定差别，其对比如表 1-7 所示。

表 1-7　可用于个人抵押贷款与个人质押贷款的财产

可用于个人抵押贷款的财产	可用于个人质押贷款的财产
①抵押人所有的房屋和其他地上定着物； ②抵押人所有的机器、交通运输工具和其他财产； ③抵押人依法有权处分的国有土地使用权、房屋和其他地上定着物； ④抵押人依法有权处分的国有的机器、交通运输工具和其他财产；	①汇票、支票、本票； ②债券、存款单； ③仓单、提单； ④可以转让的基金份额、股权； ⑤可以转让的注册商标专用权、专利权、著作权等知识产权中的财产权；

续表

可用于个人抵押贷款的财产	可用于个人质押贷款的财产
⑤抵押人依法承包并经发包方同意抵押的荒山、荒沟、荒丘、荒滩等荒地的土地使用权； ⑥依法可以抵押的其他财产	⑥应收账款； ⑦法律、行政法规规定可以出质的其他财产权利

(三)按贷款是否可循环分类

在银行实际操作中，个人贷款产品可以分为个人单笔贷款和个人授信额度，根据贷款是否可循环的不同，个人授信额度又分为个人不可循环使用的授信额度和个人可循环使用的授信额度，具体内容如表 1-8 所示。

表 1-8　个人贷款产品按贷款是否可循环分类

种　类	概　念	特　点
个人单笔贷款	是指用于每个单独批准在一定贷款条件(收入的使用、最终到期日、还款时间安排、定价、担保等)下的个人贷款	被指定发放的贷款本金一旦经过借贷和还款后，就不能再被重复借贷
个人不可循环授信额度	是指根据每次单笔贷款出账金额累计计算，即使单笔贷款提前还款，该笔贷款额度不能循环使用	即使额度仍然在有效期内，如果出账金额累计达到最高授信额度时，也不能再出账
个人可循环授信额度	是指由自然人提出申请，并提供符合银行规定的担保或信用条件(一般以房产作为抵押)，经银行审批同意，对借款人进行最高额度授信，借款人可在额度有效期内随借随还、循环使用的一种个人贷款业务	在额度和期限内，借款人可以自行搭配每次使用的金额，贷款归还后，可以继续循环使用，直至达到最高余额或期满

三、个人贷款产品的要素

个人贷款产品的要素主要包括贷款对象、贷款利率、贷款期限、还款方式、担保方式和贷款额度。

(一)贷款对象

个人贷款的对象仅限于自然人，而不包括法人。合格的个人贷款申请人必须是具有完全民事行为能力的自然人。

(二)贷款利率

贷款利率是借款人为取得货币资金的使用权而支付给银行的价格。

1. 利率的概念

利率是一定时期内利息额与本金的比率，公式表示为：利率=利息额/本金。

2．利率的分类

(1) 利率通常分为年利率、月利率和日利率，分别用百分比、千分比、万分比表示。

(2) 根据资金借贷性质、借贷期限等的不同，可把利率划分为：法定利率和市场利率、短期利率和中长期利率、固定利率和浮动利率、名义利率和实际利率。

固定利率，是指存贷款利率在贷款合同存续期间或存单存期内，执行的固定不变的利率，不依市场利率的变化而调整。

浮动利率，是指银行等金融机构规定的以基准利率为中心，在一定幅度内上下浮动的利率，有利率上浮和利率下浮两种情况。其中，基准利率是指带动和影响其他利率的利率，也叫作中心利率。

3．利率的调整

一般来说，贷款期限在 1 年以内(含 1 年)的实行合同利率，遇法定利率调整不分段计息，执行原合同利率；贷款期限在 1 年以上的，合同期内遇法定利率调整时，由借贷双方按商业原则确定，可在合同期间按月、按季、按年调整，也可采用固定利率的确定方式。

2013 年 7 月，中国人民银行宣布取消金融机构贷款利率的下限，由金融机构根据商业原则自主确定贷款利率水平，贷款利率实现市场化。

(三)贷款期限

1．概念

贷款期限是指从具体贷款产品发放到约定的最后还款或清偿的期限。

2．贷款展期

经贷款人同意，个人贷款可以展期，具体情况包括以下两种。

① 1 年以内(含 1 年)的个人贷款，展期期限累计不得超过原贷款期限；

② 1 年以上的个人贷款，展期期限累计与原贷款期限相加，不得超过该贷款品种规定的最长贷款期限。

(四)还款方式

1．个人贷款还款方式的种类

个人贷款的还款方式如表 1-9 所示。

表 1-9　个人贷款的还款方式

还款方式	具体内容
到期一次还本付息法	又称期末清偿法，是指借款人需在贷款到期日还清贷款本息，利随本清。此种方式一般适用于期限在 1 年以内(含 1 年)的贷款
等额本息还款法	是指在贷款期内每月以相等的额度偿还贷款本息，其中归还的本金和利息的配给比例逐月变化，利息逐月递减，本金逐月递增。每月还款额计算公式为 $$每月还款额 = \frac{月利率 \times (1 + 月利率)^{还款期数}}{(1 + 月利率)^{还款期数} - 1} \times 贷款本金$$ 遇到利率调整及提前还款时，应根据未偿还贷款余额和剩余还款期数计算每期还款额

续表

还款方式	具体内容
等额本金还款法	①是指在贷款期内每月等额偿还贷款本金，贷款利息随本金逐月递减。每月还款额计算公式为 $$每月还款额 = \frac{贷款本金}{还款期数} + (贷款本金 - 已归还贷款本金累计额) \times 月利率$$ ②特点：定期、定额还本，即在贷款后，借款人每期除了缴纳贷款利息外，还需要定额摊还本金(等额本金还款法每月还本额固定，因此其贷款余额以定额逐渐减少，每月付款及每月贷款余额也定额减少)
等比累进还款法	①借款人在每个时间段以一定比例累进的金额(分期还款额)偿还贷款，其中，每个时间段归还的金额包括该时间段应还利息和本金，按还款间隔逐期归还，在贷款截止日期前全部还清本息。 ②分为等比递增还款法和等比递减还款法，通常比例控制在 0～±100%，且经计算后的任意一期还款计划中的本金或利息不得小于零。 ③通常与借款人对于自身收入状况的预期相关，如果预期未来收入呈递增趋势，则可选择等比递增法，减少提前还款的麻烦；如果预期未来收入呈递减趋势，则可选择等比递减法，减少利息支出
等额累进还款法	①等额累进还款法与等比累进还款法类似：当借款人还款能力发生变化时，可通过调整累进额或间隔期来适应客户还款能力的变化。 ②等额累进还款法与等比累进还款法不同：将在每个时间段约定还款的"固定比例"改为"固定额度"。客户在办理贷款业务时，与银行商定还款递增或递减的间隔期和额度。在初始时期，银行会根据客户的贷款总额、期限和资信水平测算出一个首期还款金额，客户按固定额度还款，此后，根据间隔期和相应的递增或递减额度进行还款。 ③此种方法又分为等额递增还款法和等额递减还款法
组合还款法	①组合还款法是一种将贷款本金分段偿还，根据资金的实际占用时间计算利息的还款方式。即根据借款人未来的收支情况，首先将整个贷款本金按比例分成若干偿还阶段，然后确定每个阶段的还款年限。还款期间，每个阶段约定偿还的本金在规定的年限中按等额本息的方式计算每月偿还额，未归还的本金部分按月计息，两部分相加即形成每月的还款金额。 ②目前，市场上推广比较好的"随心还"和"气球贷"等就是这种方式的演绎。这种方法可以比较灵活地按照借款人的还款能力规划还款进度，真正满足个性化需求。 ③适用于自身财务规划能力强的客户
按月还息、到期一次性还本还款法	①按月还息、到期一次性还本还款法，即在贷款期限内每月只还贷款利息，贷款到期时一次性归还贷款本金； ②一般适用于期限在 1 年以内(含 1 年)的贷款

【例 1.4·单选题】下列关于个人贷款还款方式的表述，正确的是(　　)。

A. 等额累进还款法是指借款人在每个时间段以一定比例累进的金额偿还贷款，按还款间隔逐期归还，在贷款截止日期前全部还清本息

B. 等额本息还款法是指在贷款期内每月等额偿还贷款本金，贷款利息随本金逐月递减

C. 等额本金还款法是指贷款期内每月以相等的额度平均偿还贷款本息

D．到期一次还本付息法是指借款人需在到期日还清贷款本息，利随本清

【答案】D

【解析】A项是等比累进还款法的定义；B项是等额本金还款法的定义；C项是等额本息还款法的定义。

(五)担保方式

担保方式如表1-10所示。

表1-10　主要的担保方式

担保方式	定　义	特　点
抵押担保	借款人或第三人不转移对法定财产的占有，将该财产作为贷款的担保	借款人不履行还款义务时，贷款银行有权依法以该财产折价或者以拍卖、变卖财产的价款优先受偿
质押担保	借款人或第三人转移对法定财产的占有，将该财产作为贷款的担保	该种担保方式又分为动产质押和权利质押
保证担保	保证人和贷款银行约定，当借款人不履行还款义务时，由保证人按照约定履行或承担还款责任	不能担任保证人的有：①国家机关；②学校、幼儿园、医院等以公益为目的的事业单位、社会团体；③企业法人的分支机构、职能部门，但如果有法人授权的，其分支机构可以在授权的范围内提供保证
信用贷款	是指以借款人的信誉发放的贷款，借款人不需要提供担保	债务人无须提供抵押品或第三方担保，仅凭自己的信誉就能取得贷款，并以借款人信用程度作为还款保证

(六)贷款额度

贷款额度是指银行向借款人提供的以货币计量的贷款数额。除了中国人民银行、中国银监会或国家其他有关部门有明确规定外，个人贷款额度可以根据申请人所购财产价值提供的抵押担保、质押担保和保证担保的额度以及资信等情况确定。

风险限额是指银行业金融机构根据外部经营环境、整体发展战略和风险管理水平，为反映整个机构组合层面风险，针对具体区域、行业、贷款品种及客户等设定的风险总量控制上限，是其在特定领域所愿意承担风险的最大限额。

过 关 练 习

一、单选题(下列选项中只有一项最符合题目的要求)

1．下列关于个人贷款利率的表述，错误的是(　　)。

A．贷款利率一般可分为年利率、月利率、日利率

B．贷款利率可根据贷款产品的特性，在一定的区间内浮动

C．贷款利息水平的高低是通过利率表示的

D．贷款利率是一定时期内利息额与储蓄存款额之间的比率

【答案】D

【解析】D项，贷款利率是指一定时期内利息额与本金之间的比率。

2．李先生每月收入 10 000 元，贷款 200 000 元用于购买住房，采用等额本金还款法，期限 10 年，年利率为 5%，李先生首月还款的金额为(　　)元。

A．2600 　　　　 B．2800 　　　　 C．2500 　　　　 D．2400

【答案】C

【解析】等额本金还款法是指在贷款期内每月等额偿还贷款本金，贷款利息随本金逐月递减。每月还款额计算公式如下：每月还款额=贷款本金/还款期数+(贷款本金-已归还贷款本金累计额)×月利率，将题中数据代入上式，李先生首月还款金额=200 000/120+(200 000-0)×5%/12=2500(元)。

3．(　　)是指交易对方未能履行义务而造成经济损失的风险。

A．政策风险 　　　　　　　　　　 B．信用风险

C．法律风险 　　　　　　　　　　 D．技术风险

【答案】B

【解析】信用风险又称违约风险，是指交易对方未能履行义务而造成经济损失的风险，是金融风险的主要类型。

二、多选题(下列选项中有两项或两项以上符合题目要求)

1．下列关于担保方式的表述，正确的有(　　)。

A．质押担保分为动产质押和权利质押

B．保证人是指具有代位清偿债务能力的法人、其他经济组织或自然人

C．保证担保是指保证人和贷款银行约定，当借款人不履行还款义务时，由保证人按照约定履行承担还款责任

D．抵押担保是指借款人或第三人转移对法定财产的占有，将该财产作为贷款的担保

E．除国家机关外，任何单位或组织都可以担任保证人

【答案】ABC

【解析】D 项，抵押担保是指借款人或第三人不转移对法定财产的占有，将该财产作为贷款的担保。E 项，根据《担保法》的规定，下列单位或组织不能担任保证人：①国家机关；②学校、幼儿园、医院等以公益为目的的事业单位、社会团体；③企业法人的分支机构、职能部门，但如果有法人授权的，其分支机构可以在授权的范围内提供保证。

2．对于贷款期限在 1 年以上的个人贷款，合同期内遇法定利率调整时，(　　)。

A．可由借贷双方按商业原则确定 　　 B．不分段计息

C．可在合同期间按月、按季、按年调整 　　 D．执行原合同利率

E．也可采用固定利率的确定方式

【答案】ACE

【解析】对于贷款期限在 1 年以上的个人贷款，合同期内遇法定利率调整时，贷款利率可由借贷双方按商业原则确定，可在合同期间按月、按季、按年调整，也可采用固定利率的确定方式。

三、判断题(请对下列各题的描述做出判断，正确的用 A 表示，错误的用 B 表示)

1. 个人贷款业务，可以帮助银行增加收入、分散贷款过于集中的风险，也可以满足居民的消费需求。(   )

【答案】A

【解析】开展个人贷款业务，不但有利于银行增加收入和分散风险，而且有助于满足城乡居民的消费需求、繁荣金融行业、促进国民经济的健康发展。

2. 个人汽车贷款所购车辆按注册登记情况可以划分为新车和二手车。(   )

【答案】A

【解析】个人汽车贷款所购车辆按注册登记情况可以划分为新车和二手车。二手车是指从办理完机动车注册登记手续到规定报废年限一年之前进行所有权变更并依法办理过户手续的汽车。

第二章 个人贷款营销

【考查内容】

本章主要介绍个人贷款的客户定位、营销渠道和营销组织。其中，客户定位分为合作单位的定位和贷款客户的定位；三种营销渠道分别考查渠道类别及各自特点；营销组织的相关内容包括营销人员的分类及机构内部构架、分工、职责等。涉及本章的考题不多，考生在学习时多注重对知识点的灵活运用即可。

【备考方法】

本章内容大多为了解性知识点，难度不大。真题大多是对知识细节和实际问题的考查，考生要了解个人贷款客户的定位、个人贷款营销的三种渠道及营销组织等，在复习过程中，需通读教材，考试中出现的题大多都在教材中能找到出处，且难度不大，考生对本章知识有一个整体上的把握即可。

【框架结构】

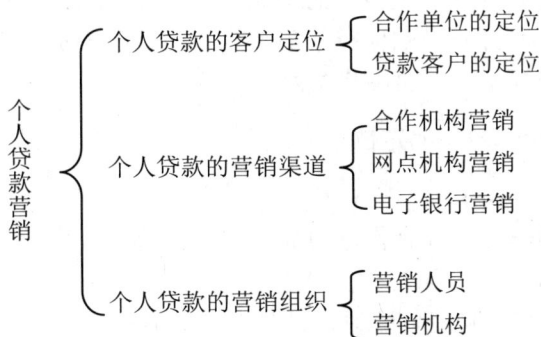

【核心讲义】

一、个人贷款的客户定位

对个人贷款客户的准确定位不仅是个人贷款产品营销的需要，也是个人贷款风险控制的需要。个人贷款客户定位主要包括合作单位定位和贷款客户定位两部分内容。

(一)合作单位的定位

1. 个人住房贷款合作单位的定位

个人住房贷款合作单位的定位包括对一手个人住房贷款合作单位及二手个人住房贷款合作单位的定位。

1) 一手个人住房贷款合作单位

对于一手个人住房贷款，商业银行最主要的合作单位是房地产开发商。

银行与房地产开发商合作的方式是指房地产开发商与贷款银行共同签订"商品房销售贷款合作协议"，由银行向购买该开发商房屋的购房者提供个人住房贷款，借款人用所购房屋作抵押，在借款人购买的房屋没有办理抵押登记之前，由开发商提供阶段性或全程担保。

2) 二手个人住房贷款合作单位

对于二手个人住房贷款，商业银行最主要的合作单位是房地产经纪公司，两者之间其实是贷款产品的代理人与被代理人关系。一家经纪公司通常是几家银行二手房贷款业务的代理人，银行也会寻找多家公司作为长期合作伙伴。

【例 2.1·判断题】对于一手个人住房贷款，商业银行与房地产开发商两者之间其实是贷款产品的代理人和被代理人关系。(   )[2014 年上半年真题]

【答案】错误

【解析】目前，商业性个人一手住房贷款中较为普遍的贷款营销方式是银行与房地产开发商合作的方式；对于二手个人住房贷款，商业银行和房地产经纪公司间是贷款产品的代理人与被代理人关系。

3) 合作单位准入

银行经内部审核批准后，方可与个人住房贷款合作单位建立合作关系。审查内容主要包括：①经国家工商行政管理机关核发的企业法人营业执照；②税务登记证明；③会计报表；④企业资信等级；⑤开发商的债权债务和为其他债权人提供担保的情况；⑥企业法人代表的个人信用程度和领导班子的决策能力。

2．其他个人贷款合作单位的定位

1) 其他个人贷款合作单位

银行的典型做法是与经销商合作，与其签署合作协议，由其向银行提供客户信息或推荐客户。通常做法包括：

(1) 银行与合作伙伴保持密切联系，一旦有信贷需求，银行人员即提供上门服务；

(2) 银行与合作伙伴进行网络连接，经销商的工作人员可将客户的信息直接输入电脑，银行人员在线进行客户初评，还可对客户提供在线服务。

2) 其他个人贷款合作单位准入

银行在挑选经销商作为合作单位时，必须对其进行严格审查，通常要对经销商的资质进行调查，包括法人资格、注册资金情况、营业执照、经营状况、管理水平、资产负债率，以及近几年在银行有无违约等不良记录，有无重大诉讼案例等。只有经银行内部审核批准合格的经销商，方可与其建立合作关系。

(二)贷款客户的定位

1．概念

客户定位，是商业银行对服务对象的选择，也就是商业银行根据自身的优劣势来选择客户，满足客户需求，使客户成为自己忠实伙伴的过程。

2．条件

个人贷款客户至少需满足以下条件。

(1) 具有完全民事行为能力的自然人，年龄在 18(含)～65 周岁(含)；

(2) 具有合法有效的身份证明(居民身份证、户口簿或其他有效身份证明)及婚姻状况证明等；

(3) 遵纪守法，没有违法行为，具有良好的信用记录和还款意愿，在中国人民银行个人征信系统及其他相关个人信用系统中无任何违约记录；

(4) 具有稳定的收入来源和按时足额偿还贷款本息的能力；

(5) 具有还款意愿；

(6) 贷款具有真实的使用用途等。

二、个人贷款的营销渠道

银行营销渠道是指提供银行服务和方便客户使用银行服务的各种手段，即银行产品和服务从银行流转到客户手中所经过的流通途径。从目前情况看，银行最常见的个人贷款营销渠道主要有三种：①合作机构营销；②网点机构营销；③电子银行营销。

(一)合作机构营销

合作机构营销是银行最重要的营销渠道。

1．个人住房贷款合作机构营销

个人住房贷款合作机构营销主要有一手和二手个人住房贷款两种情形，具体如表 2-1 所示。

表 2-1 个人住房贷款合作机构营销

分　类	合作机构	说　明
一手个人住房贷款合作机构营销	房地产开发商	银行在与开发商签订协议之前，需对房地产开发商及其所开发的项目进行全面审查，包括对开发商的资信及经营状况的审查、项目开发和销售的合法性审查、项目自有资金的到位情况审查以及对房屋销售前景的了解等。经过有关审批后按规定与开发商签约，以明确双方合作事项
二手个人住房贷款合作机构营销	房地产经纪公司	银行在拟与房地产经纪公司建立合作关系之初，为了确保其资质和信用，应当对其进行充分、必要的审慎调查

2．其他个人贷款合作机构营销

银行的典型做法是与经销商合作，并签署合作协议，由其向银行提供客户信息或推荐客户。

(二)网点机构营销

网点机构是银行业务人员面向客户销售产品的场所，既是银行展示品牌形象的载体，也是银行主要的营销渠道。

1．网点机构营销渠道的分类

(1) 全方位网点机构营销渠道：它为公司和个人提供各种产品和全面的服务。

(2) 专业性网点机构营销渠道：有自己的细分市场。

(3) 高端化网点机构营销渠道：位于适当的经济文化区域中，为高端客户提供一定范围内的金融定制服务。

(4) 零售型网点机构营销渠道：不做批发业务，专门从事零售业务。

2．"直客式"个人贷款营销模式

"直客式"个人贷款利用银行网点和理财中心作为销售和服务的主渠道，银行客户经理按照"了解你的客户，做熟悉客户"的原则，直接向客户进行营销，受理客户贷款需求。

(三)电子银行营销

电子银行业务已成为全球银行业服务客户、赢得竞争的高端武器，也是银行市场营销的重要渠道。

1．电子银行的特征

电子银行的特征包括：①电子虚拟服务方式；②运行环境开放；③模糊的业务时空界限；④业务实时处理，服务效率高；⑤设立成本低，降低了银行成本；⑥严密的安全系统，保证交易安全。

2．电子银行的功能

电子银行的功能包括：①信息服务功能；②展示与查询功能；③综合业务功能。

对于个人贷款营销而言，电子银行的主要功能就是网上咨询、网上宣传以及初步受理和审查。

3．电子银行的营销途径

电子银行的营销途径包括：①建立形象统一、功能齐全的商业银行网站；②利用搜索引擎扩大银行网站的知名度；③利用网络广告开展银行形象、产品和服务的宣传；④利用信息发布和信息收集手段增强银行的竞争优势；⑤利用交互链接和广告互换增加银行网站的访问量；⑥利用电子邮件推广实施主动营销和客户关系管理；⑦数据库营销也成为银行营销的一种趋势。

三、个人贷款的营销组织

个人贷款的营销组织主要包括营销人员和营销机构两方面的内容。

(一)营销人员

1．银行内部分工和架构

(1) 一般情况下，银行的组织结构包括风险管理部、营销部门和产品部门；

(2)　在这些基础部门之上设立财务会计部、人力资源部、管理信息部和信息科技部等；

(3)　各家银行部门名称可能有所不同，但部门职责都相同。各家银行的总行管理全国分行，分行包括一级分行和二级分行。市以下的区县、区县级市的机构为支行。

2．银行营销人员分类

我国银行营销人员分类，如表 2-2 所示。

表 2-2　我国银行业营销人员分类表

分类标准	具体类别
职责	营销管理经理、客户管理经理、客户服务人员
岗位	产品经理、项目经理、关系经理
职业	职业经理、非职业经理
业务	公司业务经理、零售业务经理、资金业务经理
产品	资产业务经理、负债业务经理、中间业务经理
市场	市场开拓经理、市场维护经理、风险经理
级别	高级经理、中级经理、初级经理
层级	营销决策人员、营销主管人员、营销员

3．银行营销人员能力要求

(1)　品质特征，包括诚信、自信心、豁达大度、坚韧性和进取心等。

(2)　销售技能，包括观察分析能力、应变能力、组织协调能力和沟通能力等。

(3)　知识，包括掌握相关的企业知识、产品知识、市场知识、客户知识和法律知识等。

4．银行营销人员的训练

(1)　银行最佳营销团队应是：花时间训练——营销人员技能提高——建立互信关系——更多授权——团队高绩效。

(2)　公司员工培训一般分为五个层次：①生存训练；②知识训练；③技能训练；④态度训练；⑤精神训练。

此外，压力管理也格外重要，银行应经常组织减压训练。

【例 2.2·单选题】"市场开拓经理、市场维护经理、风险经理"是根据(　　)划分的。

　　A．职责　　　　　　B．岗位　　　　　　C．市场　　　　　　D．级别

【答案】C

【解析】按职责划分，银行业营销人员可分为营销管理经理、客户管理经理和客户服务人员；按岗位划分，银行业营销人员可分为产品经理、项目经理和关系经理；按级别划分，银行业营销人员可分为高级经理、中级经理和初级经理。

(二)营销机构

1．银行营销组织的职责

图 2-1 是对某行营销组织职责的说明，各商业银行可能会有所不同。

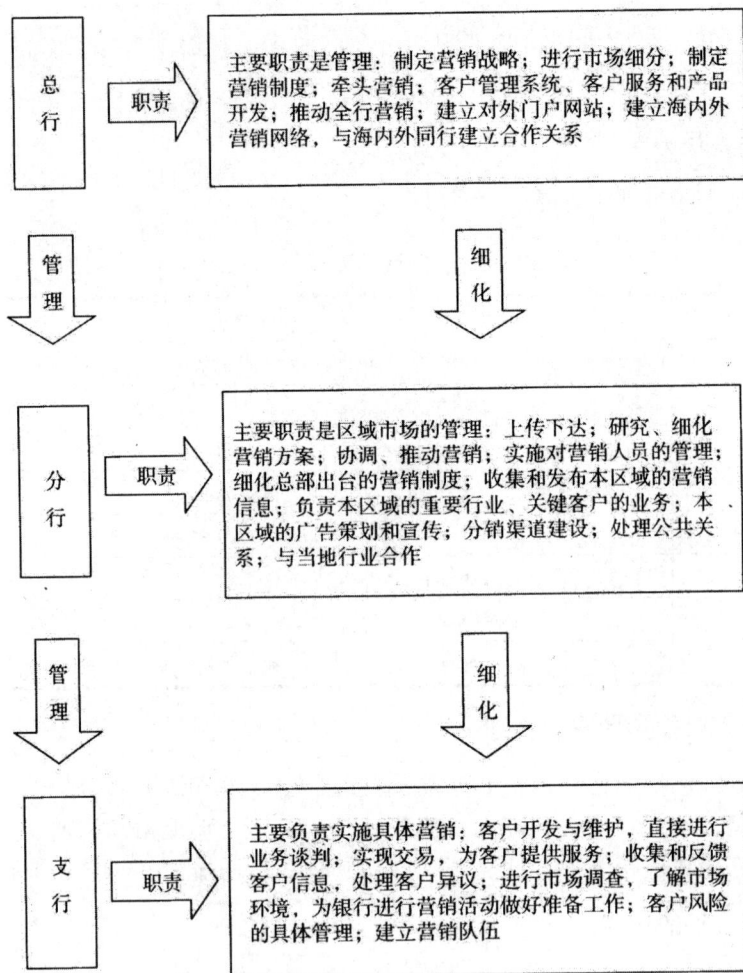

图 2-1　银行营销组织的职责

2. 银行营销组织模式的选择

银行营销组织的模式主要有：①职能型营销组织；②产品型营销组织；③市场型营销组织；④区域型营销组织，具体内容如表 2-3 所示。

表 2-3　银行营销组织的模式

组织模式	说　明
职能型	当银行只有一种或很少几种产品，或者银行产品的营业方式大致相同，或者银行把业务职能当作市场营销的主要功能时，采取这种组织形式最为有效
产品型	对于具有多种产品且产品差异很大的银行，应该建立产品型组织，即在银行内部建立产品经理或品牌经理的组织制度
市场型	①当产品的市场可加以划分，即每个不同分市场有不同偏好的消费群体，可以采用这种营销组织结构； ②由于是按照不同客户的需求安排的，因而有利于银行开拓市场，加强业务的开展

续表

组织模式	说　明
区域型	①在全国范围内的市场上开展业务的银行可采用这种组织结构，即将业务人员按区域情况进行组织； ②该结构包括：一名负责全国业务的经理，若干名区域经理和地区经理

过 关 练 习

一、单选题(下列选项中只有一项最符合题目的要求)

1. 下列情况中，可能获得贷款的是(　　)。

　　A．小明今年 16 岁，欲分期付款购买变形金刚

　　B．小丽刚刚辞职，成为一名自由职业者

　　C．小红一贯遵纪守法，并且具有良好的信用记录，欲分期付款购买住房

　　D．由于最近贷款利率下降，小东决定先贷一笔款，再决定其用途

【答案】C

【解析】银行一般要求个人贷款客户至少需要满足以下基本条件：①具有完全民事行为能力的自然人，年龄在 18(含)～65 周岁(含)；②具有合法有效的身份证明及婚姻状况证明等；③遵纪守法，没有违法行为，具有良好的信用记录和还款意愿，在中国人民银行个人征信系统及其他相关个人信用系统中无任何违约记录；④具有稳定的收入来源和按时足额偿还贷款本息的能力；⑤具有还款意愿；⑥贷款具有真实的使用用途等。本题 A 项不符合①，B 项不符合④，D 项不符合⑥。

2. 下列关于"直客式"个人贷款营销模式表述错误的是(　　)。

　　A．可以让客户摆脱房地产商指定贷款银行的限制

　　B．银行客户经理要按照"了解你的客户，做熟悉客户"的原则，直接营销客户

　　C．有利于银行全面了解客户的需求

　　D．它的缺点在于客户在买房时不能享受一次性付款的优惠

【答案】D

【解析】D 项，"直客式"个人贷款营销模式的特点在于买房时享受一次性付款的优惠。

二、多选题(下列选项中有两项或两项以上符合题目要求)

1. 下列选项中，属于电子银行营销途径的有(　　)。

　　A．利用搜索引擎扩大银行网站的知名度

　　B．利用电子邮件推广实施主动营销和客户关系管理

　　C．利用网络广告开展银行形象、产品和服务的宣传

　　D．利用交互链接和广告互换增加银行网站的访问量

　　E．建立形象统一、功能齐全的商业银行网站

【答案】ABCDE

【解析】除 ABCDE 五项外，电子银行营销途径还可以利用信息发布和信息收集手段增强银行的竞争优势。

2．下列关于银行选择营销组织模式的说法，正确的有(　　)。

A．当银行只有一种或很少几种产品时，采取职能型营销组织形式最为有效

B．产品型营销组织需要在银行内部建立产品经理或品牌经理的组织制度

C．当产品的市场可加以划分，即每个不同分市场有不同偏好的消费群体时，可以采用市场型营销组织结构

D．对于产品的营业方式大致相同的银行，应该建立产品型营销组织

E．只在某一区域市场上开展业务的银行适合采用区域型营销组织结构

【答案】ABC

【解析】D 项，对于产品营业方式大致相同的银行，应该建立职能型营销组织；E 项，在全国范围内的市场上开展业务的银行可采用区域型营销组织结构。

三、判断题(请对下列各题的描述做出判断，正确的用 A 表示，错误的用 B 表示)

1．一手个人住房贷款，借款人用所购房屋作抵押，在借款人购买的房屋办理抵押登记之前，由开发商提供阶段性或全程担保。(　　)

【答案】A

【解析】目前，商业性个人一手住房贷款中较为普遍的贷款营销方式是银行与房地产开发商合作的方式，是指房地产开发商与贷款银行共同签订"商品房销售贷款合作协议"，由银行向购买该开发商房屋的购房者提供个人住房贷款，借款人用所购房屋作抵押，在借款人购买的房屋没有办理抵押登记之前，由开发商提供阶段性或全程担保。

2．个人信用贷款需要客户提供银行认可的抵(质)押物或第三方保证作为担保。(　　)

【答案】B

【解析】不同的贷款产品对客户定位的要求不一样，有的贷款产品要求客户能够提供银行认可的抵(质)押物或保证人作为担保，而个人信用贷款则无须提供任何担保就可向个人发放。

第三章　个人贷款管理

【考查内容】

本章主要介绍个人贷款的流程、业务信用风险识别、定价的一般原则及影响因素、押品管理的基本知识及流程等。其中，个人贷款的流程包括贷款的受理与调查、审查与审批、签约与发放、支付管理和贷后管理五个环节，每一步骤的工作还有许多具体内容和要求。关于业务信用风险识别，考生需要熟悉信用评分模型；对于定价原则及影响因素、押品管理的基本知识及流程等，考生也需要有基本的了解。

本章考点既可单独出题也可结合个人贷款具体业务出题，对知识点的考查比较灵活。

【备考方法】

本章内容较多，考查形式以多选题居多，真题大多是对细节的考查，本章知识点难度不大，需要反复练习，对相似知识点切勿混淆。考生需重点记忆历年真题中反复出现的考点。

【框架结构】

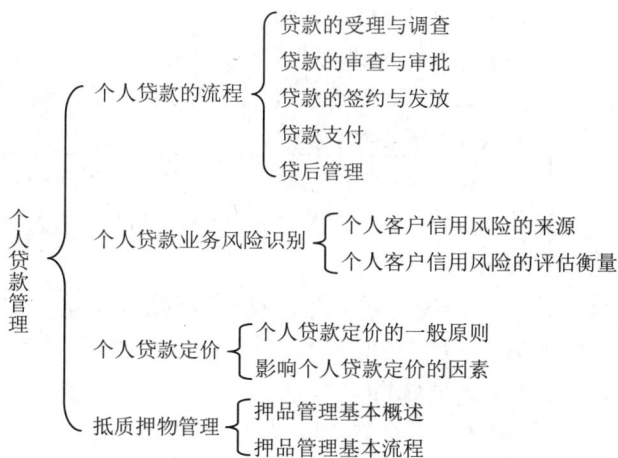

【核心讲义】

一、个人贷款的流程

个人贷款的流程如下。

(一)贷款的受理与调查

1. 贷款的受理

贷款受理的具体内容如表 3-1 所示。

表 3-1 贷款的受理

内 容		说 明
贷前咨询	咨询方式	现场咨询、窗口咨询、电话银行、网上银行、业务宣传手册等
	咨询内容	①个人贷款品种介绍； ②申请个人贷款应具备的条件； ③申请个人贷款需提供的资料； ④办理个人贷款的程序； ⑤个人贷款合同中的主要条款，如贷款利率、还款方式和还款额等； ⑥获取个人贷款申请书、申请表格及有关信息的渠道； ⑦个人贷款经办机构的地址及联系电话； ⑧其他相关内容
贷款的受理程序	接受申请	贷款受理人应要求借款申请人以书面形式提出个人贷款申请，并按要求提交能证明其符合贷款条件的相关申请材料。对于有共同申请人的，应同时要求共同申请人提交有关申请材料。 个人贷款的申请应具备以下条件： ①借款人为具有完全民事行为能力的中华人民共和国公民或符合国家有关规定的境外自然人； ②贷款用途明确合法； ③贷款申请数额、期限和币种合理； ④借款人具备还款意愿和还款能力； ⑤借款人信用状况良好，无重大不良信用记录； ⑥贷款人要求的其他条件
	初审	①贷款受理人应对借款申请人提交的借款申请书及申请材料进行初审，主要审查借款申请人的主体资格及借款申请人所提交材料的完整性与规范性。 ②如果借款申请人提交材料不完整或不符合材料要求规范，应要求申请人补齐材料或重新提供有关材料。如果不予受理，应退回贷款申请并向申请人说明原因。 ③经初审符合要求后，贷款受理人应将借款申请书及申请材料交由贷前调查人进行贷前调查

【例 3.1·多选题】贷前调查是对住房楼盘项目和借款人提供的全部文件、材料的(　　)以及对借款人的品行、信誉、偿债能力、担保手段落实情况等进行的调查和评估。[2014 年上半年真题]

A. 真实性　　　　　　　B. 规范性　　　　　　　C. 合法性

D. 完整性　　　　　　　E. 可行性

【答案】ACDE

【解析】B 项，借款申请人所提交材料的规范性应在初审时审查。

2. 贷前调查

1) 贷前调查的方式和要求

贷前调查应以实地调查为主、间接调查为辅，采取现场核实、电话查问以及信息咨询等途径和方法。贷款人应建立并严格执行贷款面谈、面签和居访制度。

通过电子银行渠道发放低风险质押贷款的，贷款人至少应当采取有效措施确定借款人真实身份。确定借款人真实身份的措施如表 3-2 所示。

表 3-2　确定借款人真实身份的措施

措　施	说　明
审查借款申请材料	贷前调查人员通过审查借款申请材料了解借款申请人的基本情况、贷款担保情况等
与借款申请人面谈	贷款人应建立并严格执行贷款面谈制度，贷前调查人员应通过面谈了解借款申请人的基本情况、贷款用途以及调查人员认为应调查的其他内容，尽可能多地了解会对客户还款能力产生影响的信息，并且核实申请资料中涉及的个人情况与面谈人陈述是否一致
实地调查	贷前调查人员应通过实地调查了解申请人抵押物状况等，对于金额较大或认为有必要对其进行实地调查的借款申请人，贷前调查人员应到借款人家中现场核实
电话调查和其他辅助调查方式	可配合电话调查和其他辅助调查方式核实有关申请人身份、收入等其他情况

2) 调查的内容

贷款调查的内容包括但不限于以下方面：①借款人基本情况；②借款人收入情况；③借款用途；④借款人还款来源；⑤还款能力及还款方式；⑥保证人担保意愿、担保能力或抵(质)押物价值及变现能力。贷款调查的内容具体如表 3-3 所示。

表 3-3　贷款调查的内容

调查方面	说　明
材料一致性	贷前调查人应认真审核贷款申请材料，以保证审批表填写内容与相关证明材料一致；相关证明材料副本(复印件)内容与正本一致，并需由贷前调查人验证正本后在副本(复印件)盖章签名证实
借款申请人(包括代理人)身份证明	贷前调查人须验证借款申请人提交的身份证件，主要内容包括：①身份证照片与申请人是否一致；②是否经有权部门签发；③是否在有效期内
借款申请人的信用情况	调查借款申请人的资信情况，要充分利用银行的共享信息，调查了解借款申请人与银行的历史往来

调查方面	说　明
借款申请人偿还能力证明	贷前调查人应结合借款申请人所从事的行业、所任职务等信息对其收入水平及证明材料的真实性调查、取证。借款申请人偿还能力证明材料主要包括： ①稳定的工资收入证明，如至少过去 3 个月的工资单、银行卡对账单、存折对账单等； ②投资经营收入证明，如验资报告、公司章程、股东分红决议、纳税证明； ③财产情况证明，如房产证、存单、股票、债券等； ④其他收入证明材料
担保材料	①采取抵押担保方式的，应调查以下内容：抵押物的合法性；抵押人对抵押物占有的合法性；抵押物价值与存续状况等。 ②采取质押担保方式的，应调查以下内容：质押权利的合法性；出质人对质押权利占有的合法性；质押权利条件等。 ③采取保证担保方式的，应调查以下内容：保证人是否符合《担保法》及其司法解释规定，具备保证资格；保证人为法人的，要调查保证人是否具备保证人资格、是否具有代偿能力；保证人的资信证明材料是否真实有效；保证人与借款人的关系；核实保证人保证责任的落实，查验保证人是否具有保证意愿并确知其保证责任
贷款真实性	贷前调查人应调查借款申请人贷款行为的真实性，对存在虚假贷款行为套贷的，不予贷款

3) 调查中应注意的问题
(1) 核实借款人提供的材料是否齐全，各种材料之间是否保持一致；
(2) 核实借款人提供的个人资信及收入状况材料的真实有效性；
(3) 落实其家庭住址及居住稳定情况；
(4) 对借款人的申请资料内容齐全性进行检查。

(二)贷款的审查与审批

1. 贷款的审查

贷款审查应对贷款调查内容的合法性、合理性、准确性进行全面审查，重点关注调查人员的尽职情况和借款人的偿还能力、诚信状况、担保情况、抵(质)押比率、风险程度等。贷款审查人员认为需要补充材料和完善调查内容的，可要求贷前调查人员进一步落实。

2. 贷款的审批

个人贷款的审批流程如下。
1) 组织报批材料
个人贷款业务部门是负责报批材料的组织。报批材料具体包括个人信贷业务审批申请表、报批材料清单以及申请的某类贷款相关办法及操作规程规定需提供的材料等。
2) 审批
贷款审批人应对以下内容进行审查：①借款人资格和条件是否具备；②借款用途是否

符合银行规定；③申请借款的金额、期限等是否符合有关贷款办法和规定；④借款人提供的材料是否完整、合法、有效；⑤贷前调查人的调查意见、对借款人资信状况的评价分析以及提出的贷款建议是否准确、合理；⑥对报批贷款的主要风险点及其风险防范措施是否合规有效；⑦其他需要审查的事项。

3）　提出审批意见

贷款审批人对个贷业务的审批意见分为"同意""否决"两种。"同意"表示完全同意按申报的方案(包括借款人、金额、期限、还款方式、担保方式等各项要素)办理该笔业务。"否决"表示不同意按申报的方案办理该笔业务。发表"否决"意见应说明具体理由。决策意见为"否决"的业务，可提请复议。

4）　审批意见落实

业务部门应根据贷款审批人的审批意见做好以下工作：①对未获批准的借款申请，贷前调查人员应及时告知借款人，将有关材料退还，并做好解释工作，同时做好信贷拒批记录存档；②对需补充材料的，贷前调查人员应按要求及时补充材料后重新履行审查、审批程序；③对经审批同意或有条件同意的贷款，如贷款条件与申报审批的贷款方案内容不一致的，应提出明确的调整意见，信贷经办人员应及时通知借款申请人并按要求落实有关条件、办理合同签约和发放贷款等；④贷款审批人签署审批意见后，应将审批表连同有关材料退还业务部门。

5）　贷款审批中需要注意的事项

贷款审批中需要注意的事项包括：①确保业务办理符合银行政策和制度；②确保贷款申请资料合规，资料审查流程严密；③确保贷款方案合理，对每笔借款申请的风险情况进行综合判断，保证审批质量；④确保符合转授权规定，对于单笔贷款超过经办行审批权限的，必须逐笔将贷款申请及经办行审批材料报上级行进行后续审批；⑤严格执行客户经理、业务主管、专职审批人和牵头审批人逐级审批的制度。

(三)贷款的签约与发放

1. 贷款的签约

1）　贷款的签约要求

贷款的签约要求包括：①贷款人应与借款人签订书面借款合同，需担保的应同时签订担保合同；②贷款人应要求借款人当面签订借款合同及其他相关文件，电子银行渠道办理的贷款除外；③贷款人应健全合同管理制度，有效防范个人贷款法律风险；④借款合同采用格式条款的，应当维护借款人的合法权益，并予以公示。

2）　贷款的签约流程

贷款的签约流程如下。

(1)　填写合同。

贷款发放人员应根据审批意见确定应使用的合同文本并填写合同。在填写有关合同文本过程中，应注意以下问题。

①　合同文本要使用统一格式的个人贷款的有关合同文本，对单笔贷款有特殊要求的，可以在合同中的其他约定事项中约定。

②　合同填写必须做到标准、规范、要素齐全、数字正确、字迹清晰、不错漏、不潦

草，防止涂改。

③ 需要填写空白栏，且空白栏后有备选项的，在横线上填好选定的内容后，对未选的内容应加横线表示删除；合同条款有空白栏，但根据实际情况不准备填写内容的，应加盖"此栏空白"字样的印章。

④ 贷款金额、贷款期限、贷款利率、担保方式、还款方式、划款方式等有关条款要与贷款最终审批意见一致。

(2) 审核合同。

合同填写完毕后，填写人员应及时将有关合同文本交合同复核人员进行复核。同笔贷款的合同填写人与合同复核人不得为同一人。

① 合同复核人员负责根据审批意见复核合同文本及附件填写的完整性、准确性、合规性。

② 合同文本复核人员应就复核中发现的问题及时与合同填写人员沟通，并建立复核记录，交由合同填写人员签字确认。

(3) 签订合同。

合同填写并复核无误后，贷款发放人应负责与借款人(包括共同借款人)、担保人(抵押人、出质人、保证人)签订合同。

① 签订合同的注意事项。

a. 在签订(预签)有关合同文本前，应履行充分告知义务，告知借款人(包括共同借款人)、保证人等合同签约方关于合同内容、权利义务、还款方式以及还款过程中应当注意的问题等。

b. 借款人、保证人为自然人的，应当面核实签约人身份证明之后由签约人当场签字；贷款人委托第三方办理的，应对抵押物登记情况予以核实。如果签约人委托他人代替签字，签字人必须出具委托人委托其签字并经公证的委托授权书。以保证方式担保的个人贷款，贷款人应由不少于两名信贷人员完成。对保证人为法人的，保证方签字人应为其法定代表人或其授权代理人，授权代理人必须提供有效的书面授权文件。

c. 对采取抵押担保方式的，应要求抵押物共有人在相关合同文本上签字。

d. 借款人、担保人等签字后，贷款发放人应将有关合同文本、贷款调查审批表和合同文本复核记录等材料送交银行个人贷款合同有权签字人审查，有权签字人审查通过后在合同上签字或加盖按个人签字笔迹制作的个人名章，之后按照用印管理规定负责加盖银行个人贷款合同专用章。

e. 银行可根据实际情况决定是否办理合同公证。

【例 3.2·单选题】个人贷款合同填写并复核无误后，贷款发放人应与借款人、担保人签订合同，下列关于合同签订说法错误的是(   )。

    A. 保证人如为法人，保证方签字人应为其管理者

    B. 借款人、保证人为自然人的，应当面核实签约人身份证明之后由签约人当场签字

    C. 如果签约人委托他人代替签字，签字人必须出具委托人委托其签字并经公证的委托授权书

    D. 在签订(预签)有关合同文本前，贷款发放人应履行充分告知义务

【答案】A

【解析】个人贷款保证人为法人的，保证方签字人应为其法定代表人或其授权代理人，授权代理人必须提供有效的书面授权文件。

② 借款人、担保人应履行合同下的各项条款。

借款人、担保人必须严格履行合同下的各项条款，如发生下列情况之一，均构成违约行为。

a．借款人未能或拒绝按合同的条款规定，及时足额偿还贷款本息和应支付的其他费用；

b．借款人和担保人未能履行有关合同所规定的义务，包括借款人未按合同规定的用途使用贷款；

c．借款人拒绝或阻挠贷款银行监督检查贷款使用情况的；

d．借款人和担保人在有关合同中的陈述与担保发生重大失实，或提供虚假文件资料，或隐瞒重要事实，已经或可能造成贷款损失的；

e．抵押物受毁损导致其价值明显减少或贬值，以致全部或部分失去了抵押价值，足以危害贷款银行利益，而借款人未按贷款银行要求重新落实抵押、质押或保证的；

f．抵押人、出质人未经贷款银行书面同意擅自变卖、赠予、出租、拆迁、转让、重复抵(质)押或以其他方式处置抵(质)押物的；

g．借款人、担保人在贷款期间的其他违约行为。

③ 贷款银行针对违约事件采取的措施。

借款人、担保人在贷款期间发生任何上述违约事件，贷款银行可采取以下任何一项或全部措施。

a．要求限期纠正违约行为；

b．要求增加所减少的相应价值的抵(质)押物，或更换担保人；

c．停止发放尚未使用的贷款；

d．在原贷款利率基础上加收利息；

e．提前收回部分或全部贷款本息；

f．定期在公开报刊及有关媒体上公布违约人姓名、身份证号码及违约行为；

g．向保证人追偿；

h．依据有关法律及规定处分抵(质)押物；

i．向仲裁机关申请仲裁或向人民法院起诉。

④ 借款人、担保人发生的特殊事件。

借款人、担保人因发生下列特殊事件而不能正常履行偿还贷款本息时，贷款银行有权采取停止发放尚未使用的贷款和提前收回贷款本息等措施。

a．借款人、担保人(自然人)死亡或宣告死亡而无继承人或遗赠人或宣告失踪而无财产代管人；

b．借款人、担保人(自然人)破产、受刑事拘留、监禁，以致影响债务清偿的；

c．担保人(非自然人)经营和财务状况发生重大的不利变化或已经法律程序宣告破产，影响债务清偿或丧失了代为清偿债务的能力；

d．借款人、担保人对其他债务有违约行为或因其他债务的履行，影响贷款银行权利实现的。

2. 贷款的发放

借款合同生效后，贷款人应按合同约定及时发放贷款。

1)　落实贷款发放条件

贷款发放前，贷款发放人应落实有关贷款发放条件，主要包括：

(1)　需要办理保险、公证等手续的，有关手续已经办理完毕；

(2)　对采取委托扣划还款方式的借款人，要确认其已在银行开立还本付息账户用于归还贷款；

(3)　对采取抵(质)押的贷款，要落实贷款抵(质)押手续；

(4)　对自然人作为保证人的，应明确并落实履行保证责任的具体操作程序；对保证人有保证金要求的，应要求保证人在银行存入一定期限的还本付息额的保证金。

2)　贷款划付

贷款发放的具体流程如下。

(1)　出账前审核。业务部门在接到放款通知书后，对其真实性、合法性和完整性进行审核。

(2)　开户放款。业务部门在确定有关审核无误后，开户放款。开户放款包括一次性开户放款和分次放款两种。

(3)　放款通知。当开户放款完成后，银行应将放款通知书、个人贷款信息卡等一并交借款人作回单。贷款发放后，业务部门应依据借款人相关信息建立贷款台账，并随时更新台账数据。借款人可以委托贷款银行或其他代理人代为办理。

(四)贷款支付

贷款人应按照借款合同约定，通过贷款人受托支付或借款人自主支付的方式对贷款资金的支付进行管理与控制。贷款人受托支付是指贷款人根据借款人的提款申请和支付委托，将贷款资金支付给符合合同约定用途的借款人交易对象；借款人自主支付是指贷款人根据借款人的提款申请将贷款资金直接发放至借款人账户，并由借款人自主支付给符合合同约定用途的借款人交易对象。贷款支付方式的具体内容如表3-4所示。

表3-4　贷款支付方式

种　类	内　容
贷款人受托支付	①银行应明确受托支付的条件，规范受托支付的审核要件，贷款人应要求借款人在使用贷款时提出支付申请，并授权贷款人按合同约定方式支付贷款资金； ②贷款人应在贷款资金发放前审核借款人相关交易资料和凭证是否符合合同约定条件，支付后做好有关细节的认定记录； ③贷款人受托支付完成后，应详细记录资金流向，归集保存相关凭证
借款人自主支付	①贷款人应与借款人在借款合同中事先约定，要求借款人定期报告或告知贷款人贷款资金支付情况。 ②贷款人应当通过账户分析、凭证查验或现场调查等方式，核查贷款支付是否符合约定用途。 ③个人贷款原则上应当采用贷款人受托支付的方式向借款人交易对象支付；属于下列情形之一的个人贷款，经贷款人同意可以采取借款人自主支付方式： a. 借款人无法事先确定具体交易对象且金额不超过三十万元人民币的； b. 借款人交易对象不具备条件有效使用非现金结算方式的； c. 贷款资金用于生产经营且金额不超过五十万元人民币的； d. 法律法规规定的其他情形

(五)贷后管理

个人贷款的贷后与档案管理是指贷款发放后到合同终止期间对有关事宜的管理，主要包括：①贷后检查；②合同变更；③贷款的回收；④贷款风险分类与不良贷款的管理；⑤贷款档案管理等工作。它关系到信贷资产能否安全收回，是个人贷款工作的重要环节之一。

1. 贷后检查

贷后检查是以借款人、抵(质)押物、担保保证人、担保物为对象，通过客户提供、访谈、实地检查、行内资源查询等途径获取信息，对影响贷款资产质量的因素进行持续跟踪调查、分析，并采取相应补救措施的过程，从而可以判断借款人的风险状况，提出相应的预防或补救措施。

1) 对借款人的检查

对借款人情况检查的主要内容包括：①贷款资金的使用情况；②借款人是否按期足额归还贷款；③借款人工作单位、收入水平是否发生变化；④定期查询相关系统，了解借款人在其他金融机构的信用状况；⑤借款人的住所、抵押房产情况、价值权属及联系电话有无变动；⑥有无发生可能影响借款人还款能力或还款意愿的突发事件。

发现借款人出现下列情况的，应限期要求借款人进行纠正，对借款人拒绝纠正的，应提前收回已发放贷款的本息，或解除合同，并要求借款人承担违约责任：①借款人提供虚假的证明材料而取得贷款的；②借款人未按合同约定用途使用贷款的；③借款期内，借款人累计一定月数(包括计划还款当月)未偿还贷款本息和相关费用的；④借款人拒绝或阻碍贷款银行对贷款使用情况实施监督检查的；⑤借款人卷入重大经济纠纷、诉讼或仲裁程序，足以影响其偿债能力的；⑥借款人发生其他足以影响其偿债能力事件的。

2) 对担保情况的检查

对担保情况检查的主要内容包括：①保证人的经营状况和财务状况；②抵押物的存续状况、使用状况、价值变化情况等；③质押权利凭证的时效性和价值变化情况；④对以商用房抵押的，对商用房的出租情况及商用房价格波动情况进行监测；⑤其他可能影响担保有效性的因素。

如发现影响抵押房产价值变化的重大因素，可能造成抵押房产的债权保障能力不足时，应及时重评抵押房产价值。贷款采用保证担保方式的，应随时检查保证金账户情况，对于保证金不足的，应及时通知保证人补足保证金，否则应停止发放该保证人保证的贷款。

对于正常贷款，贷款经办行可定期进行抽查，抽查比例一般为每季度的 20%。借款人未按合同承诺提供真实、完整信息和未按合同约定用途使用、支付贷款等行为，银行应当按照法律法规规定和借款合同的约定，追究其违约责任。发现贷款逾期的，应立即进行贷后检查；对存量逾期或欠息贷款的检查间隔期最长不超过一个月。

发现保证人出现下列情况的，应限期要求借款人更换贷款银行认可的新的担保，对于借款人拒绝或无法更换贷款银行认可的担保的，应提前收回已发放贷款的本息，或解除合同：①保证人失去担保能力的；②作为保证人的法人，其经济组织发生承包、租赁、合并和兼并、合资、分立、联营、股份制改造、破产、撤销等行为，足以影响借款合同项下保证人承担连带保证责任的；③作为保证人的自然人发生死亡、宣告失踪或丧失民事行为能力的；④保证人拒绝贷款银行对其资金和财产状况进行监督的；⑤保证人向第三方提供超出其自身负担能力的担保的。

3) 对抵押物的检查

发现抵押物出现下列情况的,应限期要求借款人更换贷款银行认可的新的担保,对于借款人拒绝或无法更换贷款银行认可的担保的,应提前收回已发放的贷款的本息,或解除合同:①抵押人未妥善保管抵押物或拒绝贷款银行对抵押物是否完好进行检查的;②因第三人的行为导致抵押物价值减少,而抵押人未将损害赔偿金存入贷款银行指定账户的;③抵押物毁损、灭失、价值减少,足以影响贷款本息的清偿,抵押人未在一定期限内向贷款银行提供与减少的价值相当的担保的;④未经贷款银行书面同意,抵押人转让、出租、再抵押或以其他方式处分抵押物的;⑤抵押人经贷款银行同意转让抵押物,但所得价款未用于提前清偿所担保债权的;⑥抵押物被重复抵押。

4) 对质押权利的检查

发现质押权利出现下列情况的,应限期要求借款人更换贷款银行认可的新的担保,对于借款人拒绝或无法更换贷款银行认可的担保的,应提前收回已发放的贷款的本息,或解除合同:①质押权利出现非贷款银行因素的意外毁损、灭失、价值减少,出质人未在一定期限内向贷款银行提供与减少的价值相当的担保的;②出质人经贷款银行同意转让质押权利,但所得价款未用于提前清偿所担保的债权的;③质押期间未经贷款银行书面同意,质押人赠予、转让、兑现或以其他方式处分质押权利的。

2. 合同变更

1) 基本规定

合同履行期间,有关合同内容需要变更时,必须经当事人各方协商同意并签订相应变更协议。在担保期内的,根据合同约定必须事先征得担保人书面同意的,须事先征得担保人的书面同意。如需办理抵押变更登记,还应到原抵押登记部门办理变更抵押登记手续及其他相关手续。

合同变更事宜应由合同当事人(包括借款人、担保人等)亲自持本人身份证件办理或委托代理人代办。委托代理人代办的,经办人应要求代理人持经公证的授权委托书和本人身份证件办理,并将委托书原件和代理人身份证件(复印件)留存。

2) 合同主体变更

在合同履行期间,须变更借款合同主体的,借款人或财产继承人持有效法律文件,向贷款银行提出书面申请。经审批同意变更借款合同主体后,贷款银行与变更后的借款人、担保人重新签订有关合同文本。

3) 借款期限调整

借款期限调整的方式包括:延长期限和缩短期限。①延长期限,是指借款人申请在原来借款期限的基础上延长一定的期限,借款合同到期日则相应延长;②缩短期限,是指借款人申请在原来借款的基础上缩短一定的借款期限,借款合同到期日则相应提前。借款期限调整的要求具体如表3-5所示。

表 3-5 借款期限的调整要求

方 式	要 求
延长期限	①1年以内(含1年)的个人贷款,展期期限累计不得超过原贷款期限; ②1年以上的个人贷款,展期期限累计与原贷款期限相加,不得超过该贷款品种规定的最长贷款期限; ③原借款期限加上延长期限达到新的利率期限档次时,从延长之日起,贷款利率按新的期限档次利率执行; ④已计收的利息不再调整; ⑤法定利率调整,从延长之日起,贷款利率按新法定利率同期限档次利率执行
缩短期限	①分期还款类个人贷款账户,缩短期限后,贷款到期日期至少在下个结息期内,即剩余有效还款期数不能为零; ②到期一次还本付息类个人贷款账户,缩短借款期限后新的借款期限达到新的利率期限档次时,从缩短之日起,贷款利率按新的期限档次利率执行; ③已计收的利息不再调整; ④法定利率调整,从缩短之日起,贷款利率将按照合同约定的利率方式执行或按国家有关规定执行; ⑤未按照借款合同约定偿还的贷款,贷款人应采取措施进行清收,或协议重组

4) 分期还款额的调整

银行应允许借款人在合同履行期间申请调整分期还款额,并分清原因,分别处理。

(1) 借款人提前部分还款后,对于希望保持原贷款期限不变,仅调整分期还款额的申请,银行应在办理提前部分还款手续后,按贷款余额、剩余贷款期限重新计算分期还款额;

(2) 借款人提前部分还款后,如需要调整贷款期限并相应调整分期还款额的,经办人员应要求借款人按调整贷款期限提出申请,并按借款期限调整的规定办理。

5) 还款方式变更

变更贷款还款方式,即将原来的还款方式变更为等额本息、等本递减、等额递减/递增、等比递增/递减,或银行规定的其他还款方式。借款人若要变更还款方式,需要满足如下条件。

(1) 向银行提交还款方式变更申请书;

(2) 借款人的贷款账户中没有拖欠本息及其他费用;

(3) 借款人在变更还款方式前应归还当期的贷款本息。

6) 担保变更

在合同履行期间,借款人申请变更保证人或抵(质)押物的,须向银行提出变更贷款担保申请。对经审批同意变更担保的,贷款银行应与借款人、担保人签订变更担保协议或重新签订担保合同,办理抵(质)押登记变更等有关手续。

3. 贷款的回收

贷款的回收是指借款人按借款合同约定的还款计划和还款方式及时、足额地偿还贷款本息。

1) 贷款支付方式

贷款的支付方式有委托扣款和柜面还款两种方式。借款人可在合同中约定其中一种方式，也可以根据实际情况在贷款期间进行变更。

2) 还款方式

借款人要按照借款合同中规定的还款方式进行还款。

贷款回收的原则是先收息、后收本，全部到期、利随本清。一般来讲，短期贷款到期1周之前、中长期贷款到期 1 个月之前，贷后管理人员应向借款人发送还本付息通知单以督促借款人筹备资金按时足额还本付息。

4. 贷款风险分类和不良贷款的管理

1) 贷款风险分类

贷款风险分类一般先进行定量分类，即先根据借款人连续违约次(期)数进行分类，再进行定性分类。贷款风险分类应遵循不可拆分原则，即一笔贷款只能处于一种贷款形态，而不能同时处于多种贷款形态。

贷款划分的具体内容如表 3-6 所示。

表 3-6 贷款分类

类　别	说　明
正常贷款	借款人一直能正常还本付息，不存在任何影响贷款本息及时、全额偿还的不良因素，或借款人未正常还款属偶然性因素造成的
关注贷款	借款人虽能还本付息，但已存在影响贷款本息及时、全额偿还的不良因素
次级贷款	借款人的正常收入已不能保证及时、全额偿还贷款本息，需要通过出售、变卖资产、对外借款、保证人、保险人履行保证、保险责任或处理抵(质)押物才能归还全部贷款本息
可疑贷款	贷款银行已要求借款人及有关责任人履行保证、保险责任，处理抵(质)押物，预计贷款可能发生一定损失，但损失金额尚不能确定
损失贷款	借款人无力偿还贷款；履行保证、保险责任和处理抵(质)押物后仍未能清偿的贷款及借款人死亡，或依照《中华人民共和国民法通则》的规定，宣告失踪或死亡，以其财产或遗产清偿后，仍未能还清的贷款

2) 不良贷款的管理

不良贷款的管理包括不良贷款的认定、催收和处置。

(1) 不良贷款的认定。按照五级分类方式，不良个人贷款包括五级分类中的后三类贷款，即次级、可疑和损失类贷款。

(2) 不良贷款的催收。对不同拖欠期限的不良个人贷款的催收，可采取不同的方式，如电话催收、信函催收、上门催收、通过中介机构催收，以及采取法律手段。

(3) 不良贷款的处置。抵押物处置可采取与借款人协商变卖、向法院提起诉讼或申请强制执行依法处分。

对认定为呆账贷款的个人贷款，贷款银行应按照财政部、中国人民银行和商业银行有关呆账认定及核销的规定组织申报材料，按规定程序批准后核销。对银行保留追索权的贷款，各经办行应实行"账销案存"，建立已核销贷款台账，定期向借款人和担保人发出催收通知书，并注意诉讼时效。

5．贷款档案管理

个人贷款档案管理是指个人贷款发放后有关贷款资料的收集整理、归档登记、保存、借(查)阅管理、移交及管理、退回和销毁的全过程。

1) 贷款档案的内容

贷款档案可以是原件，也可以是具有法律效力的复印件。贷款档案主要包括：①借款人的相关资料；②贷后管理的相关资料。

2) 贷款档案的管理

贷款档案管理的具体流程如表 3-7 所示。

表 3-7 贷款档案管理

流 程	说 明
收集整理和归档登记	银行贷款经办人根据个人贷款归档要求，在贷款发放后，收集整理需要归档的个人贷款资料，并交档案管理人员进行登记
借(查)阅管理	个人贷款档案借阅是指对已登记的个人贷款档案资料的查阅、借出、归还等进行管理，并保留全部交易的历史信息，可以实现对借阅已归档资料情况的登记及监控；档案的借(查)阅可以利用计算机系统或人工进行
移交和接管	根据业务需要，有关个人贷款档案需要移交给其他档案管理机构或部门时，进行档案的移交和接管工作，移交和接管双方应根据有关规定填写移交和接管有关清单，双方签字，并进行有关信息的登记工作
退回	借款人还清贷款本息后，一些档案材料需要退还借款人

【例 3.3·判断题】个人住房贷款档案可以是原件，也可以是具有法律效力的复印件。( )[2014 年上半年真题]

【答案】正确

【解析】个人贷款档案是指银行在经办和管理个人住房贷款工作中形成的具有史料价值及参考利用价值的贷款管理专业技术材料的总称。贷款档案可以是原件，也可以是具有法律效力的复印件。

二、个人贷款业务风险识别

信用风险是首要的银行风险，少数重要客户的违约可能会给银行带来巨大损失，甚至导致支付危机。信用风险识别是指在各种风险发生之前，商业银行对业务经营活动中可能发生的风险种类、生成原因进行分析、判断，这是商业银行风险管理的基础。

(一)个人客户信用风险的来源

个人客户信用风险的来源包括以下几个方面。

(1) 商业银行与个人客户之间广泛存在着信息不对称现象，存在道德风险和逆向选择；或虽通过专人调查研究能够获知但信息搜寻成本高昂，得不偿失。

(2) 市场价格波动会引发信用风险；

(3) 宏观经济周期性变化是影响银行信用风险的重要因素。

(二)个人客户信用风险的评估衡量

专家判断法是一种最古老的信用风险分析方法，它是商业银行在长期信贷活动中所形成的一种行之有效的信贷风险分析和管理制度。

专家判断法的最重要特征是，银行信贷的决策权由银行经过长期训练、具有丰富经验的信贷人员所掌握，并由他们做出是否贷款的决定。在专家判断法中，"5C"要素分析法长期以来得到广泛应用。

1. "5C"要素分析法

"5C"是指借款人的道德品质(Character)、借款人的偿债能力(Capacity)、资本(Capital)、担保(Collateral)、环境(Condition)。具体内容如表 3-8 所示。

表 3-8 "5C"要素分析法

"5C"要素	定 义	说 明
借款人的道德品质	一种对客户声誉的度量，包括其偿债意愿和偿债历史，指客户愿意履行其付款承诺的可能性，其是否愿意尽自己最大努力来按照承诺还款	客户的品德好坏主要根据过去的信用记录来确定
借款人的偿债能力	指借款者财务状况的稳定性，反映了借款人的还款能力，主要根据借款人的收入、资产状况衡量	如果是申请个人经营性贷款，还应判断项目或企业经营生产能力及获利情况，具有较好的经营业绩、较强的资本实力和合理的现金流量的项目或企业，才能够表现出良好的偿债能力
资本	—	对于个人经营性贷款，资本往往是衡量财务状况的决定性因素。资本雄厚说明具有巨大的物质基础和抗风险能力
担保	指借款人用其资产对其所承诺的付款进行的担保，如果发生违约，债权人对于借款人抵押的物品拥有要求权	这一要求权的优先性越高，则相关抵押品的市场价值就越高，欠款的风险损失就越低
环境	指对借款人的偿付能力产生影响的社会经济发展的一般趋势和商业周期，以及某些地区或某些领域的特殊发展和变动	宏观经济环境、行业发展趋势等对个人借款人的收入来源和偿债能力会产生直接或间接影响

2. 其他分析法

有些银行将客户的特征归纳为"5P"要素，即个人因素(Personal Factor)、资金用途因素(Purpose Factor)、还款来源因素(Payment Factor)、债权保障因素(Protection Factor)、前景因素(Perspective Factor)。

类似地，还有"5W"因素分析法，即借款人(Who)、借款用途(Why)、还款期限(When)、担保物(What)及如何还款(How)。

3. 专家判断法的不足

(1) 专家制度需要大量专业分析人员，存在人员培训和冗余问题。

(2) 实施效果不稳定，专家人员素质和经验直接影响实施效果。

(3) 专家判断法难以确定共同遵循的标准，造成信贷评估的主观性、随意性和不一致性。

三、个人贷款定价

(一)个人贷款定价的一般原则

个人贷款定价，是指银行确定不同个人贷款产品的价格或利率水平。个人贷款定价的原则包括五个方面，具体内容如表 3-9 所示。

表 3-9　个人贷款定价的原则

原　　则	说　　明
成本收益原则	个人贷款的收益要与资金成本相匹配，保持一定的利差；个人贷款的资金来源主要是中长期存款，贷款利率在相当程度上取决于存款利率
风险定价原则	银行应该甄别个人信贷风险，利用风险定价技术，使贷款价格充分反映和弥补信贷风险，把风险控制在可接受的范围之内
参照市场价格原则	银行在确定贷款价格时，需要考虑其他融资渠道以及竞争对手的利率水平，定价不仅要公平、合理，而且还要有市场竞争力
组合定价原则	为了鼓励现有客户更多地购买银行的产品，银行可以在个人贷款与其他业务组合销售的情况下，对个人贷款在定价上给予一定的优惠
与宏观经济政策一致原则	银行个人贷款定价对经济周期和宏观经济政策比较敏感，具有顺经济周期特性；当宏观经济趋热时，提高个人贷款价格；反之，降低个人贷款价格

(二)影响个人贷款定价的因素

影响个人贷款价格的因素众多，主要包括：①资金成本；②风险；③利率政策；④盈利目标；⑤市场竞争；⑥担保；⑦选择性因素等，具体内容如表 3-10 所示。

表 3-10　影响个人贷款定价的因素

影响因素	说　明
资金成本	商业银行的资金成本越高，个人贷款定价就越高；资金成本越低，个人贷款定价就越低，两者呈正相关关系
风险	商业银行需甄别产品所面临的信用违约风险、利率风险、期限风险等特定风险，确定产品风险度，并以此指导产品定价
利率政策	利率调整的周期较短或实行浮动利率制，利率风险将基本由借款人承担，利率风险加点可相应降低；利率调整的周期较长或实行固定利率，利率风险将部分或全部转嫁给银行，利率风险加点可相应提高
盈利目标	在资金成本和风险成本一定的情况下，银行利润目标越高，信贷产品的定价就越高
市场竞争	如果银行贷款定价高于市场水平，信贷产品的销售就会受到不利的影响；如果贷款定价过低，又会增加银行的风险并对银行利润造成冲击
担保	足额、高质量的担保，可以提高贷款的安全性，降低贷款风险成本，相应地降低贷款利率。银行对贷款担保评估核实的花销费用，在一定程度上增加资金的管理成本。在个人贷款定价时，银行应综合考虑担保的整体费用和收益
选择性因素	指银行赋予客户一些选择性权利，例如，允许客户改变偿还贷款本息的时间、允许其提前或推迟还款等。权利的赋予与否、权利大小与贷款定价正向变化

四、抵质押物管理

(一)押品管理的基本概述

1. 押品管理的概念

押品管理是指押品的受理、审查、评估、权利设立、监控、返还与处置等一系列活动。

2. 押品管理的原则

押品管理的原则包括：①合法性原则；②有效性原则；③审慎性原则；④差别化原则；⑤平衡制约原则。

3. 押品的种类

银行的存放押品分为金融质押品、应收账款、商用房地产和居住用房地产以及其他押品四大类，具体常见类型如表 3-11 所示。

表 3-11　常见押品种类

押品种类	具体常见类型
金融质押品	现金及其等价物、贵金属、债券、票据、股票/基金、保单、保本型理财产品等
应收账款	交易类应收账款、应收租金、公路收费权、学校收费权等

续表

押品种类	具体常见类型
商用房地产和居住用房地产	商用房地产、居住用房地产、商用建设用地使用权和居住用建设用地使用权、房地产类在建工程等
其他押品	流动资产、出口退税账户、机器设备、交通运输设备、资源资产、设施类在建工程、知识产权、采矿权等

(二)押品管理的基本流程

押品管理的流程包括材料受理、审查、押品价值评估、抵质押权的设立与变更、押品的日常管理、押品的返还与处置六个环节,具体内容如表 3-12 所示。

表 3-12 押品管理的基本流程

流程	说明
材料受理	受理债务人提供的拟接受押品、抵质押人的权属证明材料
审查	对押品的形式要件和抵质押权设立的合法性、合规性、有效性进行审查
押品价值评估	根据各类押品的特点,综合考虑其押品类型、市场价格、变现难易程度及其他影响价值的不确定因素,评估押品的价值
抵质押权的设立及变更	与借款人、担保人签订《抵质押合同》等文本,及时办理押品登记手续及变更登记手续
押品的日常管理	对抵质押权证的保管、出入库、押品日常监控等环节进行管理
押品的返还与处置	对抵质押权证的返还、移交、处置等环节进行管理

过 关 练 习

一、单选题(下列选项中只有一项最符合题目的要求)

1. 下列关于个人汽车贷款合同文本填写的表述,错误的是(   )。

   A．填写合同时,贷款金额和贷款期限经双方协商可涂改,并加盖双方印章

   B．填写合同时,必须无错漏、不潦草

   C．填写合同时,必须数字正确、字迹清晰

   D．填写合同时,必须做到标准、规范、要素齐全

【答案】A

【解析】合同填写必须做到标准、规范、要素齐全、数字正确、字迹清晰、无错漏、不潦草,防止涂改。

2. 根据《个人贷款管理暂行办法》的规定,贷款人应加强对贷款的发放管理,遵循_____分离的原则,设立_____放款管理部门或岗位,负责落实放款条件,发放满足约定条件的个人贷款。(   )

   A．前台与后台;独立的   B．调查与审查;专门的

   C．审贷与放贷;专门的   D．审贷与放贷;独立的

【答案】D

【解析】贷款人应加强对贷款的发放管理，遵循审贷与放贷分离的原则，设立独立的放款管理部门或岗位，落实放款条件，发放满足约定条件的个人贷款。借款合同生效后，贷款人应按合同约定及时发放贷款。

3．按照银监会文件规定，贷款人受托支付是指(　　)。

  A．贷款人根据借款人的提款申请和支付委托，将贷款资金支付给符合合同约定用途的借款人交易对象

  B．贷款人根据借款人的提款申请和支付委托，将贷款资金发放至借款人账户，并由借款人支付给符合合同约定用途的借款人交易对象

  C．贷款人根据借款人的提款申请和支付委托，将贷款资金支付给专门成立的托管机构

  D．贷款人根据借款人的提款申请和支付委托，将贷款资金支付给第三方托管机构

【答案】A

【解析】贷款人应按照借款合同约定，通过贷款人受托支付或借款人自主支付的方式对贷款资金的支付进行管理与控制。其中，贷款人受托支付是指贷款人根据借款人的提款申请和支付委托，将贷款资金支付给符合合同约定用途的借款人交易对象。

二、多选题(下列选项中有两项或两项以上符合题目要求)

1．个人贷款业务中，借款人在贷款期间发生违约行为时，贷款人可以采取的措施包括(　　)。

  A．要求限期纠正违约行为   B．提前收回部分或全部贷款本息

  C．停止发放尚未使用的贷款   D．直接变卖抵押物

  E．在原贷款利率基础上加收利息

【答案】ABCE

【解析】除 ABCE 四项外，借款人、担保人在贷款期间发生任何违约事件，贷款银行可采取的措施还包括：①要求增加所减少的相应价值的抵(质)押物，或更换担保人；②定期在公开报刊及有关媒体上公布违约人姓名、身份证号码及违约行为；③向保证人追偿；④依据有关法律及规定处分抵(质)押物；⑤向仲裁机关申请仲裁或向人民法院起诉。

2．个人住房贷款的贷后管理中，对抵押物的检查内容包括(　　)。

  A．借款人的贷款抵押物是否完好

  B．抵押物是否重复抵押

  C．抵押人经贷款银行同意转让抵押物，转让所得价款是否用于提前清偿所担保的债权

  D．因第三人的行为导致抵押物的价值减少，抵押人是否将损害赔偿金存入贷款银行指定账户

  E．因其他原因，抵押物毁损、灭失、价值减少，抵押人是否在规定时间内向银行提供与减少的价值相当的担保

【答案】ABCDE

【解析】除 ABCDE 五项外，对抵押物的检查内容还包括：未经贷款银行书面同意，

抵押人是否转让、出租、再抵押或以其他方式处分抵押物。

3．下列选项中，属于个人贷款定价一般原则的有( )。

　A．参照市场价格原则　　　　B．成本收益原则

　C．风险定价原则　　　　　　D．组合定价原则

　E．与宏观经济政策相背离原则

【答案】ABCD

【解析】个人贷款产品定价原则主要包括以下几种：①成本收益原则；②风险定价原则；③组合定价原则；④参照市场价格原则；⑤与宏观经济政策相一致原则。

三、判断题(请对下列各题的描述做出判断，正确的用 A 表示，错误的用 B 表示)

1．利率调整的周期较短或实行浮动利率制，利率风险将基本由借款人承担，为公平合理起见，利率风险加点可相应提高。( )

【答案】B

【解析】利率调整的周期较短或实行浮动利率制，利率风险将基本由借款人承担，为公平合理起见，利率风险加点可相应降低；利率调整的周期较长或实行固定利率，利率风险将部分或全部转嫁给银行，利率风险加点可相应提高。

2．商用房贷款回收的原则是先收息、后收本，全部到期、利随本清。( )

【答案】A

【解析】贷款的回收是指借款人按借款合同约定的还款计划和还款方式，及时、足额地偿还贷款本息。贷款回收的原则是先收息、后收本，全部到期、利随本清。

第四章　个人住房贷款

【考查内容】

　　本章主要从基础知识、贷款流程、风险管理以及公积金个人住房贷款四方面全面介绍个人住房贷款的相关知识。其中，基础知识部分主要包括基本概念、分类及特征等。本章内容相对较多，考生需要掌握个人住房贷款的分类、特征和要素；了解房地产税收的相关知识。个人住房贷款的贷款流程、风险管理以及公积金个人住房贷款的要素和操作流程也是本章要求掌握的知识点，考生需多加注意。

【备考方法】

　　本章要求掌握的知识点较多，部分考点比较难记，考生必须反复练习，准确记忆。有的知识点看似简单，实际涉及的细节非常多，如个人住房贷款的分类依据、具体类别和特征、贷款的具体流程、面临的风险以及需要注意的地方等，这些内容都可以作为单独的考题在考试中出现，且多选题的难度稍大，考生必须牢记考点，才能在短时间内选出正确答案。

【框架结构】

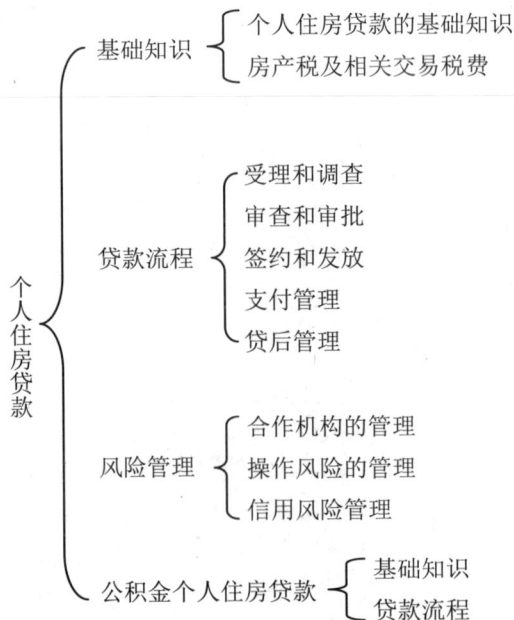

【核心讲义】

一、基础知识

(一)个人住房贷款的基础知识

1．概念和分类

个人住房贷款是指银行向自然人发放的用于购买、建造和大修各类型住房的贷款。

1) 按照资金来源划分

按照资金来源的不同，个人住房贷款可分为：①自营性个人住房贷款；②公积金个人住房贷款；③个人住房组合贷款。具体内容如表 4-1 所示。

表 4-1　按照资金来源划分的个人住房贷款

类　别	内　容
自营性个人住房贷款	又称商业性个人住房贷款，是指银行运用信贷资金向在城镇购买、建造或大修各类型住房的个人发放的贷款
公积金个人住房贷款	①又称委托性住房公积金贷款，是指由各地住房公积金管理中心运用个人及其所在单位所缴纳的住房公积金，委托商业银行向购买、建造、翻建或大修自住住房的住房公积金缴存人以及在职期间缴存住房公积金的离退休职工发放的专项住房贷款； ②是一种政策性个人住房贷款，不以营利为目的，实行"低进低出"的利率政策，带有较强的政策性，贷款额度受到限制
个人住房组合贷款	是指按时足额缴存住房公积金的职工在购买、建造或大修住房时，可以同时申请公积金个人住房贷款和自营性个人住房贷款，从而形成特定的个人住房贷款组合

2) 按照住房交易形态划分

按照住房交易形态的不同，个人住房贷款可分为：①新建房个人住房贷款；②个人二手房住房贷款。具体内容如表 4-2 所示。

表 4-2　按照住房交易形态划分的个人住房贷款

类　别	内　容
新建房个人住房贷款	俗称个人一手房贷款，是指银行向符合条件的个人发放的、用于在一级市场上购买住房的贷款
个人二手房住房贷款	是指银行向符合条件的个人发放的、用于购买在住房二级市场上合法交易的各类型个人住房的贷款

3) 按照贷款利率确定方式划分

按照贷款利率的确定方式的不同，个人住房贷款可分为：①固定利率贷款；②浮动利率贷款。

2．个人住房贷款的特征

个人住房贷款具有以下几个方面的特征。

1) 贷款期限长

个人住房贷款金额较大，期限也较长，通常为 10～20 年，最长可达 30 年，绝大多数采取分期还本付息的方式。

2) 大多是以抵押为前提建立的借贷关系

从融通资金的方式来说，个人住房贷款是以抵押物的抵押为前提而建立起来的一种借贷关系。

3) 风险具有系统性特点

由于大多数个人住房贷款为房产抵押担保贷款，系统性风险也相对集中。

3．个人住房贷款的发展历程

国内的个人住房贷款最早萌芽于改革开放初期，源于城市住宅制度的改革。我国个人住房贷款发展过程中的标志性事件，具体如表 4-3 所示。

表 4-3　个人住房贷款发展过程中的标志性事件

时　间	事　件
1980 年	住房商品化和购房分期付款思路提出
20 世纪 80 年代中期	首批住房体制改革的试点城市——烟台、蚌埠分别成立了住房储蓄银行，开始发放住房贷款。此外，中国建设银行于 1985 年开办了住宅储蓄和住宅贷款业务，在国内最早开办住房贷款业务
1997 年	中国人民银行先后颁布了《个人住房担保贷款管理试行办法》等一系列关于个人住房贷款的制度办法，标志着国内住房贷款业务的正式全面启动
1998 年	国务院正式宣布停止住房实物分配，逐步实行住房分配货币化，"建立和完善以经济适用住房为主的多层次城镇住房供应体系"被确定为基本方向，中国人民银行颁布《个人住房贷款管理办法》，个人住房贷款步入快速发展阶段

4．个人住房贷款的要素

1) 贷款对象

个人住房贷款的对象须满足贷款银行的要求，具体如表 4-4 所示。

表 4-4　贷款对象的要求

要　求	内　容
基本要求	有完全民事行为能力的中华人民共和国公民或符合国家有关规定的境外自然人
其他要求	①合法有效的身份或居留证明； ②有稳定的经济收入，信用状况良好，有偿还贷款本息的能力； ③有合法有效的购买(建造、大修)住房的合同、协议、符合规定的首付款证明材料及贷款银行要求提供的其他证明文件； ④有贷款银行认可的资产进行抵押或质押，或有足够代偿能力的法人、其他经济组织或自然人作为保证人； ⑤贷款银行规定的其他条件

2) 贷款利率

(1) 贷款利率的规定。

个人住房贷款的利率按商业性贷款利率执行，上限放开，实行下限管理。目前，中国人民银行规定的下限利率为相应期限档次贷款基准利率的 0.7 倍。

(2) 贷款利率的调整。

贷款期间，贷款利率可进行如下调整。

① 期限在 1 年以内(含 1 年)的贷款，实行合同利率，遇法定利率调整不分段计息；

② 贷款期限在 1 年以上的，合同期内遇法定利率调整时，可由借贷双方按商业原则确定，可在合同期间按月、按季、按年调整，也可采用固定利率的确定方式。实践中，银行多于次年 1 月 1 日起执行新利率。

3) 贷款期限

(1) 一般贷款人。

个人一手房贷款和二手房贷款的最长期限都为 30 年。其中，个人二手房贷款的期限不能超过所购住房的剩余使用年限。

(2) 特殊贷款人。

对于借款人已离退休或即将离退休的(目前法定退休年龄为男 60 岁，女 55 岁)，一般男性自然人的还款期限不超过 65 岁，女性自然人的还款年限不超过 60 岁。符合相关条件的，男性可放宽至 70 岁，女性可放宽至 65 岁。

4) 还款方式

个人住房贷款可采取的还款方式有：①一次还本付息法；②等额本息还款法；③等额本金还款法；④等比累进还款法；⑤等额累进还款法；⑥组合还款法等。

其中，等额本息还款法和等额本金还款法最为常用。借款人可以根据需要选择还款方法，但一笔借款合同只能选择一种还款方法，贷款合同签订后，未经贷款银行同意，不得更改还款方式。

5) 担保方式

个人住房贷款可实行的担保方式有：①抵押；②质押；③保证，具体内容如表 4-5 所示。

表 4-5 担保方式

类 别	内 容
抵押	①抵押的财产必须符合《担保法》的法定条件； ②抵押物的价值按照抵押物的市场成交价或评估价格确定； ③借款人以所购住房作抵押的，通常要求将住房价值全额用于贷款抵押；若以贷款银行认可的其他财产作抵押的，银行往往规定其贷款额度不得超过抵押物价值的一定比例
质押	质物可以是以下有价证券：财政部发行的凭证式国库券、国家重点建设债券、金融债券、符合贷款银行规定的企业债券、单位定期存单、个人定期储蓄存款存单等
保证	①保证人应与贷款银行签订保证合同，保证人为借款人提供的贷款担保为全额连带责任保证，借款人之间、借款人与保证人之间不得相互提供保证； ②在贷款期间，经贷款银行同意，借款人可根据实际情况变更贷款担保方式。抵押物、质押权利、保证人发生变更的，应与贷款银行重新签订相应的担保合同

对于抵押担保，需要注意以下三个方面。

(1) 在个人住房贷款业务中，采取的担保方式以抵押担保为主，在实现抵押登记前，普遍采取抵押加阶段性保证的方式。

(2) 抵押加阶段性保证人通常是借款人所购住房的开发商或售房单位，且与银行签订了商品房销售贷款合作协议书。在一手房贷款中，在房屋办妥抵押登记前，一般由开发商承担阶段性保证责任，而在二手房贷款中，一般由中介机构或担保机构承担阶段性保证的责任。

(3) 借款人、抵押人、保证人应同时与贷款银行签订抵押加阶段性保证借款合同。在所抵押的住房取得房屋所有权证并办妥抵押登记后，根据合同约定，抵押加阶段性保证人不再履行保证责任。

6) 贷款额度

根据现行规定，个人住房贷款最低首付款比例为 20%，具体规定如表 4-6 所示。

表 4-6　个人住房贷款最低首付款的规定

情　况	说　明
首次购买	①在不实施"限购"措施的城市，居民家庭首次购买普通住房的商业性个人住房贷款，原则上最低首付款比例为 25%，各地可向下浮动 5 个百分点； ②对于实施"限购"措施的城市，贷款购买首套普通自住房的家庭，个人住房贷款最低首付款比例为 30%
已拥有一套住房	①已拥有一套住房，并已结清相应购房贷款的家庭，为改善居住条件再次申请贷款购买普通商品住房，执行首套房贷款政策。 ②在不实施"限购"措施的城市，对拥有两套及以上住房并已结清相应购房贷款的家庭，又申请贷款购买住房，根据借款人偿付能力、信用状况等因素审慎把握并具体确定首付款比例。 ③已拥有一套住房，且相应购房贷款未结清的居民家庭，为改善居住条件再次申请商业性个人住房贷款购买普通自住房的，贷款最低首付款比例为 30%
对于其他可以贷款的情形	首付款比例仍按不低于 60% 的政策执行
对银行等机构的要求	①各商业银行暂停发放居民家庭购买第二、三套及以上住房贷款； ②中国人民银行、银监会各派出机构应按照"分类指导、因地施策"的原则，加强与地方政府的沟通，指导各省级市场利率定价自律机制，结合当地不同城市实际情况，自主确定辖区内商业性个人住房贷款的最低首付款比例

【例 4.1·单选题】根据现行的对贷款额度的规定，个人住房贷款最低首付款比例为(　　)。

A. 20%　　　　　B. 25%　　　　　C. 30%　　　　　D. 35%

【答案】A

【解析】根据现行规定，个人住房贷款最低首付款比例为 20%。其中，在不实施"限购"措施的城市，居民家庭首次购买普通住房的商业性个人住房贷款，原则上最低首付款比例为 25%，各地可向下浮动 5 个百分点；对于实施"限购"措施的城市，贷款购买首套普通自住房的家庭，个人住房贷款最低首付款比例为 30%。

(二)房产税及相关交易税费

1. 房产税的相关规定

房产税是以房屋为征收对象，按房屋的计税余值或租金收入为计税依据，向产权所有人征收的一种财产税。相关规定如表 4-7 所示。

表 4-7　房产税的相关规定

项 目	规 定
征收范围	在城市、县城、建制镇和工矿区征收
纳税人	①房产税由产权所有人缴纳； ②产权属于全民所有的，由经营管理单位缴纳； ③产权出典的，由承典人缴纳； ④产权所有人、承典人不在房产所在地的，或者产权未确定及典租纠纷未解决的，由房产代管人或者使用人缴纳。产权所有人、经营管理单位、承典人、房产代管人或者使用人，统称为纳税义务人
纳税依据	采用从价计税，计税依据有：①按计税余值计税；②按租金收入计税
税率	①依照房产余值计算缴纳的，税率为 1.2%； ②依照房产租金收入计算缴纳的，税率为 12%
应纳税额的计算	①依照房产余值计算缴纳的应纳税额=房产计税余值×1.2%； ②依照房产租金收入计算缴纳的应纳税额=租金收入×12%
若干具体规定	①新建房屋的纳税义务发生时间是建成之日或办理验收手续之日的次月； ②投资联营房产的，共担风险的按房产余值，不担风险的按租金； ③融资租赁房屋的按房产余值征税； ④纳税单位和个人无租使用房产部门、免税范围就纳税单位的房产，由使用人代缴； ⑤纳税单位与免税单位共同使用的房屋，按各自使用的部分划分，分别征收或免征房产税

【例 4.2·多选题】下列关于房产税的缴纳的说法，正确的有(　　)。

　　A. 房产税一般由使用人缴纳

　　B. 产权属于全民所有的，由经营管理单位缴纳

　　C. 产权出典的，由承典人缴纳

　　D. 产权未确定及典租纠纷未解决的，不用缴纳

　　E. 产权所有人、承典人不在房产所在地的，由房产代管人或者使用人缴纳

【答案】BCE

【解析】A 项，房产税由产权所有人缴纳；D 项，产权未确定及典租纠纷未解决的，由房产代管人或者使用人缴纳。

2．二手房交易税费

以北京为例，目前二手房交易需缴纳的税费包括：①契税；②印花税；③土地出让金；④转移登记费；⑤交易手续费；⑥增值税；⑦个人所得税等。

1) 个人住房转让增值税政策新规

根据《营业税改征增值税试点过渡政策的规定》，个人将购买不足 2 年的住房对外销售的，按照 5%的征收率全额缴纳增值税；个人将购买 2 年以上(含 2 年)的住房对外销售的，免征增值税。上述政策适用于北京市、上海市、广州市和深圳市之外的地区。

个人将购买不足 2 年的住房对外销售的，按照 5%的征收率全额缴纳增值税；个人将购买 2 年以上(含 2 年)的非普通住房对外销售的，以销售收入减去购买住房价款后的差额按照 5%的征收率缴纳增值税；个人将购买 2 年以上(含 2 年)的普通住房对外销售的，免征增值税。上述政策仅适用于北京市、上海市、广州市和深圳市。

2) 个人所得税的要求

个人所得税按个人转让住房收入减去房屋原值和转让住房过程中缴纳的税金及有关合理费用后差额的 20%计征；不能提供合法扣除凭证的，普通住房按销售额的 1%计征，非普通住房按销售额的 2%计征。

二、贷款的流程

贷款的流程如下。

(一)受理和调查

1．贷款的受理

个人住房贷款的申请材料清单包括：①合法有效的身份证件；②借款人还款能力证明材料；③合法有效的购房合同；④涉及抵押担保的，需提供抵押物的权属证明文件以及有处分权人同意抵押的书面证明；⑤涉及保证担保的，需保证人出具同意提供担保的书面承诺，并提供能证明保证人保证能力的证明材料；⑥购房首付款证明材料；⑦银行规定的其他文件和资料。

2．贷前调查

1) 对开发商及楼盘项目的调查

对个人住房贷款楼盘项目的审查包括：①对开发商资信的审查；②项目本身的审查；③对项目的实地考察。

(1) 开发商资信审查。

开发商资信审查的审查内容具体包括：①房地产开发商资质审查；②企业资信等级或信用程度；③经国家工商行政管理机关核发的企业法人营业执照；④税务登记证明；⑤会计报表；⑥开发商的债权债务和为其他债权人提供担保的情况；⑦企业法人代表的个人信用程度和管理层的决策能力。

(2) 项目审查。

项目审查的内容具体如表 4-8 所示。

表 4-8 项目审查内容

内　容	说　明
项目资料的完整性、真实性和有效性审查	① 银行应验收、检查开发商提供的项目资料是否齐全； ② 将提交的项目资料的复印件与原件对照，对原件所盖印章进行审查，检查资料的真实性； ③ 查看提交资料上有关部门规定的有效期限，确定项目资料是否有效
项目合法性审查	① 项目开发的合法性审查，审查开发商的"国有土地使用权证"和"建设用地规划许可证"等证书，确定开发商是否已按政府规定交纳土地出让金，土地使用是否经批准，工程建筑时间是否在有效期内，建筑物的结构是否与规划许可证相符。此外，要特别注意审查土地使用权是否被抵押； ② 项目销售的合法性审查，审查项目的"预售许可证"，确定项目的销售是否经当地政府房管部门批准，销售的商品房是否被抵押、销售的对象是否符合规定，外销房是否经过有关程序等
项目工程进度审查	判断项目进度是否符合有关规定，如是否符合政府部门对商品房预售时工程进度的规定
项目资金到位情况审查	审查开发商按项目要求比例的自筹资金是否到位

(3) 对项目的实地考察。

银行对项目进行实地考察的目的包括以下几个方面。

① 检查开发商所提供的资料和数据是否与实际一致，是否经过政府部门批准，从而保证项目资料的真实性、合法性；

② 开发商从事房地产建筑和销售的资格认定，检查项目的工程进度是否达到政府部门规定预售的进度；

③ 检查项目的位置是否理想，考察房屋售价是否符合市场价值，同时对项目的销售前景做出理性判断。

(4) 撰写调查报告。

调查报告应包括以下内容。

① 开发商的企业概况、资信状况；

② 开发商要求合作的项目情况、资金到位情况、工程进度情况、市场销售前景；

③ 通过商品房销售贷款的合作可给银行带来的效益和风险分析；

④ 项目合作的可行性结论以及对可提供个人住房贷款的规模、相应年限及贷款成数提出建议。

项目调查报告经审核人员审核，交有权审批部门审查核准。

【例 4.3·单选题】在个人住房贷款的贷前调查环节，对开发商及楼盘项目审查时，无须审查的是(　　)。

A．开发商竞争对手的资信情况　　　　B．开发商的税务登记证明

C．项目开发的合法性　　　　　　　　D．对项目的实地考察

【答案】A

【解析】对个人住房贷款楼盘项目的审查主要是对开发商资信的审查、项目本身的审查以及对项目的实地考察。B项属于对开发商资信的审查；C项属于对项目本身的审查。

2) 对借款人的调查

(1) 调查的方式和要求。

① 审查借款申请材料。贷前调查人通过审查借款申请材料了解借款申请人的基本情况、借款所购(建)房屋情况和贷款担保情况等。

② 面谈借款申请人。贷前调查人应通过面谈了解借款申请人的基本情况、借款所购(建)房屋情况以及贷前调查人认为应调查的其他内容。

(2) 调查的内容。个人住房贷款应重点调查以下内容。

① 审核首付款证明。首付款证明材料包括：开发商开出的发票或收据、借款申请人支付首付款的银行进账单。如果只有开发商开出的首付款收据而不能同时提供银行进账单，在对首付款收据查验确认真实、有效后，可视为首付款证明材料齐备。

贷前调查人应查验发票是否为税务局核发的商品房专用发票；首付款证明是否由售房单位开具并加盖售房单位的财务专用章；首付款证明原件与复印件是否一致、首付款金额是否达到贷款条件要求、交款单据上列明的所购房产是否与购房合同或协议一致。

② 审核购房合同或协议。贷前调查人应查验借款申请人提交的商品房销售合同或协议上的房屋坐落与房地产开发商的商品房销售许可证或售房单位的房地产权证是否一致；审核购房合同的销售登记备案手续是否办妥；查验合同签署日期是否明确，所购住房是现房还是期房，交房日期是否明确；所购住房面积、售价是否明确、合理等；核对商品房买卖合同中的卖方是否是该房产的所有人，签字人是否为有权签字人或其授权代理人，所盖公章是否真实有效；商品房买卖合同中的买方是否与借款人姓名一致。

③ 审核担保材料。采取保证担保方式的，还应特别调查的内容包括：对开发商提供阶段性保证担保的，要对开发商的经营情况、信用情况、财务状况、高级领导层变动情况、是否卷入纠纷、与银行合作情况等进行调查；对住房置业担保公司提供保证担保的，要对住房置业担保公司的营业期限、实有资本、经营状况、或有负债和是否按贷款银行要求存入足额保证金等进行全面调查，核实其担保能力。

④ 审核贷款真实性。贷前调查人应调查借款申请人家庭拥有住房情况是否符合规定，借款申请人购房行为的真实性，对存在虚假购房行为套贷的，不予贷款；贷前调查完成后，贷前调查人应对调查结果进行整理、分析，填写个人住房贷款调查审批表，提出是否同意贷款的明确意见及贷款额度、贷款期限、贷款利率、担保方式、还款方式、划款方式等方面的建议，并形成对借款申请人还款能力、还款意愿、担保情况以及其他情况等方面的调查意见，连同申请资料等一并送交贷款审核人员进行贷款审核。

【例 4.4·多选题】 在个人住房贷款业务中，贷款受理和调查中的风险点主要包括( )。

A. 借款申请人是否有稳定、合法的收入来源

B. 借款申请人提交的资料是否齐全

C. 项目调查中的风险

D．借款人调查中的风险

E．不按权限审批贷款，使得贷款超授权发放的风险

【答案】 ABCD

【解析】 贷款受理环节的风险点主要包括：①借款申请人的主体资格是否符合所申请贷款管理办法的规定，是否具有完全民事行为能力；对不能提供 1 年以上当地纳税证明或社会保险缴纳证明的非本地居民暂停发放购买住房贷款；是否有稳定、合法的收入来源，有按期偿还本息的能力。②借款申请人提交的资料是否齐全，格式是否符合银行的要求；所有原件和复印件之间是否一致。贷前调查环节的风险点主要有：①项目调查中的风险；②借款人调查中的风险。E 项属于贷款审查和审批中的风险。

(二)审查和审批

贷款审查和审批的具体内容如表 4-9 所示。

表 4-9　贷款的审查和审批

项　目	说　明
贷款的审查	①贷款审查人负责对借款申请人提交的材料进行合规性审查，对贷前调查人提交的"个人住房贷款调查审批表"、面谈记录以及贷前调查的内容是否完整进行审查； ②贷款审查人认为需要补充材料和完善调查内容的，可要求贷前调查人进一步落实； ③贷款审查人对贷前调查人提交的材料和调查内容的真实性有疑问的,可以进行重新调查； ④贷款审查人审查完毕后，应对贷前调查人提出的调查意见和贷款建议是否合理、合规等在"个人住房贷款调查审查表"上签署审查意见，连同申请材料、面谈记录等一并送交贷款审批人进行审批
贷款的审批	①个人住房贷款的审批流程可参照个人贷款部分； ②报批材料具体包括：a．"个人信贷业务报批材料清单"；b．"个人信贷业务申报审批表"；c．"个人住房借款申请书"；d．个人住房贷款办法及操作规程规定需提供的材料等

(三)签约和发放

贷款的签约和发放如表 4-10 所示。

表 4-10　贷款的签约和发放

项　目	说　明
贷款的签约	①经审批同意的，贷款银行与借款人、开发商签订个人住房贷款合同，明确各方权利和义务； ②借款合同应符合法律规定，明确约定各方当事人的诚信承诺和贷款资金的用途、支付对象、支付金额、支付条件、支付方式等
贷款的发放	个人住房贷款应重点确认借款人首付款是否已全额支付到位以及借款人所购房屋为新建房的，要确认项目工程进度符合中国人民银行规定的有关放款条件，其他内容与个人贷款的规定类似

(四)支付管理

资金贷款的支付方式及具体内容如表 4-11 所示。

表 4-11　资金贷款的支付方式

项　目	说　明
贷款人受托支付	①指贷款人根据借款人的提款申请和支付委托，将贷款资金支付给符合合同约定用途的借款人交易对象； ②银行应明确受托支付的条件，规范受托支付的审核要件，要求借款人在使用贷款时提出支付申请，并授权贷款人按合同约定方式支付贷款资金。银行应在贷款资金发放前审核借款人相关交易资料和凭证是否符合合同约定条件，支付后做好有关细节的认定工作。贷款人受托支付完成后，应详细记录资金流向，归集保存相关凭证
借款人自主支付	①指贷款人根据借款人的提款申请将贷款资金直接发放至借款人账户，并由借款人自主支付给符合约定用途的借款人交易对象； ②贷款人应与借款人在借款合同中事先约定，要求借款人定期报告或告知贷款人贷款资金支付情况。贷款人应当通过账户分析、凭证查验或现场调查等方式，检查贷款支付是否符合约定用途

【例 4.5·单选题】下列关于个人住房贷款的贷款人受托支付方式的表述，错误的是（　　）。[2013 年下半年真题]

　　A．银行应在贷款资金支付后做好有关细节的认定记录

　　B．银行应明确受托支付的条件

　　C．银行应在贷款资金发放后，审核借款人相关交易资料和凭证是否符合约定条件

　　D．银行应规范受托支付的审核要件

【答案】C

【解析】采用贷款人受托支付方式的，银行应明确受托支付的条件，规范受托支付的审核要件，要求借款人在使用贷款时提出支付申请，并授权贷款人按合同约定方式支付贷款资金。银行应在贷款资金发放前审核借款人相关交易资料和凭证是否符合合同约定条件，支付后做好有关细节的认定工作。

(五)贷后管理

1．贷后检查

除参照个人贷款贷后检查内容外，还应对开发商和项目以及合作机构进行重点调查，其要点有：①开发商的经营状况及账务状况；②项目资金到位及使用情况；③项目工程形象进度；④项目销售情况及资金回笼情况；⑤产权证办理情况；⑥履行担保责任情况；⑦开发商履行商品房销售贷款合作协议情况；⑧合作机构资信情况、经营情况及财务情况等；⑨其他可能影响借款人按时、足额还贷的因素。

【例 4.6·多选题】在个人住房贷款业务的贷后检查中，对开发商和项目检查的要点包括（　　）。

A．开发商的经营状况及财务状况

B．项目资金到位及使用情况

C．项目工程形象进度

D．履行担保责任情况

E．土地使用及建设工程规划的许可

【答案】ABCD

【解析】在个人住房贷款业务中，对开发商及项目贷后检查的要点除题中 ABCD 四项外，还包括：①项目销售情况及资金回笼情况；②产权证办理情况；③开发商履行商品房销售贷款合作协议情况；④合作机构资信情况、经营情况及财务情况等；⑤其他可能影响借款人按时、足额归还贷款的因素。E 项，土地使用及建设工程规划的许可属于贷前调查内容。

2．合同变更

经审批同意变更借款合同主体后，贷款银行与变更后的借款人、担保人重新签订有关合同文本。在抵(质)押登记变更等有关手续办妥后，经办人填写个人住房借款合同主体变更通知书，连同一份借款合同交会计部门办理有关借款主体变更事宜。新合同借款利率按原合同利率约定执行。

个人住房贷款一般采用分期还款方式。一种还款方式能否变更为另一种还款方式需要根据银行的有关规定执行。

3．贷款的回收

银行根据借款合同的约定进行贷款的回收。借款人与银行应在借款合同中约定借款人归还借款采取的支付方式、还款方式和还款计划等。借款人按借款合同约定偿还贷款本息，银行则将还款情况定期告知借款人。

贷款的还款方式有委托扣款和柜面还款两种方式。借款人可在合同中约定其中一种方式，也可以根据情况在贷款期间进行变更。借款人要按照借款合同中规定的还款方式进行还款。常用的个人住房贷款还款方式包括等额本息还款法和等额本金还款法两种。

4．贷款风险分类和不良贷款的管理

关于个人住房贷款的贷款风险分类和不良贷款的管理与个人贷款类似。

5．贷款档案管理

个人住房贷款档案管理可参照个人贷款部分，贷款档案中的借款人的相关资料包括：①借款人身份证件(居民身份证、户口本或其他有效证件)；②贷款银行认可部门出具的借款人经济收入和偿债能力证明；③符合规定的购买住房意向书、合同书或其他有效文件；④购房交易收件收据；⑤所购住房的估价证明；⑥抵押物或质物清单、权属证明、有处分权人同意抵押或质押的证明及有权部门出具的抵押物估价证明；⑦保证人资信证明及同意提供担保的文件；⑧房屋他项权利证明书；⑨个人住房借款申请审批表；⑩借款合同；抵押合同(质押合同、保证合同)；⑪保险合同、保险单据；⑫个人住房贷款凭证；⑬委托转账付款授权书。

一般档案材料需要退还借款人的，档案管理员将材料复印后退还借款人或委托人，复印件归档进行有关信息登记。

三、风险管理

在个人住房贷款中，银行的风险无时不在，且风险来源多样化，表现形式多样化。

(一)合作机构的管理

与外部机构合作是当前和今后一段时期个人住房贷款业务开展的主要方式。合作机构的选择直接关系到个人住房贷款第二还款来源的可靠性。

1. 合作机构管理的内容

1) 合作机构分析的要点

合作机构分析的要点具体如表 4-12 所示。

表 4-12　合作机构分析的要点

要　点	说　明
合作机构领导层素质	主要看领导层的身份、学历、履历、个人信用状况、以往经营业绩、对团队的影响力、决策能力、经营水平等
合作机构的业界声誉	指一个合作机构获得社会公众信任和赞美的程度，以及在社会公众中影响效果好坏的程度
合作机构的历史信用记录	①查看外部监管记录：在建设、工商、税务等国家管理部门及金融机构、司法部门查看合作机构有无不良记录。②查看合作机构与银行历史合作的信用记录，通过公司业务部门了解合作机构在银行的贷款情况；了解合作机构与银行开展个人贷款业务有无"假个贷"；是否能按照合作协议履行贷款保证责任和相关的义务，有无违约记录等
合作机构的管理规范程度	①重点分析合作机构的组织机构是否健全；②有无完善的内部管理规章制度；③有无财务监督机制；④对改制后的企业还要看其治理结构是否合理
企业的经营成果	分析企业的利润表和现金流量表。利润表反映获利能力的主要指标有：销售净利润、资产净利润、成本费用利润等
合作机构的偿债能力	重点查看资产负债表，通过流动比率、速动比率、现金比率、运营资本、资产负债率、产权比率、已获利息倍数等重要指标，从而对企业的偿债能力和担保能力做出判断

【例 4.7·多选题】了解合作机构的信用状况的途径包括(　　)。

A. 合作银行部门　　　　B. 金融监管机构　　　　C. 工商管理部门

D. 司法部门　　　　　　E. 银行监管部门

【答案】ABCD

【解析】合作机构的历史信用记录虽然代表过去，但可以从中看出一个企业的信用状况。对合作机构的历史信用记录，一方面，可以查看外部监管记录，在建设、工商、税务等国家管理部门及金融机构、司法部门查看合作机构有无不良记录。另一方面，也可以查看合作机构与银行历史合作的信用记录。

2) 与房地产开发商合作关系的确定及合作的执行

与房地产开发商合作关系的确定及合作的执行包括确定合作意向和合作后的管理两部分，具体如表4-13所示。

表4-13 与房地产开发商合作关系的确定及合作执行

项　目	说　明
确立合作意向	开发商提供的项目经过银行有关部门核批后，凡银行同意为该项目提供商品房销售贷款的，在受理该项目购房人的个人住房贷款前，银行可以与开发商签订商品房销售贷款合作协议书，也可以不签订协议，以其他方式确定合作意向
合作后的管理	管理措施主要包括：①及时了解开发商的工程进度，防止"烂尾"工程；②开发商的经营及财务状况是否正常，担保责任的履行能力能否保证；③借款人的入住情况及对住房的使用情况等；④借款人发生违约行为后应及时对抵押物进行处理；⑤密切注意和掌握房地产市场的动态

3) 与其他社会中介机构的合作管理

(1) 原则。与其他社会中介机构合作的原则包括：

① 资质高、信誉好、管理规范；

② 各项财务指标符合银行要求；

③ 近期无重大经济纠纷；

④ 银行开立基本结算账户或一般结算账户。

(2) 审查的资料。审查的资料包括：

① 营业执照及其他有效证件以及最近的年检证明；

② 公司章程、联营协议、个人合伙企业的合同或协议；

③ 法定代表人、负责人或代理人的身份证明及法人委托书；

④ 经营单位资格证书；

⑤ 物价部门批准收费的文件；

⑥ 企业法人代码证及最近年度的年检证明；

⑦ 经银行认可的机构审计的近期财务报表。

2. 合作机构风险的表现形式

1) 房地产开发商和中介机构的欺诈风险——"假个贷"

(1) "假个贷"的含义。

"假个贷"一般指借款人并不具有真实的购房目的，而是采取各种手段套取银行个人住房贷款资金的行为。"假个贷"的"假"，①指不具有真实的购房目的；②指虚构购房行为使其具有"真实"的表象；③指捏造借款人资料或者其他相关资料等。

(2) "假个贷"的主要成因。

"假个贷"的主要成因包括：①开发商利用"个贷"恶意套取银行资金进行诈骗；②开发商为缓解楼盘销售窘境而通过"假个贷"获取资金；③开发商为获得优惠贷款而实施"假个贷"；④银行的管理漏洞给"假个贷"以可乘之机等。

(3) "假个贷"的行为特征。

"假个贷"的行为特征包括：①没有特殊原因，滞销楼盘突然热销；②没有特殊原因，楼盘售价与周围楼盘相比明显偏高；③开发企业员工或关联方集中购买同一楼盘，或一人购买多套；④借款人收入证明与年龄、职业明显不相称，在一段时间内集中申请办理贷款；⑤借款人对所购房屋位置、朝向、楼层、户型、交房时间等与所购房屋密切相关的信息不甚了解；⑥借款人首付款非自己交付或实际没有交付；⑦多名借款人还款账户内存款很少，还款日前由同一人或同一单位进行转账或现金支付来还款；⑧开发商或中介机构代借款人统一还款；⑨借款人集体中断还款。

2) 担保公司的担保风险

个人住房贷款业务中，由专业担保公司为借款人提供连带责任保证。此时，若担保公司的担保能力不足会给银行带来风险，主要的表现是"担保放大倍数"过大，即担保公司对外提供担保的余额与自身实收资本的倍数过大，造成过度担保而导致最终无力代偿。

3) 其他合作机构的风险

在二手房贷款业务中，涉及多个社会中介机构，如房屋中介机构、评估机构及律师事务所等。二手房产的买卖双方均通过代理机构进行交易，且银行的贷款一般直接转入社会中介机构账户，因此，可能在社会中介机构环节出现风险。

3. 合作机构风险的防范措施

1) "假个贷"的防控措施

"假个贷"的防控措施主要包括以下几个方面。

(1) 加强一线人员建设，严把贷款准入关。

按中国银监会《商业银行房地产贷款风险管理指引》的要求，建立一套适合一线经办人员执行的、行之有效的科学制度，提高贷款审批的独立性和科学性。同时，一线经办人员必须严格执行贷款准入制度。具体注意检查以下内容：①借款人身份的真实性；②借款人信用情况；③各类证件的真实性；④申报价格的合理性。

(2) 进一步完善个人住房贷款风险保证金制度。

(3) 要积极利用法律手段，追究当事人刑事责任，加大"假个贷"的实施成本。

2) 其他合作机构风险的防控措施

其他合作机构风险的防控措施主要包括以下几个方面。

(1) 深入调查，选择讲信用、重诚信的合作机构。应重点选择具有以下特征的合作机构：①企业领导层比较稳定、从业时间长、专业技术高、团队稳定、在社会上有一定的地位；②企业和主要领导人在业内具有良好的声誉；③具有良好的信用记录；④企业组织机构健全、具有较为完善的内部管理规章制度、企业治理结构合理；⑤具有良好的历史经营业绩和较强的盈利能力；⑥具有较强的资金实力和偿债能力。

(2) 业务合作中不过分依赖合作机构。只有贷款银行履行了银行应尽的职责，才能防范合作机构割断银行与客户的关系而从中牟利。

(3) 严格执行合作机构客户准入退出制度。对具有担保性质的合作机构的准入需要考虑以下方面：①注册资金是否达到一定规模；②是否具有一定的信贷担保经验；③资信状况是否达到银行规定的要求；④是否具备符合担保业务要求的人员配置、业务流程和系统支持；⑤公司及主要经营者是否存在不良信用记录、违法涉案行为等。

(4) 有效利用保证金制度。对承担担保责任的合作机构，银行应要求留存担保保证金，需要开立保证金专户存储，并在担保合作协议中明确该账户内保证金的用途及担保人使用限制条款，在借款人不履行合同义务时，银行直接扣收担保人的保证金。

(5) 严格执行回访制度。对已经准入的合作机构，银行应进行实时关注，随时根据其业务发展情况调整合作策略。对存在下列情况的，应暂停与相应机构的合作：①经营出现明显问题的；②有违法违规经营行为的；③与银行合作的存量业务出现严重不良贷款的；④所进行的合作对银行业务拓展没有明显促进作用的；⑤其他对银行业务发展不利的因素。

【例 4.8·判断题】对承担连带责任保证担保的按揭合作开发商，银行应要求留存担保保证金，实行专户存储、专户管理。(   )[2014 年上半年真题]

【答案】正确

【解析】对承担担保责任的合作机构，银行应要求留存担保保证金，需要开立保证金专户存储，并在担保合作协议中明确该账户内保证金的用途及担保人使用限制条款，在借款人不履行合同义务时，银行直接扣收担保人的保证金。

(二)操作风险的管理

操作风险是指在个人住房贷款业务操作过程中，由于违反操作规程或操作中存在疏漏等情况而产生的风险，是一种发生在实务操作中的、内部形成的非系统性风险。

1. 贷款流程中的风险

1) 贷款受理和调查中的风险

贷款受理和调查中的风险，具体如表 4-14 所示。

表 4-14　贷款受理和调查中的风险

项　目	说　明
贷款受理中的风险	①借款申请人的主体资格是否符合所申请贷款管理办法的规定：a. 申请人是否具有完全民事行为能力；b. 对不能提供 1 年以上当地纳税证明或社会保险缴纳证明的非本地居民暂停发放购买住房贷款；c. 是否有稳定、合法的收入来源，有按期偿还本息的能力； ②借款申请人提交的资料是否齐全，格式是否符合银行的要求；所有原件和复印件之间是否一致
贷前调查中的风险	①项目调查中的风险：a. 提供贷款业务的项目未按规定上报审批，或在审批未获准的情况下开展业务；b. 提供贷款业务的项目，根据情况应当落实有关方面承担相应责任的，未按规定与之签订协议或签订的协议无效； ②借款人调查中的风险：a. 借款申请人所提交的资料是否真实、合法；b. 第一还款来源是否稳定、充足；c. 担保措施是否足额、有效

2) 贷款审查和审批中的风险

贷款审查和审批中的风险为：①未按独立公正原则审批；②不按权限审批贷款，使得贷款越权发放；③审批人员对应审查的内容审查不严，导致向不符合条件的借款人发放贷款。

3) 贷款签约和发放中的风险

贷款签约和发放中的风险,具体如表 4-15 所示。

表 4-15　贷款签约和发放中的风险

项　目	说　明
合同签订的风险	①未签订合同或是签订无效合同; ②合同文本中的不规范行为; ③未对合同签署人及签字(签章)进行核实
贷款发放的风险	①个人信贷信息录入是否准确;贷款发放程序是否合规。 ②贷款担保手续是否齐备、有效;抵(质)押物是否办理抵(质)押登记手续。 ③在发放条件不齐全的情况下放款,如贷款未经审批或是审批手续不全,各级签字(签章)不全;借款人未在借款凭证上签字(签章);未按规定办妥相关评估、公证等事宜;担保未落实等。 ④在资金划拨中的风险点有会计凭证填制不合要求;未对会计凭证进行审查;贷款以现金发放的,没有"先记账、后放款"等。 ⑤未按规定的贷款金额、贷款期限、贷款的担保方式、贴息等发放贷款,导致贷款错误核算,发放金额、期限与审批表不一致,造成错误发放贷款

【例 4.9·多选题】在个人住房贷款的发放环节,存在的主要风险点包括(　　)。

　　A. 个人信贷信息录入是否准确

　　B. 贷款担保手续是否齐备、有效

　　C. 发放金额、期限与审批表不一致

　　D. 未对重点贷款使用情况进行跟踪检查

　　E. 在资金划拨时会计凭证填制不合要求

【答案】ABCE

【解析】贷款发放环节的主要风险点如下:①个人信贷信息录入是否准确,贷款发放程序是否合规;②贷款担保手续是否齐备、有效,抵(质)押物是否办理抵(质)押登记手续;③在发放条件不齐全的情况下放款;④在资金划拨中的风险点有会计凭证填制不合要求,未对会计凭证进行审查,贷款以现金发放的,没有"先记账、后放款"等;⑤未按规定的贷款金额、贷款期限、贷款的担保方式、贴息等发放贷款,导致贷款错误核算,发放金额、期限与审批表不一致,造成错误发放贷款。D 项属于贷后管理环节的风险。

4) 贷款支付管理中的风险

个人住房贷款支付管理环节的主要风险点包括:①贷款资金发放前,未审核借款人相关交易资料和凭证;②未按规定将贷款发放至相应账户;③在未接到借款人支付申请、支付委托的情况下,直接将贷款资金支付出去;④未详细记录资金流向和归集保存相关凭证。

5) 贷后管理和档案管理中的风险

贷后管理和档案管理中的风险,具体如表 4-16 所示。

表 4-16 贷后管理和档案管理中的风险

项 目	说 明
贷后管理中的风险	①未建立贷后监控检查制度，未对重点贷款使用情况进行跟踪检查； ②房屋他项权证办理不及时； ③逾期贷款催收不及时，不良贷款处置不力，造成贷款损失； ④未按规定保管借款合同、担保合同等重要贷款档案资料，造成合同损毁，他项权利证书未按规定进行保管，造成他项权证遗失，他项权利灭失； ⑤只关注借款人按月还款情况，在还款正常的情况下，未对其经营情况及抵押物价值、用途等变动情况进行持续跟踪监测
档案管理中的风险	①是否按照要求收集整理贷款档案资料，是否按要求立卷归档； ②是否对每笔贷款设立专卷，是否按贷款种类、业务发生时间编序，是否核对"个人贷款档案清单"； ③重要单证保管是否及时移交会计部门专管，档案资料使用是否实施借阅审批登记制度

2．法律和政策风险

个人住房贷款的法律和政策风险点主要集中在以下方面。

1) 借款人主体资格

(1) 未成年人能否申请个人住房贷款问题。

中国人民银行《个人住房贷款管理办法》第四条规定，贷款对象应是具有完全民事行为能力的自然人。按照上述规定，未成年人作为无民事行为能力人或限制行为能力人，不能以贷款方式购买房屋。银行不宜办理房屋唯一产权人为未成年人的住房贷款申请，而应该由未成年人及其法定监护人共同申请。

(2) 外籍自然人能否办理住房贷款问题。

境外个人在境内只能购买一套用于自住的住房，境外机构只能在注册城市购买办公所需的非住宅房屋。中国港澳台地区居民和华侨因生活需要，可在境内限购一定面积的自住商品房。

2) 合同有效性风险

合同有效性风险的主要内容如表 4-17 所示。

表 4-17 合同有效性风险

风险类别	内 容
格式条款无效	《中华人民共和国合同法》第四十条规定：提供格式条款一方免除其责任、加重对方责任、排除对方主要权利的，该条款无效
未履行法定提示义务的风险	《中华人民共和国合同法》第三十九条第一款规定：商业银行作为格式条款的提供方，应采取合理的方式提请借款人注意免除或限制其责任的条款，并按照对方提出的要求对该条款予以说明。提请借款人注意必须在借款合同签订前做出，若贷款银行没有履行这一法定义务，这些条款对当事人不产生约束力

续表

风险类别	内　容
格式条款解释风险	《中华人民共和国合同法》第四十一条规定：对格式条款的理解发生争议的，应当按照通常理解予以解释。对格式条款有两种以上解释的，应当做出不利于提供格式条款一方的解释
格式条款与非格式条款不一致的风险	《中华人民共和国合同法》第四十一条规定：格式条款与非格式条款不一致的，应当采用非格式条款

3) 担保风险

个人住房贷款中的担保风险主要来源于三个方面，具体如表 4-18 所示。

表 4-18　担保风险

担保风险	内　容
抵押担保的法律风险	①抵押物的合法有效性；②抵押物重复抵押；③抵押物价值高估、不足值或抵押率偏高；④抵押登记存在瑕疵，使得抵押担保存在抵押不生效的风险
质押担保的法律风险	①质押物的合法性；②对于无处分权的权利进行质押；③非为设监护人利益以其所有权利进行质押；④非法所得、不当得利所得的权利进行质押等
保证担保的法律风险	①未明确连带责任保证，追索难度大；②未明确保证期间或保证期间不明；③保证人保证资格有瑕疵或缺乏保证能力；④借款人互相提供保证无异于发放信用贷款；⑤公司、企业的分支机构为个人提供保证；⑥公司、企业职能部门、董事、经理越权对外提供保证等

4) 诉讼时效风险

由于经办人员法律知识的欠缺或工作责任心问题，未能及时中断诉讼时效或虽有中断诉讼时效行为但没有及时保留中断诉讼时效证据，导致诉讼中处于不利或被动的地位。

5) 政策风险

政策风险是指政府的金融政策或相关法律、法规发生重大变化或是有重要的举措出台，引起市场波动，从而给商业银行带来的风险。它属于系统性风险。比较常见的政策风险如下。

(1) 对境外人士购房的限制。一些地方政府出于住房市场调控等目的，对境外人士购买我国境内住房进行一定的限制。

(2) 对购房人资格的政策性限制。对以经济适用房等特殊种类住房为对象的住房贷款，银行在审核购房人贷款申请的主体资格时，应当严格落实政府的有关政策性规定。例如，购房人的户籍(居住地)、收入水平、现有居住条件方面的特殊限制。

3．操作风险的防范措施

操作风险的防范措施如表 4-19 所示。

表 4-19 操作风险的防范措施

防范措施	内 容
提高贷款经办人员职业操守和敬业精神	①需要个人住房贷款经办人员努力培养自身的职业道德； ②加强法制教育，加重违规违纪行为的处罚力度； ③加强并完善银行内控制度
掌握并严格遵守个人住房贷款相关的规章制度和法律法规	①个人住房贷款的经办人员需要学习相关的法律知识，具体包括借贷、签订合同、担保、抵押登记、商品房销售、诉讼和执行等法律常识； ②更重要的是，在实践工作中，个人住房贷款的经办人员应尽职尽责，避免违法违规操作
后检查	个人住房贷款的经办人员应该认真负责地进行实地调查和资料收集，获取真实、全面的信息资料，独立地对借款人信用和经济收入做出评价和判断。调查和检查的工作重点如下： ①确保客户信息真实性； ②与合作机构合作前，要查看合作机构的准入文件、审批批复的合作机构担保金额及银行与合作机构签订的合作协议； ③贷款发放前，落实贷款有效担保； ④贷款发放后要对客户还款情况、担保人或抵(质)物的变动情况进行有效的监控； ⑤加强贷后客户检查，按规定撰写客户贷后检查报告

(三)信用风险的管理

1. 信用风险的表现形式

借款人的信用风险主要表现为：还款能力风险和还款意愿风险。

1) 还款能力风险

个人住房贷款还款期限通常要持续 20～30 年，在这么长的时间里，个人资信状况面临着巨大的不确定性，个人支付能力下降的情况很容易发生，这往往就可能转化为银行的贷款风险。

此外，我国目前个人住房贷款实行浮动利率制度，借款人承担了相当大比率的利率风险，导致了借款人在利率上升周期中出现贷款违约的可能性加大。

2) 还款意愿风险

在还款能力确定的情况下，借款人还可能故意欺诈，通过伪造的个人信用资料骗取银行的贷款，从而产生还款意愿风险。

2. 信用风险的防范措施

1) 加强对借款人还款能力的甄别

在审核个人住房贷款申请时，必须对借款人的收入证明严格把关，尤其是自雇人士或自由职业者。除了向借款人的工作单位、工商管理部门、税务部门以及征信机构等独立的第三方进行查证外，还应审查其纳税证明、资产证明、财务报表和银行账单等，确保第一还款来源真实、准确、充足。具体措施如表 4-20 所示。

表 4-20　甄别借款人还款能力的具体措施

措　施	内　　容
验证工资收入的真实性	①借款人需提供可靠的证明材料，如至少过去三个月的工资单、工资卡或存折入账流水、纳税证明、住房公积金缴存清单等证明； ②通过电话调查、面谈核实其工作单位和收入的真实性； ③通过了解其公积金数额及存折上流水情况来验证收入证明的真实情况； ④对于难以提供工资单或公积金数额的客户，可以通过验证借款人缴纳个人所得税税单的数额来判断其真实收入水平
验证房产收入的真实性	①通过验证房屋产权和租赁合同来确认借款人对房产的所有权及租赁行为的真实性； ②在条件允许的情况下，通过实地考察验证房产面积和位置等情况，以确认租金收入的稳定性； ③通过房地产中介机构来调查该房产附近地区的房产租赁市场租金收入的平均水平，验证该借款人是否有故意提高其租金收入的行为
验证投资收入的真实性	通过投资证明、被投资方的分红决议及支付凭证等相关资料的齐备性和真实性来确认借款人投资收入的真实性
验证经营收入的真实性	①经营收入的真实性最难把握的是部分小手工业者，没有进行正规的企业申办手续，更无正规的财务资料，相关的收入较难核实。 ②贷款经办人应该通过电话访谈、面谈、侧面了解等方式，来分析其经营的规模和盈利情况，判断其月收入是否符合贷款条件

【例 4.10·多选题】贷款调查人员验证借款人工资收入真实性的方法主要有(　　)。

A. 通过借款人缴纳个人所得税税单验证

B. 通过工资卡或存折入账流水验证

C. 面谈核实

D. 电话调查核实

E. 通过公积金数额验证

【答案】ABCDE

【解析】验证工资收入真实性的方法包括：①在验证工资收入真实性的工作中，借款人需提供可靠的证明材料，如至少过去三个月的工资单、工资卡或存折入账流水、纳税证明、住房公积金缴存清单等证明；②通过电话调查、面谈核实其工作单位和收入的真实性；③通过了解其公积金数额及存折上流水情况来验证收入证明的真实情况；④对于难以提供工资单或公积金数额的客户，可以通过验证借款人缴纳个人所得税税单的数额来判定其真实收入水平。

2)　深入了解客户还款意愿

(1)　如果借款人是老客户，通常可以通过检查其以往的账户记录、还款记录以及当前贷款状态了解其还款意愿。如果是新客户，往往可以通过职业、家庭、教育、年龄和稳定性等个人背景因素来综合判断。这些信息可以通过借款人提交的申请资料和中国人民银行的个人征信系统的信用报告来获取。

(2) 借款人的稳定性可以通过借款人在现职公司的工作年限和在现住址的年限来判断。

(3) 通过坚持面谈的制度，对申请人的还款意愿从细节上进行把握。

四、公积金个人住房贷款

(一)基础知识

1．公积金个人住房贷款的概念及原则

公积金个人住房贷款的概念及原则，具体如表 4-21 所示。

表 4-21　公积金个人住房贷款的概念及原则

项　目	内　容
概念	又称委托性住房公积金贷款，是指由各地住房公积金管理中心运用个人及其所在单位所缴纳的住房公积金，委托商业银行向购买、建造、翻建、大修自住住房的住房公积金缴存人以及在职期间缴存住房公积金的离退休职工发放的专项住房消费贷款
原则	存贷结合、先存后贷、整借零还和贷款担保

2．公积金个人住房贷款的特点

公积金个人住房贷款的特点如表 4-22 所示。

表 4-22　公积金个人住房贷款的特点

特　点	内　容
互助性	公积金个人住房贷款其资金来源为单位和个人共同缴存的住房公积金
普遍性	只要是具有完全民事行为能力、正常缴存住房公积金的职工，都可申请公积金个人住房贷款
利率低	相对商业贷款，公积金个人住房贷款的利率相对较低
期限长	目前，公积金个人住房贷款最长期限为 30 年(贷款期限不得超过法定离退休年龄后 5 年)

3．公积金个人住房贷款的要素

公积金个人住房贷款的要素包括贷款对象、贷款利率、贷款期限、还款方式、担保方式和贷款额度。

1) 贷款对象

(1) 具有城镇常住户口或有效居留身份；

(2) 按时足额缴存住房公积金并具有个人住房公积金存款账户；

(3) 有稳定的经济收入，信用良好，有偿还贷款本息的能力；

(4) 有合法有效的购买、大修住房的合同、协议以及贷款银行要求提供的其他证明文件；

(5) 有当地住房公积金管理部门规定的最低额度以上的自筹资金，并保证用于支付所

购(大修)住房的首付款;

(6) 有符合要求的资产进行抵押或质押,或有足够代偿能力的法人、其他经济组织或自然人作为保证人;

(7) 符合当地住房公积金管理部门规定的其他借款条件。

2) 贷款利率

按中国人民银行规定的公积金个人住房贷款利率执行。目前,5年期以下(含5年)贷款的利率为3.33%,5年期以上贷款的利率为3.87%。

3) 贷款期限

公积金个人住房贷款的贷款期限最长为30年,如当地公积金管理中心有特殊规定,从其规定。

4) 还款方式

公积金个人住房贷款的还款方式包括:等额本息还款法、等额本金还款法和一次还本付息法。

其中,贷款期限在1年以内(含1年)的实行到期一次还本付息;贷款期限在1年以上的,借款人从发放贷款的次月起偿还贷款本息,一般采取等额本息还款法或等额本金还款法。

5) 担保方式

公积金个人住房贷款的担保方式分为:抵押、质押和保证三种方式。实践中,住房置业担保公司所提供的连带责任担保最常见。

各地住房公积金管理中心对公积金个人住房贷款的担保方式规定不同。承办银行应按当地公积金管理中心的委托要求和具体管理规定执行,并在"住房公积金借款合同"中与借款人进行具体约定。

6) 贷款额度

目前,个人住房公积金贷款最低首付款比例为20%,具体可按照《中国人民银行、住房和城乡建设部、中国银行业监督管理委员会关于个人住房贷款政策有关问题的通知》(银发〔2015〕98号)执行。

4．公积金个人住房贷款业务的职责分工和操作模式

公积金个人住房贷款业务的职责分工和操作模式如表4-23所示。

表4-23　公积金个人住房贷款业务的职责分工和操作模式

项　目	内　容
职责分工	①公积金管理中心,包括制定公积金信贷政策、负责信贷审批和承担公积金信贷风险; ②承办银行的基本职责包括:公积金借款合同签约、发放;职工贷款账户设立、计结息、金融手续操作。承办银行可委托代理的职责包括:贷前咨询受理、调查审核、信息录入;贷后审核、催收、查询对账
操作模式	①银行受理,公积金管理中心审核审批,银行操作; ②公积金管理中心受理、审核审批,银行操作; ③积金管理中心和承办银行联动

5．公积金个人住房贷款与商业银行自营性个人住房贷款的区别

公积金个人住房贷款与商业银行自营性个人住房贷款的区别如表 4-24 所示。

表 4-24　公积金个人住房贷款与商业银行自营性个人住房贷款的区别

区　别	公积金个人住房贷款	自营性个人住房贷款
承担风险的主体不同	国家承担	商业银行自己承担
资金来源不同	公积金管理部门归集的住房公积金	银行自有的信贷资金
贷款对象不同	住房公积金缴存人	符合商业银行自营性个人住房贷款条件的、具有完全民事行为能力的自然人
贷款利率不同	低	高
审批主体不同	由各地方公积金管理中心负责审批	由商业银行自己审批

(二)贷款流程

1．贷款的受理和调查

1) 银行受理公积金个人住房贷款业务的条件

银行只有和公积金管理中心签订《住房公积金贷款业务委托协议书》，取得公积金个人住房贷款业务的承办权之后才能接受委托办理公积金个人住房贷款业务。

2) 职工申请公积金个人住房贷款的条件

只有参加住房公积金制度的职工才有资格申请公积金个人住房贷款。借款人申请公积金个人住房贷款，须具备以下基本条件。

(1) 具有城镇常住户口或有效居留身份；

(2) 按时足额缴存住房公积金并具有个人住房公积金存款账户；

(3) 具有稳定的职业和收入，有偿还贷款本息的能力；

(4) 有合法有效的购买、大修住房的合同、协议以及贷款银行要求提供的其他证明文件；

(5) 有当地住房公积金管理部门规定的最低额度以上的自筹资金，并保证用于支付所购(大修)住房的首付款；

(6) 符合住房资金管理中心及所属分中心同意的担保方式的要求；

(7) 符合住房资金管理中心规定的其他条件。

3) 需提供的补充申请材料

(1) 申请商品房公积金个人住房贷款的借款人，须提供以下补充材料：借款人及参贷人的居民身份证、户口簿原件及复印件和共同还款承诺书；婚姻状况证明；合法的商品房购房合同或协议；借款人及参贷人所在单位提供的个人资信证明；借款人已交付符合现行规定首付比例购房款的有效凭证；有效的担保证明；办理公积金个人住房贷款的期房楼盘，必须是由开发商与受委托银行签订个贷协议的楼盘，借款人可通过个贷银行办理贷款手续。

(2) 申请二手房公积金贷款的借款人，须提供以下补充材料：卖方身份证、户口簿复印件；房产证原件和复印件；由公积金管理中心认可的评估机构出具的评估报告；由公积金管理中心认可的中介机构与买卖双方签订的三方协议；由区级以上房产交易部门进行抵押登记。

4) 银行对公积金个人住房贷款申请的审核

银行根据委托协议对借款人是否符合贷款条件，提供资料是否完整、有效，以及提供的担保是否合法、安全、可靠等进行调查和初审，提出初审意见。银行对借款人的各种证件、资料审查合格后，签署意见并注明时间报送公积金管理中心。

2. 贷款的审查和审批

1) 贷前审查

管理中心收到申请材料后，先由业务部门经办人员对借款人的资信状况进行考察、测算、核实，签署意见，经业务部门负责人审查后，报管理中心分管负责人批准。

贷前审核的具体内容如表 4-25 所示。

表 4-25　贷前审核的内容

审核项目	内　　容
借款人缴存住房公积金情况	借款人是否建立住房公积金，是否按时足额缴存住房公积金，是否欠缴住房公积金等
借款用途	审核借款人提供的购买住房合同或协议，建造、翻建或大修自住住房的由城市规划行政管理部门、房地产行政管理部门出具证明文件
借款内容	审核借款人的贷款额度、期限等申请，看其是否符合有关公积金个人住房贷款规定
贷款资信审查	对借款人信用状况及偿还能力进行审查，核实贷款担保情况，包括抵押物或质物清单、权属证明以及有处分权人同意抵押或质押证明，有关部门出具的抵押物估价证明，保证人同意提供担保的书面文件和保证人资信证明等

2) 贷款审批

贷款审批的具体内容如表 4-26 所示。

表 4-26　贷款审批的内容

项　　目	内　　容
登记台账	承办银行将通过初步审核的公积金贷款登记台账，按照公积金管理中心委托要求和管理规定，将贷款初步审核意见连同借款申请材料、面谈记录等公积金管理中心所需要的资料全部送交公积金管理中心审批
贷款审批	公积金贷款的审批决策权属于公积金管理中心，公积金管理中心作为贷款审批环节的执行者，对贷款额度、成数和年限做出最终的决策
核对或登记台账	承办银行取回公积金管理中心出具的审批意见和"委托放款通知书"后，核对已登记台账

3. 贷款的签约和发放

1) 贷款签约和发放的基本内容

贷款签约和发放的基本内容如表 4-27 所示。

表 4-27 贷款签约和发放的基本内容

项 目	基 本 内 容
贷款签约	银行凭"委托放款通知书"与借款人签订借款合同和担保合同，办理抵押手续；借款合同生效后填制各类会计凭证，划付手续；交易完成后，向客户出具借款回单，向公积金管理中心移交和报送公积金贷款发放明细资料
贷款发放	①承办银行必须在收到公积金管理中心拨付的住房委托贷款基金后，办妥所购房屋抵押登记(备案)手续，审核放款资料的齐全性、真实性和有效性后发放贷款； ②除当地公积金管理中心有特殊规定外，公积金个人住房贷款资金必须以转账的方式划入售房人账户，不得由借款人提取现金；发放完贷款，承办银行向客户提供回单，并将有关放款资料报送公积金管理中心

2) 贷款签约的具体内容

贷款签约的具体内容如表 4-28 所示。

表 4-28 贷款签约的具体内容

内 容	说 明
合同签约	承办银行按照公积金管理中心委托放款通知书审核预签合同或制作借款合同；落实借款人、住房置业公司等合同签约人在合同上盖章、签字(章)，经有权签字人审核同意，在合同上加盖合同专用章及有权签字人个人名章，由承办银行经办人员录入并检查修改系统中的信息
担保落实	由承办银行办理与公积金贷款担保相关事宜，包括抵押贷款登记手续和住房置业担保公司担保手续等
申领和存拨基金	承办银行按公积金管理中心审批后待放的公积金贷款金额，向公积金管理中心申请住房委托贷款基金。公积金管理中心受理申请基金的申请和拨存住房委托贷款基金；承办银行为公积金管理中心建立住房委托贷款基金账户，根据公积金管理中心拨存委托贷款基金资金划转通知单划拨资金，核实委托贷款基金是否到账，并对住房委托贷款基金的使用、结余等方面进行统计管理，按委托要求定期与公积金管理中心对账、报送业务资料和报表等

4. 支付管理

贷款人可以采用的支付方式有贷款人受托支付和借款人自主支付两种。

除当地公积金管理中心有特殊规定外，公积金个人住房贷款必须采用委托支付的支付管理方式，即贷款资金必须由贷款银行以转账的方式划入售房人账户，不得由借款人提取现金。

采用贷款人受托支付方式的，对银行的相关规定如表 4-29 所示。

表4-29　受托支付对银行的相关规定

项　目	说　明
要求	①应明确受托支付的条件，规范受托支付的审核要件，要求借款人在使用贷款时提出支付申请，并授权贷款人按合同约定方式支付贷款资金； ②应在贷款资金发放前审核借款人的相关交易资料和凭证是否符合合同约定条件，支付后，应详细记录资金流向，归集保存相关凭证
操作要点	①明确借款人应提交的资料要求；②明确支付审核要求；③完善操作流程；④合理确定流动资金贷款的受托支付标准；⑤要合规使用放款专户

5. 贷后管理

1) 贷款检查

承办银行应定期对公积金贷款的办理情况进行检查，检查内容包括业务操作的合规性、是否按委托协议要求的工作时限办理贷款业务、贷款账户的催收情况等。

2) 协助不良贷款催收

承办银行应根据公积金管理中心的委托要求，协助公积金管理中心对不良贷款进行催收，及时向公积金管理中心报告情况。如果借款人违反了借款合同的约定而没有及时、足额地偿还贷款本息，贷款银行可采取催收措施。

3) 对账工作

对账工作的内容有：①定期与公积金管理中心对账，核对公积金管理中心划拨基金与银行收到的基金是否一致，核对银行住房回收贷款本息金额与公积金管理中心收到的回收贷款本息是否一致；②与借款人对账，承办银行以定期(按月、按季、按年)寄发对账单或电子银行查询对账的形式与借款人进行账务核对。

4) 基金清退和利息划回

承办银行应根据公积金管理中心的委托要求和具体规定，按时将回收贷款本金与利息划入公积金管理中心指定的结算账户和增值收益账户，及时进行资金清算。

5) 贷款手续费的结算

按委托协议的约定，公积金管理中心应定期(每月、每季、每年)按比例将委托贷款手续费划归承办银行。

6) 担保贷后管理

担保贷后管理的内容有：①对已发放的贷款，具备抵押登记(含预登记)办理条件后及时办理抵押登记手续，并及时修改维护抵押登记信息及完成抵押物账务的处理和他项权证的移交入库；②结清贷款的，对注销的抵押登记相关资料进行核实审查，及时办理抵押登记注销手续和处理相关账务。

7) 贷款数据的报送

承办银行应根据公积金管理中心的委托要求和具体规定，按时向公积金管理中心报送公积金贷款数据、报表及其他资料，并确保报送资料的真实性、完整性和准确性。

8) 委托协议终止

公积金管理中心与承办银行的委托贷款协议终止时，承办银行应清算住房委托贷款手续费，办理公积金管理中心存款账户的销户交易，最后移交和报送公积金管理中心账户记账回单及相关业务资料。

9) 档案管理

贷款档案是贷款在申请、审查、发放和回收等过程中形成的文件和资料。贷款发放后，经办人员应在一定时间内，对贷款资料进行复查和清理，检查资料的有效性和完整性，对文件材料进行整理，合理编排顺序。

【例 4.11·判断题】一般情况下，公积金个人住房贷款手续费的结算，由公积金管理中心按规定比例将委托贷款手续费在放款次日划归承办银行。(　　)[2014 年下半年真题]

【答案】错误

【解析】按委托协议的约定，公积金管理中心应定期(每月、每季、每年)按比例将委托贷款手续费划归给承办银行。

过 关 练 习

一、单选题(下列选项中只有一项最符合题目的要求)

1．下列选项，不属于个人住房贷款合作机构风险的是(　　)。
  A．担保公司的担保风险
  B．房产交易中心的操作风险
  C．房地产开发商的欺诈风险
  D．中介机构的欺诈风险

【答案】B

【解析】合作机构风险的表现形式包括：①房地产开发商和中介机构的欺诈风险；②担保公司的担保风险；③其他合作机构的风险。

2．下列选项，属于个人住房贷款中常见的政策性风险的是(　　)。
  A．对抵押品执行的政策性限制
  B．对境外人士购房的限制
  C．对楼盘建设规划的限制
  D．对售房人资格的政策性限制

【答案】B

【解析】政策风险是指政府的金融政策或相关法律、法规发生重大变化或是有重要的举措出台，引起市场波动，从而给商业银行带来的风险。比较常见的政策风险有：①对境外人士购房的限制；②对购房人资格的政策性限制。

3．下列关于公积金个人住房贷款利率的表述，正确的是(　　)。
  A．公积金个人住房贷款的利率按中国人民银行规定的公积金个人住房贷款利率执行
  B．公积金个人住房贷款的利率由各地公积金管理中心根据当地实际情况自行确定
  C．公积金个人住房贷款的利率按中国银行监督管理委员会规定的公积金个人住房贷款利率执行
  D．公积金个人住房贷款的利率通常低于同期商业贷款利率 10%

【答案】A

【解析】公积金个人住房贷款的利率按中国人民银行规定的公积金个人住房贷款利率执行。现行的公积金个人住房贷款利率如下：5 年期以下(含 5 年)贷款的利率为 3.33%，5 年期以上贷款的利率为 3.87%。

二、多选题(下列选项中有两项或两项以上符合题目要求)

1．公积金个人住房贷款的特点包括(　　)。

　　A．期限长　　　　　　B．利率低　　　　　　C．互助性
　　D．营利性　　　　　　E．普遍性

【答案】ABCE

【解析】公积金个人住房贷款的特点包括：①互助性，公积金个人住房贷款其资金来源为单位和个人共同缴存的住房公积金；②普遍性，只要是具有完全民事行为能力、正常缴存住房公积金的职工，都可申请公积金个人住房贷款；③利率低，相对商业贷款，公积金个人住房贷款的利率较低；④期限长，目前，公积金个人住房贷款最长期限为 30 年(贷款期限不得超过法定离退休年龄后 5 年)。

2．在个人住房贷款业务中，商业银行的合作机构出现下列(　　)情况，商业银行应暂停与相应机构的合作。

　　A．与商业银行合作的存量业务出现严重不良贷款的

　　B．所进行的合作对商业银行业务拓展没有促进作用的

　　C．经营出现明显问题的

　　D．有违法违规经营行为的

　　E．存在其他对商业银行业务发展不利因素的

【答案】ABCDE

【解析】在个人住房贷款业务中，对已经准入的合作机构，银行应进行实时关注，随时根据其业务发展情况调整合作策略。存在下列情况的，应暂停与相应机构的合作：①经营出现明显问题的；②有违法违规经营行为的；③与银行合作的存量业务出现严重不良贷款的；④所进行的合作对银行业务拓展没有明显促进作用的；⑤其他对银行业务发展不利的因素。

3．商业银行与房地产评估机构、担保公司合作，这些机构需满足的条件有(　　)。

　　A．成立 5 年以上

　　B．银行开立基本结算账户或一般结算账户

　　C．近期无重大经济纠纷

　　D．各项财务指标符合银行要求

　　E．资质高、信誉好、管理规范

【答案】BCDE

【解析】商业银行与其他社会合作机构(房地产评估机构、担保公司、律师事务所等)合作时，要坚持以下原则：①资质高、信誉好、管理规范；②各项财务指标符合银行要求；③近期无重大经济纠纷；④银行开立基本结算账户或一般结算账户。

三、判断题(请对下列各题的描述做出判断，正确的用 A 表示，错误的用 B 表示)

1．公积金管理中心审批通过借款人的申请后，向受委托主办银行出具《委托贷款通知书》，明确贷款的对象、金额、期限、利率等内容，同时将委托贷款基金划入银行的住房委托贷款基金账户。(　　)

【答案】A

【解析】借款人的申请通过公积金管理中心审批后，向受委托主办银行出具《委托贷款通知书》，明确贷款的对象、金额、期限、利率等内容，同时公积金管理中心将委托贷款基金划入银行的住房委托贷款基金账户。银行凭委托放款通知书与借款人签订借款合同和担保合同，办理抵押手续。

2．公积金个人住房贷款的审批由公积金管理中心委托主办方商业银行代为执行，对贷款额度、年限、成效等做出审批意见。(　　)

【答案】B

【解析】公积金个人住房贷款与商业银行自营性个人住房贷款审批不同，公积金个人住房贷款的申请由各地方公积金管理中心负责审批，而自营性个人住房贷款由商业银行自己审批。

3．个人二手房贷款的期限不能超过所购住房的剩余使用年限。(　　)

【答案】A

【解析】个人一手房贷款和二手房贷款的期限由银行根据实际情况合理确定，最长期限都为 30 年。个人二手房贷款的期限不能超过所购住房的剩余使用年限。

第五章 个人消费类贷款

【考查内容】

本章主要包括个人汽车贷款、个人教育贷款及其他个人消费类贷款三部分内容。对于个人汽车贷款和个人教育贷款，分别从基础知识、贷款流程和风险管理三方面进行考查，考生需要对这两部分知识熟练掌握；其他个人消费类贷款主要包含个人住房装修贷款、个人耐用消费品贷款、个人旅游贷款、个人医疗贷款等，分别从这几种贷款的含义、特点、要素及业务操作流程进行考查，考生需熟悉其他个人消费贷款的相关要素。

【备考方法】

本章知识点较多，以理解性为主，考生在学习时要反复练习、思考、记忆，做到熟能生巧。在复习时，应重点把握不同种类贷款的具体流程，同时可结合本章的表格对相关知识点进行对比理解，以加深记忆。

【框架结构】

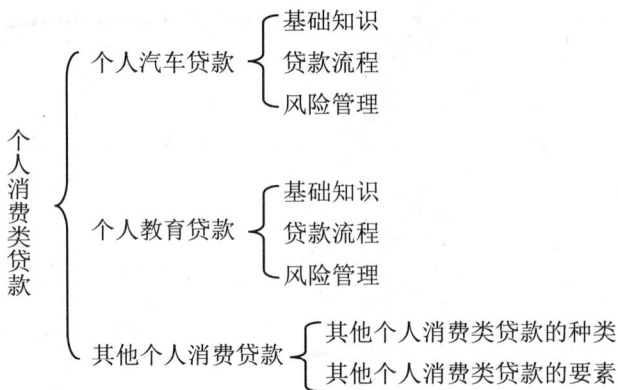

【核心讲义】

一、个人汽车贷款

(一)基础知识

1. 个人汽车贷款的含义和分类

1) 个人汽车贷款的含义

个人汽车贷款是指银行向自然人发放的用于购买汽车的贷款。

2) 个人汽车贷款的分类

个人汽车贷款的分类如表 5-1 所示。

表 5-1　个人汽车贷款的分类

划分标准	具体分类	定　义
所购车辆用途	自用车	指借款人申请汽车贷款购买的、不以营利为目的的汽车
	商用车	指借款人申请汽车贷款购买的、以营利为目的的汽车
所购车辆注册登记情况	新车	—
	二手车	指从办理完机动车注册登记手续到规定报废年限一年之前进行所有权变更并依法办理过户手续的汽车

2．个人汽车贷款的特征

个人汽车贷款的特征体现在：①作为汽车金融服务领域的主要内容之一，在汽车产业和汽车市场发展中占有一席之地；②与汽车市场的多种行业机构(汽车经销商、保险公司、多种担保机构和服务中介、汽车生产企业)具有密切关系；③风险管理难度相对较大。

3．个人汽车贷款的原则和运行模式

1) 个人汽车贷款的原则

个人汽车贷款实行"设定担保，分类管理，特定用途"的原则，具体如表 5-2 所示。

表 5-2　个人汽车贷款的原则

原　则	内　容
设定担保	借款人申请个人汽车贷款需提供所购汽车抵押或其他有效担保
分类管理	按照贷款所购车辆种类和用途的不同，对个人汽车贷款设定不同贷款条件
特定用途	个人汽车贷款专项用于借款人购买汽车，不允许挪作他用

【例 5.1·判断题】个人汽车贷款实行"设定担保、分类管理、特定用途"的原则。(　　)[2014 年下半年真题]

【答案】正确

【解析】个人汽车贷款实行"设定担保、分类管理、特定用途"的原则。其中，"设定担保"指借款人申请个人汽车贷款需提供所购汽车抵押或其他有效担保；"分类管理"指按照贷款所购车辆种类和用途的不同，对个人汽车贷款设定不同的贷款条件；"特定用途"指个人汽车贷款专项用于借款人购买汽车，不允许挪作他用。

2) 个人汽车贷款的运行模式

目前个人汽车贷款最主要的运行模式包括"间客式"与"直客式"两种。

(1) "间客式"模式——先买车，后贷款。其贷款流程为：选车—准备所需资料—与经销商签订购买合同—银行在经销商或第三方的协助下做资信情况调查—银行审批、放款—客户提车。"间客式"运行模式在目前个人汽车贷款市场中占主导地位。

(2) "直客式"模式——先贷款，后买车。其贷款流程为：到银行网点填写个人汽车贷款借款申请书—银行对客户进行资信调查—银行审批贷款—客户与银行签订借款合同—

客户到经销商处选定车辆并向银行交纳购车首付—银行代理提车、上户和办理抵押登记手续—银行放款—客户提车。

4．贷款要素

1) 贷款对象

个人汽车贷款的对象应该是具有完全民事行为能力的中华人民共和国公民或符合国家有关规定的境外自然人。借款人申请个人汽车贷款，须具备贷款银行要求的下列条件。

(1) 中华人民共和国公民，或在中华人民共和国境内连续居住 1 年以上(含 1 年)的港、澳、台居民及外国人；

(2) 具有有效身份证明、固定和详细住址且具有完全民事行为能力；

(3) 具有稳定的合法收入或足够偿还贷款本息的个人合法资产；

(4) 个人信用良好；

(5) 能够支付贷款银行规定的首期付款；

(6) 贷款银行要求的其他条件。

2) 贷款利率

银行会根据客户的风险进行差异化定价，个人汽车贷款利率按照中国人民银行规定的同期贷款利率规定执行，并允许贷款银行按照中国人民银行利率规定实行上下浮动。

3) 贷款期限

个人汽车贷款的贷款期限(含展期)不得超过 5 年，其中，二手车贷款的贷款期限(含展期)不得超过 3 年。

展期须满足以下条件：①在贷款全部到期前，提前 30 天提出展期申请；②每笔贷款只可以展期一次；③展期期限不得超过 1 年，展期之后全部贷款期限不得超过贷款银行规定的最长期限；④展期的贷款应重新落实担保。

4) 还款方式

个人汽车贷款的还款方式包括等额本息还款法、等额本金还款法、一次还本付息法和按月还息任意还本法等多种还款方式，具体方式根据各商业银行的规定来执行。

5) 担保方式

申请个人汽车贷款，借款人须提供一定的担保措施，包括质押、以贷款所购车辆作抵押、房地产抵押和第三方保证等，还可采取购买个人汽车贷款履约保证保险的方式。

6) 贷款额度

所购车辆为自用车的，贷款额度不得超过所购汽车价格的 80%；所购车辆为商用车的，贷款额度不得超过所购汽车价格的 70%；所购车辆为二手车的，贷款额度不得超过借款人所购汽车价格的 50%。

汽车价格，对于新车是指汽车实际成交价格与汽车生产商公布价格中的低者；对于二手车是指汽车实际成交价格与贷款银行认可的评估价格中的低者。上述成交价格均不得含有各类附加税费及保费等。

【例 5.2·单选题】 贷款所购车辆为自用车的，贷款额度不得超过所购汽车价格的____；贷款所购车辆为商用车的，贷款额度不得超过所购汽车价格的____；贷款所购车辆为二手车的，贷款额度不得超过借款人所购车价格的____。( )[2013 年下半年真题]

A．70%；50%；40%　　　　　B．80%；70%；50%

C．80%；60%；50%　　　　　D．70%；60%；50%

【答案】B

【解析】个人购车贷款所购车辆为自用车的，贷款额度不得超过所购汽车价格的80%；所购车辆为商用车的，贷款额度不得超过所购汽车价格的 70%；所购车辆为二手车的，贷款额度不得超过借款人所购车价格的50%。

(二)贷款流程

个人购车贷款的贷款流程，具体包括：①贷款的受理与调查；②贷款的审查与审批；③贷款的签约与发放；④支付管理；⑤贷后管理。

1．贷款的受理和调查

1）　贷款的受理

个人汽车贷款的受理是指从客户向银行提交借款申请书、银行受理到上报审核的全过程。

银行向拟申请个人购车贷款的个人提供服务的方式有现场咨询、窗口咨询、电话银行、网上银行、客户服务中心和业务宣传手册等。

个人购车贷款咨询的内容包括：①个人购车贷款品种介绍；②申请个人购车贷款应具备的条件；③申请个人购车贷款需提供的资料；④办理个人购车贷款的程序；⑤个人购车贷款借款合同中的主要条款，如贷款利率、还款方式及还款额等；⑥与个人购车贷款有关的保险、抵押登记和公证等事项；⑦获取个人购车贷款申请书、申请表格及有关信息的渠道；⑧个人购车贷款经办机构的地址及联系电话；⑨其他相关内容。

贷款受理人应要求借款申请人以书面形式提出个人购车贷款借款申请，并按银行要求提交能证明其符合贷款条件的相关申请材料。对于有共同申请人的，应同时要求共同申请人提交有关申请材料。申请材料清单如下。

(1)　合法有效的身份证件，包括居民身份证、户口本或其他有效身份证件，借款人已婚的还需要提供配偶的身份证明材料。

(2)　贷款银行认可的借款人还款能力证明材料，包括收入证明材料、有关资产证明等；

(3)　由汽车经销商出具的购车意向证明(如为"直客式"办理，在申请贷款时无须提供)；

(4)　以所购车辆抵押以外的方式进行抵押或质押担保的，需提供抵押物或质押权利的权属证明文件和有处分权人(包括财产共有人)同意抵(质)押的书面证明(也可由财产共有人在借款合同、抵押合同上直接签字)，以及贷款银行认可部门出具的抵押物估价证明；

(5)　涉及保证担保的，需保证人出具同意提供担保的书面承诺，并提供能证明保证人保证能力的证明材料；

(6)　购车首付款证明材料；

(7)　如借款所购车辆为二手车，还需提供购车意向证明、贷款银行认可的评估机构出具的车辆评估报告书、车辆出卖人的车辆产权证明、所交易车辆的机动车辆登记证和车辆年检证明等；

(8) 如借款所购车辆为商用车,还需提供所购车辆可合法用于运营的证明,如车辆挂靠运输车队的挂靠协议和租赁协议等;

(9) 贷款银行要求提供的其他文件、证明和资料。

银行受理人初审借款申请人提交的借款申请书及申请材料,审查内容为借款申请人的主体资格、借款申请人所提交材料的完整性与规范性。初审符合要求后,经办人应将借款申请书及申请材料交由贷前调查人进行贷前调查。

2) 贷前调查

个人购车贷款的贷前调查方式、内容以及结果整理如表 5-3 所示。

表 5-3 个人汽车贷款的贷前调查

项 目	说 明
调查方式	①以实地调查为主、间接调查为辅; ②可以采取审查借款申请材料、面谈借款申请人、查询个人信用、实地调查和电话调查及委托第三方调查等多种方式进行; ③除参照个人贷款贷前调查内容外,还应对购车行为的真实性进行调查
调查内容	①贷前调查人应通过借款申请人对所购汽车的了解程度、所购买汽车价格与本地区价格是否差异很大和二手车的交易双方是否有亲属关系等判断借款申请人购车行为的真实性、了解借款申请人购车动机是否正常; ②通过与借款人的交谈、电话查询、审查借款人提供的收入材料等方式,核实借款人收入情况,判断借款人支出情况,了解借款人正常的月均消费支出,除购车贷款以外的债务支出情况等
调查结果整理	贷前调查人应对调查结果进行整理、分析,提出是否同意贷款的明确意见及贷款额度、贷款期限、贷款利率、担保方式、还款方式、划款方式等方面的建议,并形成对借款申请人还款能力、还款意愿、担保情况以及其他情况等方面的调查意见,连同申请资料等一并送交贷款审核人进行贷款审核

2. 贷款的审查和审批

关于个人购车贷款的审查与审批可参照个人贷款部分。

3. 贷款的签约和发放

1) 贷款的签约

对经审批同意的贷款,应及时通知借款申请人以及其他相关人(包括抵押人和出质人等),确认签约的时间,签署《个人购车贷款借款合同》和相关担保合同。

借款合同应符合法律规定,明确约定各方当事人的诚信承诺和贷款资金的用途、支付对象、支付金额、支付条件和支付方式等。

贷款发放人应根据审批意见确定应使用的合同文本并填写合同,在签订有关合同文本前,应履行充分告知义务,告知借款人、保证人等合同签约方关于合同内容、权利义务、还款方式以及还款过程中应当注意的问题等。对采取抵押担保方式的,应要求抵押物共有人当面签署个人汽车借款抵押合同。

2) 贷款的发放

(1) 落实贷款发放条件。贷款发放前，应落实有关贷款发放条件。同时，需要满足个人汽车贷款的担保条件：申请个人汽车贷款，借款人须提供一定的担保措施，包括以贷款所购车辆作抵押、第三方保证、房地产抵押和质押等。落实贷款发放条件主要体现在以下三个方面。

① 以质押和房产抵押方式办理个人汽车贷款的，分别按照质押贷款业务流程和房产抵押登记流程办理；以贷款所购车辆作抵押的，借款人须在办理完购车手续后，及时到贷款银行所在地的车辆管理部门办理车辆抵押登记手续，并将购车发票原件、各种缴费凭证原件、机动车登记证原件、行驶证复印件和保险单等交予贷款银行进行保管。

② 在贷款期限内，借款人须持续按照贷款银行的要求为贷款所购车辆购买指定险种的车辆保险，并在保险单中明确第一受益人为贷款银行。

③ 在担保条件的落实上，不得存在担保空白。

(2) 贷款发放。贷款发放的具体流程如表 5-4 所示。

表 5-4　贷款发放的具体流程

流　程	内　容
出账前审核	业务部门在接到放款通知书后，对其真实性、合法性和完整性进行审核
开户放款	①业务部门在确定有关审核无误后，进行开户放款。放款方式有两种：放款至经销商在贷款银行开立的存款账户和直接转入借款人在贷款银行开立的存款账户； ②开户放款时应注意，若贷款签约后，遇法定贷款利率调整，业务部门开户放款时，发现"放款通知"贷款利率与贷款账户执行利率不一致，应通知相关部门按最新利率档次重新修改信贷发放信息，并重新办理开户放款有关手续
放款通知	①开户放款完成后，银行应将放款通知书、个人贷款信息卡等一并交借款人作回单； ②对于借款人未到银行直接办理开户放款手续的，会计部门应及时将有关凭证邮寄给借款人或通知借款人来银行取回； ③贷款发放后，业务部门应依据借款人相关信息建立贷款台账，随时更新台账数据

4. 支付管理

个人购车贷款可以采取受托支付和借款人自主支付两种方式发放贷款资金。采用贷款人受托支付方式的，银行应明确受托支付的条件，规范受托支付的审核要件，要求借款人在使用贷款时提出支付申请，并授权贷款人按合同约定方式支付贷款资金。

受托支付的操作要点包括：①明确借款人应提交的资料要求；②明确支付审核要求；③完善操作流程；④合理确定流动资金贷款的受托支付标准；⑤要合规使用放款专户。

贷款银行应在贷款资金发放前审核借款人相关交易资料和凭证是否符合合同约定条件，支付后做好相关细节的认定记录。

5. 贷后管理

1) 贷后检查

(1) 贷后检查的含义。

个人购车贷款的贷后检查是以借款人、抵(质)押物、保证人等为对象，通过客户提供、访谈、实地检查和行内资源查询等途径获取信息，对影响个人汽车贷款资产质量的因素进行持续跟踪调查、分析，并采取相应补救措施的过程。其目的就是对可能影响贷款质量的有关因素进行监控，及早发出预警信号，从而采取相应的预防或补救措施。

(2) 贷后检查的主要内容。

① 借款人情况检查。

借款人情况检查的主要内容包括：借款人是否按期足额归还贷款；借款人工作单位、收入水平是否发生变化；借款人的住所、联系电话有无变动；有无发生可能影响借款人还款能力或还款意愿的突发事件，如卷入重大经济纠纷、诉讼或仲裁程序、借款人身体状况恶化或突然死亡等；对于经营类车辆应监测其车辆经营收入的实际情况。

② 担保情况检查。

担保情况检查的主要内容包括：保证人的经营状况和财务状况；抵押物的存续状况、使用状况和价值变化情况等；质押权利凭证的时效性和价值变化情况；经销商及其他担保机构的保证金情况；对以车辆抵押的，对车辆的使用情况及车辆保险有效性和车辆实际价值进行检查评估；其他可能影响担保有效性的因素。

2) 合同变更

合同变更的事项包括：提前还款、期限调整、还款方式变更、借款合同的变更与解除等，具体内容如表 5-5 所示。

表 5-5　合同变更的事项

项　目	内　容
提前还款	①提前还款是指借款人具有一定偿还能力时，主动向贷款银行提出部分或全部提前偿还贷款的行为。 ②提前还款包括提前部分还本和提前结清两种方式。 ③对于提前还款，银行一般有以下基本约定：a. 借款人应向银行提交提前还款申请书；b. 借款人的贷款账户未拖欠本息及其他费用；c. 提前还款属于借款人违约，银行将按规定计收违约金；d. 借款人在提前还款前应归还当期的贷款本息
期限调整	①期限调整是指借款人因某种特殊原因，向贷款银行申请变更贷款还款期限，包括延长期限和缩短期限等。 ②借款人需要调整借款期限的，应向银行提交期限调整申请书，并必须具备的条件是：a. 贷款未到期；b. 无拖欠利息；c. 无拖欠本金；d. 本期本金已偿还
还款方式变更	①个人汽车贷款比较常用的还款方式有：a. 等额本息还款法；b. 等额本金还款法；c. 到期一次还本付息。 ②借款人变更还款方式，需要满足如下条件：a. 应向银行提交还款方式变更申请书；b. 借款人的贷款账户中没有拖欠本息及其他费用；c. 借款人在变更还款方式前应归还当期的贷款本息

项 目	内 容
借款合同的变更与解除	①借款合同依法需要变更或解除的，必须经借贷双方协商同意，协商未达成之前借款合同继续有效； ②如需办理抵(质)押变更登记的，还应到原抵(质)押登记部门办理变更抵(质)押登记手续及其他相关手续； ③当发生保证人失去保证能力或保证人破产、分立、合并等情况时，借款人应及时通知贷款银行，并重新提供贷款银行认可的担保； ④借款人在还款期限内死亡、宣告死亡、宣告失踪或丧失民事行为能力后，如果没有财产继承人和受遗赠人，或者继承人、受遗赠人拒绝履行借款合同的，贷款银行有权提前收回贷款，并依法处分抵押物或质押物，用以归还未清偿部分

【例 5.3·多选题】对于车贷提前还款，银行一般约定(   )。

A．借款人应向银行提交提前还款申请书

B．借款人的贷款账户未拖欠本息及其他费用

C．银行按规定计收违约金

D．借款人在提前还款前应归还当期的贷款本息

E．银行应退还提前还款额的利息

【答案】ABCD

【解析】个人车贷业务中，对于提前还款，银行一般有以下基本约定：①借款人应向银行提交提前还款申请书；②借款人的贷款账户未拖欠本息及其他费用；③提前还款属于借款人违约，银行将按规定计收违约金；④借款人在提前还款前应归还当期的贷款本息。

3) 贷款的回收

贷款的回收是指借款人按借款合同约定的还款计划、还款方式，及时、足额地偿还贷款本息。

贷款的支付方式有委托扣款和柜台还款两种方式。借款人可在合同中选定一种还款方式，也可根据具体情况在贷款期限内进行变更。

贷款回收的原则是先收息、后收本，全部到期、利随本清。

4) 贷款风险分类与不良贷款管理

商业银行按照《贷款风险分类指引》，至少将贷款划分为正常、关注、次级、可疑和损失五类，后三类合称不良贷款。

不良个人汽车贷款的管理步骤如下：①银行要按照贷款风险五级分类法对不良个人汽车贷款进行认定；②认定之后要适时对不良贷款进行分析；③建立个人汽车贷款的不良贷款台账；④落实不良贷款清收责任人；⑤实时监测不良贷款回收情况。

对未按期还款的借款人，应采用电话催收、信函催收、上门催收、律师函和司法催收等方式督促借款人按期偿还贷款本息，以最大限度降低贷款损失，有担保人的要向担保人通知催收。

5) 贷后档案管理

贷后档案管理是指个人汽车贷款发放后有关贷款资料的收集整理、归档登记、保存、借(查)阅管理、移交及管理、退回和销毁的全过程。具体内容如表 5-6 所示。

表 5-6 贷后档案管理的内容

项　目	内　容
档案的收集整理和归档登记	①贷款档案主要包括借款人相关资料和贷后管理相关资料，可以是原件，也可以是具有法律效力的复印件； ②银行贷款经办人根据个人汽车贷款归档要求，在贷款发放后，收集整理需要归档的资料，并交档案管理人员进行归档登记
档案的借(查)阅管理	个人汽车贷款档案借阅是指对已登记的个人汽车贷款档案资料的查阅、借出和归还等进行管理，并保留全部交易的历史信息，可以实现对借阅已归档资料情况的登记及监控
档案的移交和接管	根据业务发展需要，有关个人汽车贷款档案需要移交给其他档案管理机构或部门时，需要进行档案的移交和接管工作，移交和接管双方应根据有关规定填写移交和接管有关清单，双方签字并进行有关信息的登记工作
档案的退回和销毁	借款人还清贷款本息后，一些档案材料需要退还借款人或销毁

(三)风险管理

1. 合作机构管理

1) 合作机构管理的内容

(1) 汽车经销商的欺诈风险。

在"间客式"模式下，一些银行出于市场竞争的需要，放松对借款人的资信审查要求，贷款调查仅限于对汽车经销商推荐的借款人的有关资料进行书面上的形式审查。汽车经销商的欺诈行为包括六类，具体如表 5-7 所示。

表 5-7 汽车经销商的欺诈行为

类　别	内　容
一车多贷	汽车经销商同购车人相互勾结，以同一套购车资料向多家银行申请贷款，而这一套购车资料是完全真实的
甲贷乙用	实际用款人取得名义借款人的支持，以名义借款人的身份套取购车贷款。情节较轻的，实际用款人基本能以名义借款人的身份还本付息；情节严重的，名义借款人失踪，实际用款人悬空贷款
虚报车价	经销商和借款人互相勾结，采取提高车辆合同价格、签订与实际买卖的汽车型号不相同的购车合同等方式虚报车价，并以该价格向银行申请贷款，致使购车人实质上以零首付甚至负首付形式购买汽车
冒名顶替	盗用普通客户的身份资料购买汽车并申请银行贷款
全部造假	犯罪分子伪造包括身份资料、购车资料、资产证明等一整套资料套取银行贷款
虚假车行	不法分子注册成立经销汽车的空壳公司，在无一辆现货汽车可卖的情况下，以无抵押贷款为诱惑，吸引居民办理个人汽车贷款，并达到骗贷骗保的目的

【例 5.4 · 单选题】个人购车贷款业务中，汽车经销商同购车人相互勾结，以同一套购车资料向多家银行申请贷款，而这一套购车资料是完全真实的，属于汽车经销商欺诈行为中的(　　)。[2015 年上半年真题]

　　A．甲贷乙用　　　　　B．冒名顶替　　　　　C．一车多贷　　　　　D．虚报车价

【答案】C

【解析】A 项，甲贷乙用是指实际用款人取得名义借款人的支持，以名义借款人的身份套取购车贷款；B 项，冒名顶替是指盗用普通客户的身份资料购买汽车并申请银行贷款；D 项，虚报车价是指经销商和借款人互相勾结，采取提高车辆合同价格、签订与实际买卖的汽车型号不相同的购车合同等方式虚报车价，并以该价格向银行申请贷款，致使购车人实质上以零首付甚至负首付形式购买汽车。

(2) 合作机构的担保风险。合作机构的担保风险主要是保险公司的履约保证保险以及汽车经销商和专业担保公司的第三方保证担保。

① 保险公司履约保证保险。

a．保险公司依法解除保险合同，贷款银行的债权难以得到保障。

《保险法》规定：如果投保人故意或过失不履行如实告知义务，足以影响保险人决定是否同意承保或提高保险费率的，保险人有权解除保险合同；投保人故意不履行如实告知义务的，保险人对于保险合同解除前发生的保险事故，不承担赔偿或者给付保险金的责任。

b．免责条款成为保险公司的"护身符"，贷款银行难以追究保险公司的保险责任。

中国人民保险公司《机动车消费贷款保证保险条款》中约定：消费贷款合同被依法认定无效、投保人未向保险人对机动车辆损失险(第三责任险、盗抢险、自燃险)等险种进行连续投保且被保险人未代投保人投保上述险种等情况的，保险人不承担保险责任。

保险公司在实际操作中往往要求在银保协议中增加一些额外的免责条款，如约定如果借款人未按期还款而贷款银行没有及时向保险公司报案或没有提供借款人全部、连续的还款记录，贷款银行未按规定对借款人进行资信调查或未按规定程序进行贷款审批的，保险公司免责。

c．保证保险的责任限制造成风险缺口。

保证保险的责任范围仅限于贷款本金和利息，不包括贷款本金及利息、违约金、损害赔偿金和实现债权的费用等。

d．银保合作协议的效力有待确认，银行降低风险的努力难以达到预期效果。

在保险合同中，银行只是被保险人，而非合同当事人，其通过银保合作协议做出的修改受《保险法》关于修改保险合同的规定的限制，效力具有很大的不确定性。

② 第三方保证担保。

第三方保证担保主要包括汽车经销商保证担保和专业担保公司保证担保。其主要风险在于保证人往往缺乏足够的风险承担能力，在仅提供少量保证金的情况下提供巨额贷款担保，一旦借款人违约，担保公司往往难以承担保证责任。

【例 5.5 · 单选题】个人汽车贷款业务中，保险公司履约保证保险的责任范围是(　　)。

　　A．贷款本金、利息和违约金

　　B．贷款本金和利息

　　C．贷款本金

D．贷款本金、利息、违约金和损害赔偿金

【答案】B

【解析】保证保险的责任范围仅限于贷款本金和利息，而并非像保证担保那样包括贷款本金及利息、违约金、损害赔偿金和实现债权的费用等。

2）合作机构管理的风险防控措施

（1）加强贷前调查，切实核查经销商的资信状况。

① 坚持实地调查原则，严格审查经销商的信用水平、领导层的资信及管理水平、自有资金实力、财务状况、履行保证责任的意愿及能力等；

② 对新近进入汽车市场的经销商要慎重考察；

③ 不能对只有办公场所而没有车场的经销商办理贷款合作业务。

（2）按照银行的相关要求，严格控制合作担保机构的准入，动态监控合作担保机构的经营管理情况、资金实力和担保能力，及时调整其担保额度。

（3）由经销商、专业担保机构担保的贷款，应实时监控担保方是否保持足额的保证金。在担保的借款客户出现欠款时，督促担保方及时向客户进行催收，按合同约定从担保方保证金中扣收欠款，并通知担保方补充保证金。

（4）与保险公司的履约保证保险合作，应严格按照有关规定拟定合作协议，约定履约保证保险的办理、出险理赔、免责条款等事项，避免事后因合作协议的无效或漏洞无法理赔，造成贷款损失情况的发生。

2．操作风险管理

1）操作风险的内容

操作风险的具体内容如表 5-8 所示。

表 5-8　操作风险的内容

贷款环节	主要风险
受理和调查	①借款申请人的主体资格是否符合银行个人汽车贷款管理办法的相关规定； ②借款申请人所提交的材料是否真实、合法； ③借款人的欺诈风险； ④担保措施、担保物、抵押物、贷款额度、第三方保证人是否符合规定
审查和审批	①业务不合规，业务风险与效益不匹配； ②不按权限审批贷款，使得贷款超授权发放； ③审批人对应审查的内容审查不严，导致向不具备贷款发放条件的借款人发放贷款，贷款容易发生风险或出现内外勾结骗取银行信贷资金的情况
签约和发放	①合同凭证预签无效、合同制作不合格、合同填写不规范、未对合同签署人及签字(签章)进行核实； ②在发放条件不齐全的情况下发放贷款； ③未按规定办妥相关评估、公证等事宜； ④未按规定发放贷款，导致错误发放贷款和贷款错误核算

续表

贷款环节	主要风险
支付管理	①贷款资金发放前，未审核借款人相关交易资料和凭证； ②直接将贷款资金发放至借款人账户； ③在未接到借款人支付申请和支付委托的情况下，直接将贷款资金支付给汽车经销商； ④未详细记录资金流向和归集保存相关凭证，造成凭证遗失
贷后管理	①未对贷款使用情况进行跟踪检查，逾期贷款催收、处置不力，造成贷款损失； ②贷后管理与贷款规模不相匹配，在还款正常的情况下，未对其抵押物的价值和用途等变动状况进行持续跟踪监测； ③未按规定保管借款合同、担保合同等重要贷款档案资料，造成合同损毁； ④他项权利证书未按规定进行保管，造成他项权证遗失、他项权利灭失

2)　操作风险的防控措施

操作风险的防控措施包括：①掌握个人汽车贷款业务的规章制度；②规范业务操作；③熟悉关于操作风险的管理政策；④把握个人汽车贷款业务流程中的主要操作风险点；⑤对于关键操作，完成后应做好记录备查，尽职免责，提高自我保护能力。

3. 信用风险管理

1)　信用风险的内容

信用风险的具体内容及影响因素如表 5-9 所示。

表 5-9　信用风险的内容

类　别	影响因素
借款人的还款能力风险	①借款人及其家庭成员收入锐减、工作岗位变化、单位经济效益恶化、个人经营失败、借款人及其家庭成员重病死亡或家庭遭遇其他不可预见或不可克服的灾难，导致借款人还款能力降低，无法按时足额还本付息； ②银行很难对借款人的资信状况做出准确评估
借款人的还款意愿风险	①银行在经营个人汽车贷款业务中，很难像公司贷款项目的评估分析那样判断借款人的资信状况、个人的收入水平、资产负债状况、偿还债务能力，一般仅依靠借款人的自我证明； ②个人贷款违约成本很低； ③很多人对贷款资金的性质缺乏正确的认识

2)　信用风险的防控措施

信用风险的防控措施如表 5-10 所示。

表 5-10　信用风险的防控措施

措　施	内　容
严格审查客户信息资料的真实性	①认真审查申请人真实身份等个人信息，查看个人信用报告； ②坚持与借款人面谈的原则，不得由经销商包办从借款申请到签订合同的全部手续，认真审查借款人购车行为的真实性，严防经销商伪造合同从而虚构借款人购车事实的行为
详细调查客户的还款能力	①了解客户是否具有稳定的收入或合法资产来按期还款，如客户还有其他银行负债，应评价其总负债额在家庭总收入中的比例是否合理； ②贷后管理工作中应及时了解客户的经济状况，积极发挥汽车经销商或保险公司在贷后管理方面的作用。贷款应由借款人直接向贷款银行经办机构还款，经办机构要及时进行贷后客户信息调查了解，掌握借款人收入变动状况
科学合理地确定客户还款方式	①对于贷款期限在一年以上的，原则上采取等额本金或等额本息还款方式； ②对于符合贷款条件的客户，如其资金周转存在一定的周期性，在准确把握其还款能力的基础上，也可选择按月还息，按计划表还本的还款方式，但此种还款方式下的借款人必须在贷款发放后的第四个月开始偿还首笔贷款本金

二、个人教育贷款

(一)基础知识

1．个人教育贷款的含义

个人教育贷款是银行向借款人本人或其直系亲属、法定监护人发放的用于满足其就学资金需求的贷款。

2．个人教育贷款的分类

个人教育贷款按贷款性质的不同，可分为国家助学贷款和商业助学贷款。具体内容如表 5-11 所示。

表 5-11　个人教育贷款的分类

项　目	国家助学贷款	商业助学贷款
含义	由政府主导、财政贴息、财政和高校共同给予银行一定风险补偿金，银行、教育行政部门与高校共同操作的，帮助高校家庭经济困难学生支付在校学习期间所需的学费、住宿费及生活费的银行贷款	银行按商业原则自主向借款人或其直系亲属、法定监护人发放的用于满足其就学资金需求的商业贷款
贷款原则	财政贴息、风险补偿、信用发放、专款专用和按期偿还	部分自筹、有效担保、专款专用和按期偿还

续表

项 目	国家助学贷款	商业助学贷款
经办银行	中国工商银行、中国农业银行、中国银行和中国建设银行为中国人民银行批准的国家助学贷款经办银行，负责办理国家助学贷款的审核、发放和回收等工作	与国家助学贷款相比，商业助学贷款财政不贴息，各商业银行、城市信用社和农村信用社等金融机构可开办
贷款方式	借款人一次申请、贷款银行一次审核、单户核算、分次发放	—

3．个人教育贷款的特征

从各国发展情况来看，个人教育贷款具有与其他个人贷款所不同的一些特点，主要体现为：①具有社会公益性，政策参与程度较高；②多为信用类贷款，风险度相对较高。

4．贷款要素

国家助学贷款、商业助学贷款以及出国留学贷款的要素如表 5-12 所示。

表 5-12　国家助学贷款、商业助学贷款以及出国留学贷款的要素

项目	国家助学贷款	商业助学贷款	出国留学贷款
贷款对象需具备的条件	①具有中华人民共和国国籍，并持有合法、有效的身份证件；②家庭经济确实困难，无法支付正常完成学业所需的基本费用(包括学费、住宿费和基本生活费)；③具有完全民事行为能力(未成年人申请国家助学贷款需由其法定监护人书面同意)；④学习刻苦，能够正常完成学业；⑤诚实守信，遵纪守法，无违法违纪行为；⑥贷款银行规定的其他条件	①具有中华人民共和国国籍，具有完全民事行为能力，并持有合法身份证件；②无重大不良信用记录，不良信用等行为评价标准由贷款银行制定；③必要时需提供有效的担保；④必要时需提供其法定代理人同意申请贷款的书面意见；⑤贷款银行要求的其他条件	①年满 18 周岁的具有完全民事行为能力的中华人民共和国公民；②贷款到期日时的实际年龄不得超过 55 周岁；③应具有可控制区域内的常住户口或其他有效居住身份，有固定住所、稳定职业和收入来源；④借款用途为出国留学教育消费；⑤借款人信用良好，有按期偿还贷款本息的能力；⑥应持有拟留学人员的国外留学学校的入学通知书或其他有效入学证明和已办妥拟留学人员留学学校所在国入境签证的护照；⑦贷款银行要求的其他条件

续表

项目	国家助学贷款	商业助学贷款	出国留学贷款
贷款额度	①全日制本专科生(含第二学位学生、高职学生,下同)每人每年申请贷款额度不超过 8000 元; ②全日制研究生每人每年申请贷款额度不超过 12000 元	①不超过借款人在校年限内所在学校的学费、住宿费和基本生活费; ②贷款银行可参照学校出具的基本生活费或当地生活费标准确定有关生活费用贷款额度	最低不少于 10 000 元人民币,最高不得超过借款人学杂费和生活费的 80%
贷款利率	①执行中国人民银行规定的同期贷款基准利率,不上浮; ②如遇中国人民银行调整贷款利率,执行中国人民银行的有关规定	①按中国人民银行规定的利率政策执行,原则上不上浮,借款人可申请利息本金化; ②如遇中国人民银行调整贷款利率,执行中国人民银行的有关规定	①根据中国人民银行公布的贷款利率档次和浮动幅度执行; ②如遇中国人民银行调整利率,执行中国人民银行的有关规定
贷款期限	贷款期限为学制加13年,最长不超过 20 年	①原则上为借款人在校学制年限加 6 年; ②借款人毕业后继续攻读学位的,借款人在校年限和贷款期限可相应延长,贷款期限延长须经贷款银行许可	最短 6 个月,一般为 1~6 年,最长不超过 10 年
担保方式	信用贷款	借款人需提供一定的担保措施:抵押、质押、保证或其组合,贷款银行也可要求借款人投保相关保险	借款人需提供一定的担保措施,包括抵押、质押和保证等
还款方式	①包括等额本金还款法和等额本息还款法,借款人需在借款合同中约定一种还款方法; ②学生在校期间的贷款利息全部由财政补贴,在校期间的贷款本金由学生本人在毕业后自行偿还	①借款人在离校后次月开始归还贷款,贷款可按月、按季或按年分次偿还,也可在贷款到期时一次性偿还; ②贷款银行可视情况给予借款人一定的宽限期	①遵循"贷人民币还人民币"和"贷外汇还外汇"的原则。 ②贷款期限 1 年以内(含 1 年)的,到期时一次性还本付息,利随本清;贷款期限 1 年以上的,采用借款人与贷款银行约定的还款方式偿还贷款

【例 5.6·多选题】 申请商业助学贷款时,借款人须具备的条件有( )。

A. 信用记录良好

B. 成绩排名在班级前 30%

C. 家庭经济确实困难,无法支付正常完成学业所需的基本费用

D. 必要时提供其法定代理人同意申请贷款的书面意见

E. 必要时提供有效的担保

【答案】ADE

【解析】借款人申请商业助学贷款，须具备贷款银行要求的下列条件：①具有中华人民共和国国籍，具有完全民事行为能力，并持有合法身份证件；②无重大不良信用记录，不良信用等行为评价标准由贷款银行制定；③必要时需提供有效的担保；④必要时需提供其法定代理人同意申请贷款的书面意见；⑤贷款银行要求的其他条件。

(二)贷款流程

1. 贷款的受理和调查

1) 国家助学贷款的受理和调查

国家助学贷款受理的含义及流程如表 5-13 所示。

表 5-13 国家助学贷款受理的含义和流程

项　目		内　容
含义		指从借款人向学校提出申请，学校初审，银行受理到上报审核的全过程
流程	提出申请	申请人需提交的材料包括： ①借款人有效身份证件的原件和复印件； ②借款人学生证或入学通知书的原件和复印件； ③乡、镇、街道、民政部门和县级教育行政部门关于其家庭经济困难的证明材料； ④借款人同班同学或老师共两名见证人的身份证复印件及学生证或工作证复印件； ⑤贷款银行要求的其他材料
	学校初审	学校机构对学生提交的国家助学贷款申请材料进行资格审查，对其完整性、真实性和合法性负责，进行一定时间的公示，并对有问题的申请进行纠正
	审查合格	初审无误后，学校机构在审查合格的贷款申请书上加盖公章予以确认，将审查结果通知学生，并编制国家助学贷款学生审核信息表与申请资料一并送交助学贷款经办银行

2) 商业助学贷款的受理和调查

(1) 贷款的受理。

① 商业助学贷款申请材料的清单如下。

a. 借款人的合法身份证件，包括身份证、户口簿或其他有效居留证件原件及复印件；

b. 借款人与其法定代理人的关系证明；

c. 贷款银行认可的借款人或其家庭成员的经济收入证明；

d. 借款人为入学新生提供的就读学校的录取通知书或接收函，借款人已在校的提供学生证或其他学籍证明；

e. 借款人就读学校开出的学生学习期内所需学费、住宿费和生活费总额的有关材料；

f. 以财产作抵(质)押的，应提供抵(质)押物权证和有处分权人(包括财产共有人)签署的同意抵(质)押的承诺，对抵押物需提交银行认可的机构出具的价值评估报告，对质物需提供权利凭证，以第三方保证担保的应出具保证人同意承担不可撤销连带责任担保的书面文件及有关资信证明材料；

g. 借款人和担保人应当面出具并签署书面授权，同意贷款银行查询其个人征信信息；

h. 银行要求提供的其他证明文件和材料。

② 借款人办理校源地贷款的，贷款银行还应联系借款人就读学校作为介绍人做好以下几个方面的工作。

a. 向贷款银行推荐借款人，对借款人资格及申请资料进行初审；

b. 协助贷款银行对贷款的使用进行监督；

c. 将借款人在校期间失踪、死亡或丧失完全民事行为能力或劳动能力，以及发生休学、转学、出国留学或定居、自行离校、开除等情况及时通知贷款银行，并协助贷款银行采取相应的债权保护措施；

d. 在借款人毕业前，向贷款银行提供其毕业去向、就业单位名称、居住地址、联系电话等有关信息；

e. 协助贷款银行开展对借款人的信用教育和还贷宣传工作，讲解还贷的程序和方法；协助贷款银行做好借款人的还款确认和贷款催收工作；

f. 贷款受理人对借款申请人提交的借款申请表及申请材料进行初审，主要审查借款申请人的主体资格及借款申请人所提交材料的完整性与规范性。如果借款申请人提交材料不完整或不符合材料要求规范，应要求申请人补齐材料或重新提供有关材料；如果不予受理，应退回贷款申请并向申请人说明原因。初审合格后，贷款受理人应将借款申请表及申请材料交由贷前调查人进行贷前调查。

【例 5.7·单选题】关于商业助学贷款的受理，下列说法错误的是( )。[2009 年上半年真题]

  A. 申请人应填写申请表，以书面形式提出贷款申请，并按银行要求提交相关申请材料

  B. 贷款银行可联系借款人就读学校协助工作

  C. 如果借款申请人提交材料不完整，贷款受理人可直接拒绝申请

  D. 经初审符合要求后，贷款受理人应将借款申请表及申请材料交由贷前调查人进行贷前调查

【答案】C

【解析】贷款受理人在对借款申请人提交的借款申请表及申请材料进行初审时，如发现申请人提交的材料不完整或不符合材料要求规范，应要求申请人补齐材料或重新提供有关材料，而不是直接拒绝。

(2) 贷前调查。

① 含义。贷前调查主要由银行贷前调查人审核申请材料是否真实、完整、合法、有效，调查借款申请人的还款能力、还款意愿的真实性以及贷款担保等情况。

② 调查方式。贷前调查应以实地调查为主、间接调查为辅，采取现场核实、电话查问以及信息咨询等途径和方法。贷款人应建立并严格执行贷款面谈制度。

③ 调查内容。贷前调查人在调查申请人基本情况、贷款用途和贷款担保等情况时，应重点调查材料一致性、借款人身份、资信、经济状况和借款用途、担保情况，详细内容

请参照第 3 章个人贷款部分。

2．贷款的审查和审批

1) 国家助学贷款的审查和审批

国家助学贷款的审查和审批具体如表 5-14 所示。

表 5-14 国家助学贷款的审查和审批

项 目	内 容
审查	①经办行在收到学校提交的信息表和申请材料后，由贷款审查人负责对学校提交的信息表和申请材料进行合规性、真实性和完整性审查； ②贷款审查人认为有差错或遗漏的，可要求学校进行更正或补充； ③贷款审查人审查完毕后，在"国家助学贷款申请审批表"上签署审核意见，连同申请材料等一并送交贷款审批人进行审批
审批	①对贷款申请审批表和贫困证明等内容进行核对； ②审查每个申请学生每学年贷款金额是否超过 6000 元，具体金额根据学校的学费、住宿费和生活费标准以及学生的困难程度确定； ③学校当年贷款总金额和人数不超过全国学生贷款管理中心与银行总行下达的该校贷款年度计划额度； ④其他需要审查的事项

2) 商业助学贷款的审查和审批

关于商业助学贷款的审查与审批可参照第 3 章个人贷款部分。

3．贷款的签约和发放

1) 国家助学贷款的签约与发放

(1) 贷款的签约。对经审批同意的贷款，高校会收到经办银行的"国家助学贷款学生审查合格名册"。贷款发放人根据贷款审批意见确定应使用的合同文本并填写合同。

借款合同要体现协议承诺原则，保证借款合同的完善性、承诺的法律化乃至管理的系统化，要涵盖以下要点。

① 明确约定各方当事人的诚信承诺。在借款合同等协议文件中要求借款人等当事人签订承诺性质的条款，自我声明其提供的申贷材料和信息是真实有效的，否则需承担相应的违约责任。

② 明确约定贷款资金的用途。要求借款人通过签订借款合同等协议文件承诺贷款的真实用途并承担贷款挪用的违约责任。

③ 明确借款人不履行合同或怠于履行合同时应当承担的违约责任。

合同填写并复核无误后，贷款发放人应负责通知学校组织借款人签订"国家助学贷款借款合同"等协议文件，需担保的应同时签订担保合同，并提交经办银行。贷款发放人应要求借款人当面签订借款合同及其他相关文件，但电子银行渠道办理的贷款除外。

在签订有关合同文本前，应履行充分告知义务，告知借款人等合同签约方合同内容、权利义务、还款方式以及还款过程中应注意的问题等。

经办人员填写"个人贷款开立账户通知书""贷转存凭证",协助借款人办理贷款发放手续,并将上述材料以及其他重要单据一起提交会计岗位进行账务处理。其他贷款资料直接移交档案管理岗位整理、保管。

贷款发放人应建立健全合同管理制度,有效防范个人贷款的法律风险。贷款发放人应依照《担保法》等法律法规的相关规定,规范担保流程与操作。以保证方式担保的个人贷款,贷款人应由不少于两名信贷人员完成。

(2) 贷款的发放。贷款发放要遵循审贷与放贷分离的原则,由独立的放款管理部门或岗位负责落实放款条件、发放满足约定条件的贷款。借款合同生效后,贷款发放人应按合同约定及时发放贷款。

放款部门在放贷前要确定有关审核无误,然后进行开户放款。国家助学贷款实行借款人一次申请、贷款银行一次审批、单户核算、分次发放的方式。其中,学费和住宿费贷款按学年(期)发放,直接划入借款人所在学校在贷款银行开立的账户上;生活费贷款(每年的2月和8月不发放生活费贷款),根据合同约定定期划入有关账户。

贷款发放后,业务部门应依据借款人相关信息建立"贷款台账",并随时更新台账数据。

2) 商业助学贷款的签约与发放

对经审批同意的贷款,应及时通知借款申请人以及其他相关人(包括抵押人和出质人等),确认签约的时间,签署书面借款合同和相关担保合同等协议文件。签约流程主要包括填写合同、审核合同和签订合同三部分。关于商业助学贷款的签约与发放可参考第3章个人贷款部分。

4. 支付管理

国家助学贷款和商业助学贷款的支付管理方式基本相同,所不同的是,商业助学贷款可以一次性放款,也可以分次放款。国家助学贷款的支付管理方式如表5-15所示。

表5-15 国家助学贷款的支付管理

类 别	支付方式	说 明
学费和住宿费贷款	银行应当采用贷款人受托支付方式向借款人交易对象(借款人所在学校)支付,按学年(期)发放,直接划入借款人所在学校在贷款银行开立的账户上	银行应要求借款人在使用贷款时提出支付申请,并授权贷款人按合同约定方式支付贷款资金。银行应在贷款资金发放前审核借款人相关凭证是否符合合同约定条件,支付后做好有关细节的认定记录
生活费贷款	银行可以采用贷款人受托支付方式直接划入借款人所在学校在贷款银行开立的账户上,再由学校返还借款人;银行也可以采取借款人自主支付的方式,根据借款人的提款申请,按照合同约定定期划入借款人在贷款银行开立的活期储蓄账户	银行应当通过账户分析、凭证查验或现场调查等方式,核查贷款支付是否符合约定用途贷款。支付完成后,应详细记录资金流向,归集保存相关凭证

5. 贷后管理

1) 国家助学贷款的贷后管理

(1) 贷后贴息管理。

① 发放贷款后，经办银行于每季度结束后的 10 个工作日内，按照"中央部门所属高校国家助学贷款贴息资金汇总表"汇总已发放的国家助学贷款学生名单、贷款金额、利率、利息，经合作高校确认后上报总行。

② 全国学生贷款管理中心在收到各贷款银行总行提供的贴息申请资料后的 10 个工作日内，将贷款贴息统一划入总行国家助学贷款贴息专户，由总行直接划入各经办行贴息专户。

③ 各经办银行在收到贴息经费后即时入账。

(2) 风险补偿金管理。

① 经办银行于每年 9 月底前，将上一年度(上年 9 月 1 日至当年 8 月 31 日)实际发放的国家助学贷款金额和违约率按各高校进行统计汇总，并经合作高校确认后填制"中央部门所属高校国家助学贷款实际发放汇总表"上报分行，分行按学校和经办银行汇总辖内上报信息后，在 5 个工作日内上报总行，由总行提交全国学生贷款管理中心。

② 全国学生贷款管理中心在收到经办行总行提交的"风险补偿金申请书""中央部门所属高校国家助学贷款实际发放汇总表""中央部门所属高校国家助学贷款风险补偿金确认书"后 20 个工作日内将对应的风险补偿金支付给贷款银行总行。

③ 总行将风险补偿金划拨至各分行，各分行在收到总行下拨的风险补偿金的当日将其划入对应账户。

(3) 贷款的偿还。

① 毕业离校前办理还款确认手续。借款学生毕业离校前，学校组织借款学生与经办银行办理还款确认手续，制订还款计划，签订还款协议。经办银行应向每一位借款学生发放"国家助学贷款毕业生资料确认书"，要求学生在毕业后一个月内填写完毕并寄回原经办银行。经办银行对学生毕业去向及相关资料进行抽查，并与学校进行核实。

② 借款学生开始还款。借款学生自取得毕业证书之日(以毕业证书签发日期为准)起，下月 1 日(含 1 日)开始归还贷款利息，并可以选择在毕业后的 24 个月内的任何一个月开始偿还贷款本息，但原则上不得延长贷款期限。

③ 中止学业。如果借款学生在学校期间发生休学、退学、转学、出国、被开除学籍等中止学业的事件，学校应在为借款学生办理相关手续之前及时通知银行，并要求学生到银行办理归还贷款或还款确认手续。经办银行在得到学校通知后应停止发放尚未发放的贷款，并采取提前收回贷款本息和签订还款协议等措施，主动为学生办理相关手续。提前离校的借款学生办理离校手续之日的下月 1 日起自付贷款利息。休学的借款学生复学当月恢复财政贴息。

④ 毕业后出国留学。借款学生毕业后申请出国留学的，应主动通知经办银行并一次性还清贷款本息，经办银行应及时为其办理还款手续。

(4) 贷款的催收。在贷款催收环节，各经办银行应做的是：①建立详细的还贷监测系统；②加强日常还贷催收工作，做好催收记录，确认借款人已收到催收信息；③按季将已到还款期的借款学生还款情况反馈给学校，学校负责协助经办银行联系拖欠还款的借款学生及时还款。

(5) 贷后档案管理。贷后档案管理中，各经办银行应做的是：①在与借款学生签订还款协议后，需将相关信息补录入零售信贷系统；②在收到借款人毕业后发回的"国家助学贷款毕业生资料确认书"后，应及时在系统上进行资料更新；③严格按零售贷款档案管理办法管理国家助学贷款相关档案。

2) 商业助学贷款的贷后管理

商业助学贷款的贷后与档案管理是指对贷款发放后到合同终止前有关事宜的管理，包括贷后检查、贷款的偿还、贷款质量分类与风险预警、不良贷款管理及贷后档案管理等工作。

(1) 贷后检查。贷后检查是以借款人、抵(质)押物和保证人等为对象，通过客户提供、访谈、实地检查、行内资源查询等途径获取信息，对影响商业助学贷款资产质量的因素进行持续跟踪调查、分析，并采取相应补救措施的过程。

贷后检查的主要内容包括借款人情况检查和担保情况检查两个方面。

① 借款人情况检查。借款人情况检查的主要内容包括：借款人是否按期足额归还贷款；借款人的住所、联系电话有无变动；有无发生可能影响借款人还款能力或还款意愿的突发事件，如卷入重大经济纠纷、诉讼或仲裁程序，借款人身体状况恶化或突然死亡等。

在贷后检查中如果发现借款人工作单位、住址、联系电话等信息变更，由贷后检查人员负责及时更新借款人联系方式等方面的信息；借款人主动提供情况的，由经办人负责及时更新借款人联系方式等方面的信息。

② 担保情况检查。担保情况检查的主要内容包括：对房产等抵押物的检查，包括检查房产等抵押物的存续状况和使用状况；有无使抵(质)押物价值减少的行为，了解抵(质)押物市场价格的变化，必要时进行重新估价，并对可变现性进行判断；检查抵押物权属，抵押人有无擅自转让、出租、重复抵押或其他处分抵押物的行为；抵押物的保险单是否按合同约定续保；抵(质)押物的保管是否存在漏洞；其他可能影响担保有效性的因素。

【例5.8·单选题】关于商业助学贷款的贷后检查，下列说法错误的是( )。

A. 可通过客户提供、访谈、实地检查、行内资源查询等途径获取信息

B. 检查的主要内容包括借款人情况检查和担保情况检查两个方面

C. 当抵(质)押物市场价格发生变化时，应对其重新估价，并判断其可变现性

D. 借款人主动提供其信息变更情况的，由贷后检查人员负责及时更新借款人信息

【答案】D

【解析】D项，借款人主动提供信息变更情况的，由经办人负责及时更新借款人的相关信息。

(2) 贷款的偿还。

① 借款人应按借款合同约定的还款计划、还款方式，及时、足额地偿还贷款本息。还款的原则是先收息、后收本，全部到期、利随本清。

② 在合同履行期间，信贷要素需要变更的，应当经当事人各方协商同意，并签订相应变更协议。在担保期内的，根据合同约定必须征得担保人同意的，需事先征得担保人书面同意；如需办理抵(质)押变更登记的，还应到原抵(质)押登记部门办理变更抵(质)押登记手续及其他相关手续。

③ 提前还款与展期。提前还款：借款人应提前 30 个工作日向贷款银行提出申请。经办人核实借款人在贷款银行有无拖欠贷款本息，对存在拖欠本息的，应要求借款人先归还拖欠贷款本息后，才予以受理提前还款业务。

展期：每笔贷款只可以展期一次，展期的原则按《贷款通则》规定执行。

(3) 贷款质量分类与风险预警。银行要在贷后检查的基础上建立贷款质量分类制度和风险预警体系。

银行要建立良好的风险预警机制，设定科学的监测预警信号和指标，在贷后检查中发现借款人违反合同约定、触发预警指标或其他可能影响贷款安全的不利情形时，须及时启动应急预案，并根据借款合同有关约定和预警制度要求及时采取相应措施防范、控制和化解风险，保障债权。

(4) 不良贷款管理。不良贷款管理的流程如下：①按照贷款风险五级分类法对不良个人教育贷款进行认定；②适时对不良贷款进行分析，建立个人教育贷款的不良贷款台账；③落实不良贷款清收责任人，实时监测不良贷款的回收情况；④对未按期还款的借款人，应采用电话催收、信函催收、上门催收、律师函、司法催收等方式督促借款人按期偿还贷款本息，以最大限度地降低贷款损失，有担保人的要向担保人通知催收。

(5) 贷后档案管理。贷款发放后，应根据贷款种类分别建立信贷台账，台账应记录借款人的基本信息和贷款信息。贷款信息包括账号、合同金额、期限、放款日期、还款方式、担保方式、贷款利率、贷款余额、拖欠本金、应收利率、催收利息、账户状态、风险状态等要素。

贷款台账可以采取电子台账或手工台账的形式。

(三)风险管理

1．操作风险

1) 操作风险的内容

个人教育贷款流程各个环节的主要风险点，如表 5-16 所示。

表 5-16　个人教育贷款流程各个环节的操作风险

环　节	风　险　点
受理和调查	①借款申请人的主体资格是否符合银行个人教育贷款的相关规定。 ②借款申请人所提交材料的真实性，包括借款人的身份是否真实、贫困证明是否真实有效、成绩是否优秀等。 ③对于商业助学贷款，借款申请人的担保措施是否足额、有效，包括：a．担保物所有权是否合法、真实、有效；b．担保物共有人或所有人授权情况是否核实；c．担保物是否容易变现，同区域同类型担保物价值的市场走势如何；d．贷款额度是否控制在抵押物价值的规定比率内；e．抵押物是否由贷款银行认可的评估机构评估；f．第三方保证人是否具备保证资格和保证能力等。 ④未按规定建立、执行贷款面谈、借款合同面签制度。 ⑤授意借款人虚构情节获得贷款

环　节	风　险　点
审查和审批	①业务不合规，业务风险与效益不匹配； ②不按权限审批贷款，使得贷款超授权发放； ③贷款调查、审查未尽职或全部事项委托第三方完成； ④审批人对应审查的内容审查不严，导致向不具备贷款发放条件的借款人发放贷款
签约和发放	①合同凭证预签无效、合同制作不合格、合同填写不规范、未对合同签署人及签字(签章)进行核实。 ②在发放条件不齐全的情况下发放贷款，如贷款未经审批或是审批手续不全，各级签字(签章)不全；未按规定办妥相关评估、公证等事宜。 ③未按规定的贷款额度、贷款期限、贷款的担保方式、结息方式、计息方式、还款方式、适用利率、利率调整方式和发放方式等发放贷款，导致错误发放贷款和贷款错误核算。 ④借款合同采用格式条款未公示
支付管理	①将学费和住宿费的贷款资金全额发放至借款人账户； ②未详细记录资金流向和归集保存相关凭证，造成凭证遗失； ③未通过账户分析、凭证查验或现场调查等方式，核查贷款支付是否符合约定用途
贷后与档案管理	①未对贷款使用情况进行跟踪检查，逾期贷款催收、处置不力，造成贷款损失； ②未按规定保管借款合同、担保合同等重要贷款档案资料，造成合同损毁； ③他项权利证书未按规定进行保管，造成他项权证遗失，他项权利灭失； ④对借款人违背借款合同约定的行为应发现而未发现，或虽发现但未采取有效措施的

【例 5.9·多选题】 在个人教育贷款的业务流程中，可能产生的操作风险有(　　)。

A. 借款人身份弄虚作假

B. 第三方保证人不具备保证资格和保证能力

C. 审批人对应审查的内容审查不严，导致向不具备贷款发放条件的借款人发放贷款

D. 合同制作不合格

E. 未按规定保管借款合同、担保合同等重要贷款档案资料，造成合同损毁

【答案】 ABCDE

【解析】 个人教育贷款的操作风险包括贷款受理和调查中的风险、贷款审查和审批中的风险、贷款签约和发放中的风险、支付管理中的风险和贷后与档案管理中的风险。AB 两项属于贷款受理和调查环节的风险；C 项属于贷款审查和审批环节的风险；D 项属于贷款签约与发放环节的风险；E 项属于贷后与档案管理环节的风险。

2) 操作风险的防控措施

操作风险的防控措施包括：①规范操作流程，提高操作能力；②完善银行、高校及政府在贷款管理方面的职责界定；③规范并加强对抵押物的管理。

2. 信用风险

1) 信用风险的内容

信用风险的具体内容如表 5-17 所示。

表 5-17 信用风险的具体内容

类 别	内 容
借款人的还款能力风险	①借款人为受教育人的，毕业后如一时难以找到工作，无还款来源，其父母等关系人又因失业、疾病等原因致使家庭经济条件恶化，无法按计划偿还贷款； ②借款人为受教育人父母的，随着国有企业改制和政府机构改革的深化，受教育者父母的下岗或分流压力加大，未来收入难以预测； ③目前我国社会化保障程度不高，商业保险的意识和能力不强
借款人的还款意愿风险	①大学生的信用根本无法去衡量与评估； ②一些借款学生根本不珍惜这种银行赋予他们的信用，恶意拖欠甚至不归还贷款，更有甚者以"赖账"为荣； ③学生毕业后工作单位流动性的提高又增加了信用追踪的难度
借款人的欺诈风险	①借款人一般具有谋取非法所得、带有犯罪性质的动机和行为； ②借款人与银行内部人员相互勾结骗取银行贷款等
借款人的行为风险	借款人可能因违规、违法等行为受到处罚，如被学校开除，或因学习成绩不好，未能拿到毕业证书或学位证书，毕业后找不到工作等

2) 信用风险的防控措施

信用风险的防控措施包括：①加强对借款人的贷前审查；②建立和完善防范信用风险的预警机制；③完善银行个人教育贷款的催收管理系统；④建立有效的信息披露机制；⑤加强学生的诚信教育。

三、其他个人消费贷款

(一)其他个人消费类贷款的种类

其他个人消费类贷款是银行向借款人发放的用于装修、耐用品消费、旅游、医疗等消费用途的贷款。具体内容如表 5-18 所示。

表 5-18 其他个人消费贷款

种 类	内 容
个人住房装修贷款	①个人住房装修贷款是指银行向自然人发放的、用于装修自用住房的人民币担保贷款； ②个人住房装修贷款可以用于支付家庭装潢和维修工程的施工款、相关的装修材料和厨卫设备款等
个人耐用消费品贷款	①个人耐用消费品贷款是指银行向自然人发放的、用于购买大额耐用消费品的人民币担保贷款； ②耐用消费品通常是指价值较大、使用寿命相对较长的家用商品； ③通常是银行与特约商户合作开展，特约商户通常与银行签订耐用消费品合作协议，该类商户应有一定的经营规模和较好的社会信誉

续表

种　类	内　容
个人旅游消费贷款	个人旅游消费贷款是指银行向自然人发放的、用于借款人个人及其家庭成员(包括借款申请人的配偶、子女及其父母)参加银行认可的各类旅行社(公司)组织的国内、外旅游所需费用的贷款
个人医疗贷款	①个人医疗贷款是指银行向自然人发放的、用于解决市民及其配偶或直系亲属伤病就医时的资金短缺问题的贷款; ②个人医疗贷款一般由贷款银行和保险公司联合当地特定合作医院办理,借款人到特约医院领取并填写经特约医院签章认可的借款申请书,持医院出具的诊断证明及住院证明,到开展此业务的银行机构申办贷款,获批准后持个人持有的银行卡和银行盖章的贷款申请书及个人身份证,到特约医院就医、结账

【例 5.10·多选题】下列关于个人消费贷款的表述,正确的有(　　)。

A. 个人旅游消费贷款借款人可任意选择各类旅行社(公司)组织的国内、外旅游

B. 个人可以向银行申办个人耐用消费品贷款用于在银行指定的商户处购买乐器

C. 商业助学贷款实行"财政贴息、部分自筹、有效担保、专款专用和按期偿还"原则

D. 个人住房装修贷款可以用于购买家用电器

E. 市民为解决其儿女伤病就医时的资金短缺问题,可以填写经特约医院签章认可的贷款申请书,持医院出具的诊断证明及住院证明到开展个人医疗贷款业务的银行申办贷款

【答案】BE

【解析】A 项,个人旅游消费贷款借款人只能参加银行认可的各类旅行社(公司)组织的国内、外旅游所需费用的贷款;C 项,商业助学贷款实行"部分自筹、有效担保、专款专用和按期偿还"的原则;D 项,个人住房装修贷款是指银行向自然人发放的、用于装修自用住房的人民币担保贷款,个人耐用消费品通常可以用于家用电器。

(二)其他个人消费类贷款的要素

在实际工作中,大多数银行都不再设计专门的装修、耐用消费品、旅游和医疗消费贷款,而是给客户提供个人消费类贷款,贷款用途可以是住房装修、旅游、医疗和购买耐用消费品,其贷款要素和流程基本相同。具体内容如表 5-19 所示。

表 5-19　其他个人消费类贷款的要素

项　目	内　容
贷款对象	①具有完全民事行为能力的中华人民共和国公民。 ②有当地常住户口或有效居留身份。 ③有良好的信用记录和还款意愿;有正当职业和稳定可靠的收入来源,具备按期偿还贷款本息的能力。 ④能够提供银行认可的担保。 ⑤银行规定的其他贷款条件

续表

项　目	内　容
贷款利率	由商业银行自行确定，一般不低于中国人民银行基准利率
贷款期限	一般为 1～3 年，最长 10 年
贷款额度	一般不超过借款人所需资金的 70%

过 关 练 习

一、单选题(下列选项中只有一项最符合题目的要求)

1. 下列各项中，申请人最可能获得个人汽车贷款的情况是(　　)。

　　A．小王今年 15 岁，酷爱赛车比赛，欲分期付款购买一辆法拉利跑车

　　B．小张被公司辞退已半年，现仍没找到工作，打算自己创业，想购买一辆汽车自营

　　C．小李一贯遵纪守法，并且具有稳定的收入来源和良好的信用记录，欲分期付款购买汽车

　　D．小黄目前虽然没有明确的购车意图，但由于最近贷款利率下降，因此想预先贷款，然后再择机购买

【答案】C

【解析】根据有关规定，个人汽车贷款的申请人应具备一定的主体资格，即具有完全民事行为能力、还款能力和明确真实的购车意图等。

2. 如果借款人选择"直客式"个人汽车贷款模式，申请贷款时无须提供的材料是(　　)。

　　A．贷款银行认可的借款人还款能力证明材料

　　B．由汽车经销商出具的购车意向证明

　　C．合法有效的身份证件

　　D．银行认可的担保

【答案】B

【解析】贷款受理人应要求借款申请人以书面形式提出个人汽车贷款借款申请，并按银行要求提交能证明其符合贷款条件的相关申请材料。对于有共同申请人的，应同时要求共同申请人提交有关申请材料。如为"间客式"模式办理，需要提供由汽车经销商出具的购车意向证明；如为"直客式"模式办理，则不需要在申请贷款时提供此项。

3. 个人医疗贷款一般由____和____联合当地特定合作医院办理。(　　)

　　A．贷款银行；保险公司　　　　　　　B．保险公司；卫生管理部门

　　C．贷款银行；中介机构　　　　　　　D．保险公司；中介机构

【答案】A

【解析】个人医疗贷款一般由贷款银行和保险公司联合当地特定合作医院办理，借款人到特约医院领取并填写经特约医院签章认可的借款申请书，持医院出具的诊断证明及住院证明，到开展此业务的银行机构申办贷款。

二、多选题(下列选项中有两项或两项以上符合题目要求)

1. 个人汽车贷款回收的原则有(   )。
   A. 等额偿还本息   B. 先收息、后收本
   C. 全部到期、利随本清   D. 分期偿还本金、一次付息
   E. 先收本、后收息

【答案】BC

【解析】贷款的回收是指借款人按借款合同约定的还款计划和还款方式,及时、足额地偿还贷款本息。个人汽车贷款回收的原则是先收息、后收本,全部到期、利随本清。

2. 申请二手车个人汽车贷款时,还需特别提供的资料有(   )。
   A. 贷款银行认可的评估机构出具的车辆评估报告书
   B. 车辆出卖人的车辆产权证明
   C. 所交易车辆的机动车辆登记证
   D. 车辆年检证明
   E. 首付款证明材料

【答案】ABCD

【解析】E 项是一般性的要求。除 ABCD 四项外,申请二手车个人汽车贷款时,还需特别提供购车意向证明。

3. 根据贷款性质不同将个人教育贷款分为(   )。
   A. 生源地助学贷款   B. 国家助学贷款
   C. 校源地助学贷款   D. 出国留学贷款
   E. 商业助学贷款

【答案】BE

【解析】根据贷款性质的不同,个人教育贷款可以分为国家助学贷款和商业助学贷款。其中,国家助学贷款是由政府主导、财政贴息、财政和高校共同给予银行一定风险补偿金,银行、教育行政部门与高校共同操作的,帮助高校家庭经济困难学生支付在校学习期间所需的学费、住宿费及生活费的银行贷款。商业助学贷款是指银行按商业原则自主向自然人发放的用于支持境内高等院校困难学生学费、住宿费和就读期间基本生活费的商业贷款。

三、判断题(请对下列各题的描述做出判断,正确的用 A 表示,错误的用 B 表示)

1. 为防范假车贷,银行贷前调查人可通过借款人对所购车辆的了解程度、所购买汽车价格和本地区价格是否差异很大和二手车的交易双方是否有亲属关系等来判断借款申请人购车行为的真实性。(   )

【答案】A

【解析】贷前调查人在调查申请人基本情况、贷款用途和贷款担保等情况时,应通过借款申请人对所购汽车的了解程度、所购买汽车价格与本地区价格是否差异很大和二手车的交易双方是否有亲属关系等判断借款申请人购车行为的真实性。

2. 发放个人汽车贷款所确定的汽车价格,对于新车是指汽车实际成交价格,对于二手车是指贷款银行认可的评估价格,上述价格均不含有各类附加税费及保费等。(   )

【答案】B

【解析】个人汽车贷款中的汽车价格，对于新车是指汽车实际成交价格与汽车生产商公布价格中的低者；对于二手车是指汽车实际成交价格与贷款银行认可的评估价格中的低者。上述成交价格均不含有各类附加税费及保费等。

3．国家助学贷款的贷后贴息是每季进行，由各商业银行的总行向全国学生贷款管理中心申请。（　　）

【答案】A

【解析】经办银行在发放贷款后，于每季度结束后的 10 个工作日内，汇总已发放的国家助学贷款学生名单、贷款金额、利率、利息，经合作高校确认后上报总行。全国学生贷款管理中心在收到各贷款银行总行提供的贴息申请资料后的 10 个工作日内，将贷款贴息统一划入总行国家助学贷款贴息专户，由总行直接划入各经办行贴息专户。

4．某同学大学三年级时在某行申请了国家助学贷款，四年级时因病于当年 10 月休学一年，一年后继续上学，在休学期间，国家财政给其贴息。（　　）

【答案】B

【解析】对于国家助学贷款，如借款学生在学校期间发生休学、退学、转学、出国、被开除学籍等中止学业的事件，学校应在为借款学生办理相关手续之前及时通知银行，并要求学生到银行办理归还贷款或还款确认手续。经办银行在得到学校通知后应停止发放尚未发放的贷款，并采取提前收回贷款本息和签订还款协议等措施，主动为学生办理相关手续。休学的借款学生复学当月恢复财政贴息。

第六章 个人经营类贷款

【考查内容】

本章重点介绍了个人商用房贷款、个人经营贷款、农户贷款、下岗失业小额担保贷款的含义、贷款要素、业务操作流程及个人商用房贷款、个人经营贷款、农户贷款的风险管理内容。对于个人商用房贷款、个人经营贷款、农户贷款的要素和贷款流程要求考生熟练掌握，此外，考生还需要掌握个人商用房贷款、个人经营贷款的风险管理内容。对于下岗失业小额担保贷款的相关内容，考生了解即可。

【备考方法】

本章主要介绍了个人经营类贷款的几种具体类别，包含的内容比较多，但难度并不大。考生在备考的过程中要将知识点深刻理解并熟记教材中的内容，在做题的过程中要注意灵活运用。考生要注意不同形式贷款的要素、流程和风险管理的不同，尽量掌握各考点的出题形式，且反复练习，才能在考试中快速做出答案。

【框架结构】

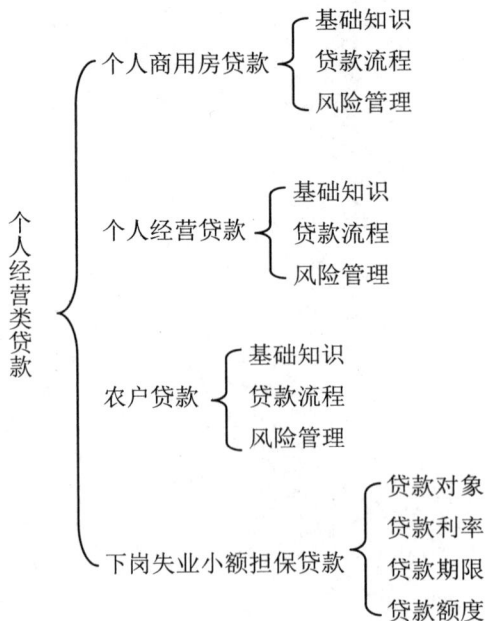

【核心讲义】

一、个人商用房贷款

(一)基础知识

1．个人商用房贷款的含义

个人商用房贷款是指贷款人向借款人发放的用于购买商业用房的贷款，如中国银行的个人商用房贷款，交通银行的个人商铺贷款。目前，商用房贷款主要为了解决自然人购买用以生产经营用商铺(销售商品或提供服务的场所)资金需求的贷款。

2．个人商用房贷款的要素

1)　贷款对象

商用房包括商铺、住宅小区的商业配套房、办公用房(写字楼)。对贷款支持的商用房及其借款人的要求如表 6-1 所示。

表 6-1　对贷款支持的商用房及其借款人的要求

项　目	必备条件
贷款支持的商用房	①商用房所占用土地使用权性质为出让，土地类型为住宅、商业、商住两用或综合用地； ②商用房为一手房的，该房产应为已竣工的房屋，并取得合法销售资格； ③商用房为二手房的，应取得房屋所有权证及土地使用权证
借款人	①具有完全民事行为能力的自然人，年龄在 18(含)～65(不含)周岁之间；外国人以及港、澳、台居民为借款人的，应在中华人民共和国境内居住满 1 年并有固定居所和职业，同时还须满足我国关于境外人士购房相关政策； ②具有合法有效的身份证明、户籍证明(或有效居留证明)及婚姻状况证明(或未婚声明)； ③具有良好的信用记录和还款意愿； ④具有稳定的收入来源和按时足额偿还贷款本息的能力； ⑤具有所购商用房的商品房销(预)售合同或房屋买卖协议； ⑥已支付所购商用房市场价值 50%(含)以上的首付款(商住两用房首付款比例须在 45%及其以上)，并提供首付款银行进账单或售房人开具的首付款发票或收据； ⑦在银行开立个人结算账户； ⑧以借款人拟购商用房向贷款人提供抵押担保； ⑨两个以上的借款人共同申请借款的，共同借款人限于配偶、子女和父母；对共同购房人作为共同借款人的，不受上述规定限制； ⑩贷款人规定的其他条件

2)　贷款利率

(1)　个人商用房贷款利率不得低于中国人民银行规定的同期同档次利率的 1.1 倍；

(2)　个人商用房贷款执行浮动利率。

3) 贷款期限

个人商用房贷款期限最短为 1 年(含),最长不超过 10 年。

4) 还款方式

个人商用房贷款可采用的还款方式有:①按月等额本息还款法;②按月等额本金还款法;③按周(双周、三周)还本付息还款法等。

【例 6.1·多选题】个人商用房贷款可采用的还款法有( )。

A. 按月等额本息还款法   B. 按月等额本金还款法

C. 按周(双周、三周)还本付息还款法   D. 到期一次性付款

E. 分期付款

【答案】ABC

【解析】个人商用房贷款期限最短为 1 年(含),最长不超过 10 年,可采用按月等额本息还款法、按月等额本金还款法和按周(双周、三周)还本付息还款法等还款法。

5) 担保方式

申请商用房贷款,借款人需提供一定的担保措施,包括:①抵押;②质押;③保证;④履约保证保险。

(1) 抵押。借款双方必须签订书面抵押合同,用于抵押的财产需要估价的,可以由贷款银行进行评估,也可委托贷款银行认可的资产评估机构进行估价,在抵押期间,借款人未经贷款银行同意,不得转移、变卖或再次抵押已被抵押的财产。

① 以房产作抵押的,应符合中华人民共和国建设部《城市房地产抵押管理办法》的规定,同时借款人必须按照《担保法》的规定办理抵押登记手续。

② 以所购商用房(通常要求借款人拥有该商用房的产权)作抵押的,由贷款银行决定是否有必要与开发商签订商用房回购协议。

③ 以财产作抵押的,借款人应根据贷款银行的要求办理抵押物保险,保险期不得短于借款期限,还款责任险投保金额不得低于贷款本金和利息之和,贷款银行应为保险单注明的第一受益人,且保险单不得有任何有损贷款银行权益的限制条件。

(2) 质押。借款人提供的质物必须符合《担保法》的规定,同时出质人和质权人必须签订书面质押合同,《担保法》规定需要办理登记的,应办理质押登记手续,贷款银行认为需要公证的,借款人(或出质人)应当办理公证。

(3) 保证。借款人应提供贷款银行可接受的第三方连带责任保证。第三方提供的保证为不可撤销的承担连带责任的全额有效担保,保证人和贷款银行之间应签订保证合同,保证人失去保证能力、保证人破产或保证人分立的,借款人应及时通知贷款银行,并重新提供足额担保和重新签订保证合同,借款人和保证人发生隶属关系、性质、名称、地址等变更时,应提前 30 天通知贷款银行,并与贷款银行签订借款合同修正文本和保证合同文本。

(4) 履约保证保险。在保险有效期内,借款人不得以任何理由中断或撤销保险,例如:

① 保险中断,贷款银行有权代为投保;

② 发生保险责任范围以外的损毁,借款人应及时通知贷款银行,并落实其他担保,否则,贷款银行有权提前收回贷款。

6) 贷款额度

贷款额度不得超过所购商用房价值的 50%;所购商用房为商住两用房的,贷款额度不

得超过所购商用房价值的 55%。

(二)贷款流程

1. 商用房贷款的受理与调查

1) 商用房贷款的受理

贷款受理人应要求商用房贷款申请人以书面形式提出贷款申请，填写借款申请表，并按银行要求提交相关申请材料。申请材料清单如下。

(1) 借款申请表。

(2) 借款人及其配偶有效身份证件、户籍证明(户口簿或其他有效居住证明)、婚姻状况证明(结婚证、离婚证、未婚声明等)原件及复印件。

(3) 个人收入证明，如个人纳税证明、工资薪金证明、在银行近 6 个月内的平均金融资产(含存款、国债、基金)证明等。

(4) 借款人与售房人签订的商品房销(预)售合同或房屋买卖协议原件。

(5) 所购商用房为一手房的，须提供首期付款的银行存款凭条或开发商开具的首期付款的发票原件及复印件；所购商用房为二手房的，须提供售房人开具的首期付款的收据原件及复印件。

(6) 拟购房产为共有的，须提供共有人同意抵押的证明文件；抵押房产如需评估，须提供评估报告原件。

(7) 贷款人要求提供的其他文件或资料。

2) 商用房贷款的调查

个人商用房贷款调查由贷款经办行负责，贷款实行双人调查和见客谈话制度，在调查申请人基本情况、贷款用途、收入情况和贷款担保等情况时，应重点调查以下几个方面的内容。

(1) 借款申请人所提供的资料是否真实、合法和有效，借款行为是否自愿、属实，购房行为是否真实，并告知借款人须承担的义务与违约后果。

(2) 借款人收入来源是否稳定，是否具备按时足额偿还贷款本息的能力，收入还贷比是否符合规定；在计算借款人收入时，可将所购商用房未来可能产生的租金收入作为借款人收入。所购商用房租金的估算，可参考该商用房内外部评估报告中确认的收益水平，或由调查人员参考同一区域同类型商用房近 1 年的平均租金进行计算。

(3) 通过查询银行特别关注客户信息系统、中国人民银行个人信息基础数据库，判断借款人资信状况是否良好，是否具有较好的还款意愿。

(4) 贷款年限加上借款人年龄是否符合规定。

(5) 借款人购买商用房的价格是否合理，是否符合规定的条件。

(6) 借款人是否已支付首期房款，首付款比例是否符合要求。

(7) 双人现场核实借款人拟购买的房产是否真实、合法、有效。

(8) 贷款申请额度、期限、成数、利率与还款方式是否符合规定。

贷款经办行调查完毕后，应及时将贷款资料(包括贷款申请资料、贷款调查资料及调查审查审批表)移交授信审批部门。

【例 6.2·多选题】办理商用房贷款时，贷前调查的内容包括(　　)。

A. 借款申请人所提供的资料是否真实、合法和有效，借款行为是否自愿、属实，购房行为是否真实，并告知借款人须承担的义务与违约后果

B. 借款人收入来源是否稳定，是否具备按时足额偿还贷款本息的能力，收入还贷比是否符合规定

C. 通过查询银行特别关注客户信息系统、中国人民银行个人信息基础数据库，判断借款人资信状况是否良好，是否具有较好的还款意愿

D. 贷款年限加上借款人年龄是否符合规定

E. 借款人购买商用房的价格是否合理，是否符合规定的条件

【答案】ABCDE

【解析】贷前调查人在调查申请人基本情况、贷款用途、收入情况和贷款担保等情况时，应重点调查的内容除了以上 ABCDE 五项外，还包括：①借款人是否已支付首期房款，首付款比例是否符合要求；②双人现场核实借款人拟购买的房产是否真实、合法、有效；③贷款申请额度、期限、成数、利率与还款方式是否符合规定。

2. 商用房贷款的审查与审批

1) 贷款的审查

(1) 贷款审查应对贷款调查内容的合法性、合理性、准确性进行全面审查，重点关注调查人的尽职情况和借款人的偿还能力、诚信状况、担保情况、抵(质)押比率、贷款风险因素、风险程度等。

(2) 对贷前调查人提交的面谈记录以及贷前调查的内容，贷款审查人认为需要补充材料和完善调查内容的，可要求贷前调查人进一步落实。

(3) 贷款审查人对贷前调查人提交的材料和调查内容的真实性有疑问的，可以重新进行调查。

(4) 贷款调查人、审查审批人及签批人应按各自的职责要求填写调查审查审批表。

(5) 贷款人应开展风险评价工作，以分析借款人现金收入为基础，采取定性和定量分析方法，全面动态地进行贷款审查和风险评估。贷款人应建立和完善借款人信用记录和评价体系。

(6) 贷款审查和风险评价完成后，应形成书面审查意见，连同申请材料、面谈记录等一并送交贷款审批人进行审批。

2) 贷款的审批

(1) 贷款人应根据审慎性原则，完善授权管理制度，规范审批操作流程，明确贷款审批权限，实行审贷分离和授权审批，确保贷款审批人按照授权独立审批贷款。

(2) 贷款审批人员应该依据银行商用房贷款办法及相关规定，结合国家宏观调控政策，从银行利益出发审查每笔商用房贷款的合规性、可行性及经济性，根据借款人的还款能力以及抵押担保的充分性与可行性等情况，分析该笔业务预计给银行带来的收益和风险。

(3) 贷款审批人应对以下内容进行审查。

① 贷款资料是否完整、齐全，资料信息是否合理、一致，首付款金额与开发商开具的发票(收据)或银行对账单是否一致，有无"假按揭"贷款嫌疑。

② 借款人是否符合条件、资信是否良好、还款来源是否足额可信。

③ 抵押房产是否合法、充足和有效，价值是否合理，权属关系是否清晰，是否易于变现。

④ 贷款金额、成数、利率、期限、还款方式是否符合相关规定。

(4) 个人商用房贷款的签批工作由有权签批人负责。各行根据本行实际情况，也可实行审查人与审批人分离的审查审批模式。

(5) 贷款审批人应根据审查情况签署审批意见，对未获批准的贷款申请，应写明拒批理由。

① 对需补充材料后再审批的，应详细说明需要补充的材料名称与内容。

② 对同意或有条件同意贷款的，如贷款条件与申报审批的贷款方案内容不一致的，应提出明确的调整意见。

③ 贷款审批人签署审批意见后，应将审批表连同有关材料退还业务部门。对未获批准的贷款申请，贷款人应告知借款人，贷款签批人不得同意发放。

3. 贷款的签约发放与支付管理

商用房贷款的签约发放与支付管理，具体内容如表 6-2 所示。

表 6-2　贷款的签约发放与支付管理

项　目	内　容
签约发放	①对审批和签批同意的贷款，签约人对借款合同和借据载明的要素核对一致后，签署个人购房借款/担保合同，并将贷款资料交贷款经办行综合管理员；综合管理员负责落实审批签批意见后，将审批签批意见落实的证明材料交签约人。签约人核实审批签批意见落实的证明材料后，签署借据。综合管理员按规定要求办理贷款发放手续。 ②在贷款资金发放前，银行应该审核借款人相关交易资料和凭证
支付管理	①个人商用房贷款须采取受托支付的方式，借款人须委托贷款经办行将贷款资金支付给符合合同约定用途的借款人交易对象； ②银行应要求借款人在使用商用房贷款时提出支付申请，并授权贷款人按合同约定方式支付贷款资金； ③受托支付完成后，贷款经办行应详细记录资金流向，归集相关凭证并纳入贷款资料归档保存

4. 贷后管理

个人商用房贷款贷后管理相关工作由贷款经办行及信贷管理部门共同负责。贷款经办行贷后管理内容包括客户关系维护、押品管理、违约贷款催收及相应的贷后检查等工作。信贷管理部门负责贷后监测、检查及对贷款经办行贷后管理工作的组织和督导。

贷款经办行贷后管理和检查工作具体包括：①定期了解借款人客户信息变化情况；②定期查询银行相关系统，了解借款人在银行及其他金融机构的信用状况；③至少每年检查一次抵押房产状况及价值、权属是否发生变化；④检查违约贷款违约原因，是否存在违规操作行为；⑤定期检查大额贷款及"一人多贷"借款人是否能按时偿还贷款本息；⑥及时对违约贷款进行催收，对通过电话等通信方式无法联系到的借款人进行上门催收；⑦检查逾期贷款是否在诉讼时效之内，催收贷款本、息通知书是否合规、合法。

(三)风险管理

1．合作机构管理

商用房贷款主要面临的是开发商带来的项目风险和估值机构、地产经纪等带来的欺诈风险；商用房贷款开展中应规范与外部合作机构的合作，既要充分发挥合作机构在业务拓展、客户选择和贷后管理等方面的积极作用，又要有效防范合作中可能产生的风险，把握好风险控制的主动权。

1) 商用房贷款合作机构风险内容

商用房贷款合作机构风险主要包括：①开发商不具备房地产开发的主体资格、开发项目"五证"虚假或不全("五证"是指国有土地使用证、建设用地规划许可证、建设工程规划许可证、建筑工程施工许可证、商品房预售许可证)；②估值机构、地产经纪和律师事务所等联合借款人欺诈银行骗贷。

2) 商用房贷款合作机构风险的防控措施

商用房贷款合作机构风险的防控措施包括：①加强对开发商及合作项目审查；②加强对估值机构、地产经纪和律师事务所等合作机构的准入管理；③业务合作中不过分依赖合作机构。

2．操作风险管理

1) 商用房贷款操作风险的主要内容

(1) 贷款受理与调查中的风险。贷款受理与调查中的主要风险点包括：①借款申请人的主体资格是否符合银行商用房贷款管理办法的相关规定；②借款申请人所提交的材料是否真实、合法；③借款申请人的担保措施是否足额、有效；④未按规定建立、执行贷款面谈、借款合同面签制度；⑤授意借款人虚构情节获得贷款。

(2) 贷款审查与审批中的风险。贷款审查与审批中的主要风险点包括：①业务不合规，业务风险与效益不匹配；②未按权限审批贷款，使得贷款超授权发放；③审批人员对应审查的内容审查不严，导致向不具备贷款发放条件的借款人发放贷款；④将贷款调查的全部事项委托第三方完成。

(3) 贷款签约与发放中的风险。商用房贷款签约与发放环节的主要风险点包括：①合同凭证预签无效、合同制作不合格、合同填写不规范、未对合同签署人及签字(签章)进行核实；②在发放条件不齐全的情况下发放贷款，如贷款未经审批或是审批手续不全，各级签字(签章)不全；③未按规定办妥相关评估、公证等事宜；④未按规定发放贷款，导致错误发放贷款和贷款错误核算；⑤借款合同采用格式条款未公示的。

(4) 贷款支付管理中的风险。商用房贷款支付管理环节的主要风险点包括：①贷款资金发放前，未审核借款人相关交易资料和凭证；②直接将贷款资金发放至借款人账户；③未接到借款人支付申请和支付委托的情况下，直接将贷款资金支付给房地产开发商；④未详细记录资金流向和归集保存相关凭证，造成凭证遗失；⑤未通过账户分析、凭证查验或现场调查等方式，核查贷款支付是否符合约定用途。

(5) 贷后管理中的风险。商用房贷款贷后管理环节的主要风险点包括：①未对贷款使用情况进行跟踪检查，房屋他项权证到位不及时，逾期贷款催收、处置不力，造成贷款损失；②贷款管理与其规模不相匹配，贷款管理力度偏弱，贷前调查材料较为简单，贷后往往只关注借款人按月还款情况，在还款正常的情况下，未对其经营情况及抵押物的价值、用途等变动状况进行持续跟踪监测；③未按规定保管借款合同、担保合同等重要贷款档案资料，造成合同损毁；④他项权利证书未按规定进行保管，造成他项权证遗失，他项权利灭失；⑤对借款人违背借款合同约定的行为应发现而未发现，或虽发现但未采取有效措施的。

【例6.3·单选题】商用房贷款操作风险的主要内容不包括( )。[2010年上半年真题]

A. 借款人还款能力变化风险

B. 贷后管理中的风险

C. 贷款签约和发放中的风险

D. 贷款受理、调查、审查、审批中的风险

【答案】A

【解析】商用房贷款操作风险的主要内容包括：①贷款受理和调查中的风险；②贷款审查与审批中的风险；③贷款签约与发放中的风险；④贷款支付管理中的风险；⑤贷后管理中的风险。A项属于信用风险的范畴。

2) 商用房贷款操作风险的防控措施

商用房贷款操作风险的防控措施包括：①建立并严格执行贷款面谈制度；②提高贷前调查深度；③加强真实还款能力和贷款用途的审查；④合理确定贷款额度；⑤加强抵押物管理；⑥完善授权管理；⑦加强贷款合同管理；⑧加强对贷款的发放和支付管理；⑨强化贷后管理。

3. 信用风险管理

1) 商用房贷款信用风险的主要内容

商用房贷款信用风险主要是指借款人还款能力发生变化。还款能力主要体现的是借款人的客观财务状况，即在客观情况下借款人能够按时足额还款的可能性。

实践中，银行把握借款人还款能力风险还存在相当大的难度，原因在于：①国内尚未建立完善的个人财产登记制度与个人税收登记制度；②国内失信惩戒制度尚不完善。

商用房出租情况发生变化，主要包括所在地段经济发展重心转移、大范围拆迁等情况。保证人还款能力发生变化，如保证人的资格和担保能力发生变化、还款意愿不足等情况。

2) 商用房贷款信用风险的防控措施

商用房贷款信用风险的防控措施有：①加强对借款人还款能力的调查和分析；②加强对商用房出租情况的调查和分析；③加强对保证人还款能力的调查和分析。

二、个人经营贷款

(一)基础知识

1. 个人经营贷款的含义

个人经营贷款是指用于借款人合法经营活动的人民币贷款,其中借款人是指具有完全民事行为能力的自然人,贷款人是指银行开办个人经营贷款业务的机构,比如中国银行的个人投资经营贷款、中国建设银行的个人助业贷款。

2. 个人经营贷款的贷款要素

1) 贷款对象

个人经营贷款的对象应该是具有合法经营资格的法人企业或个体工商户。

借款人申请个人经营贷款,需具备银行要求的下列条件:①具有完全民事行为能力的自然人,年龄在 18(含)~60 周岁(不含)之间;②具有合法有效的身份证明、户籍证明(或有效居住证明)及婚姻状况证明;③具有合法的经营资格,能提供个体工商户营业执照、合伙企业营业执照或企业法人营业执照;④具有稳定的收入来源和按时足额偿还贷款本息的能力;⑤具有良好的信用记录和还款意愿,借款人及其经营实体在银行及其他已查知的金融机构无不良信用记录;⑥能提供贷款人认可的合法、有效、可靠的贷款担保;⑦借款人在银行开立个人结算账户;⑧贷款人规定的其他条件。

2) 贷款用途

贷款用途为借款人或其经营实体合法的经营活动,且符合工商行政管理部门许可的经营范围。借款人须承诺贷款不以任何形式流入证券市场、期货市场和用于股本权益性投资、房地产项目开发,不用于借贷牟取非法收入,以及用于其他国家法律法规明确规定不得经营的项目。

3) 贷款利率

个人贷款利率需同时符合中国人民银行和总行对相关产品的风险定价政策,并符合总行利率授权管理规定,个人经营贷款可在基准利率的基础上上浮或适当下浮。

4) 贷款期限

个人经营贷款期限一般不超过 5 年,采用保证担保方式的不得超过 1 年。贷款人应根据借款人经营活动及借款人还款能力确定贷款期限。

5) 贷款还款方式

个人经营贷款可采用的方法有:①按月等额本息还款法;②按月等额本金还款法;③按周还本付息还款法。

贷款期限在 1 年(含)以内的,可采用按月付息、到期一次性还本的还款方式。

采用低风险质押担保方式且贷款期限在 1 年以内的,可采用到期一次性还本付息的还款方式。

6) 担保方式

申请个人经营贷款,借款人需提供一定的担保措施,包括抵押、质押和保证三种方式。具体内容如表 6-3 所示。

表6-3　担保方式

方　式	内　　容
抵押	①抵押物须为借款人本人或第三人(限自然人)名下已取得房屋所有权证的住房、商用房或商住两用房、办公用房、厂房或拥有土地使用权证的出让性质的土地。贷款人应与抵押人(或其代理人)到房产所在地的房地产登记机关或土地登记机关办理抵押登记，取得他项权证或其他证明文件。 ②贷款期限不得超过抵押房产剩余的土地使用权年限。 ③贷款金额最高不超过抵押物价值的70%。 ④抵押房产或土地应由银行确定的评估公司进行评估定价，也可由符合银行规定的相关资格的内部评估人员对抵押房产或土地进行价值评估。抵押房产或土地需满足以下条件： a. 抵押房产或土地已取得完整产权，未设定抵押(在银行已设定最高额抵押担保除外)，无产权争议，易于变现； b. 以第三人房产或土地抵押或抵押房产具有共有人的，须提供房屋或土地所有权人及共有人同意抵押的书面证明； c. 以出租房产抵押的，承租人须出具因借款人违约导致房产处置时同意解除租赁合同的书面承诺； d. 不得接受不具备转让、交易、处置条件的房产或土地用于抵押
质押	可接受自然人(含第三人)名下的各家银行存单及国债作为质物，相关规定按照个人质押贷款管理办法相关规定执行
保证	保证人须为银行认可的专业担保公司，并严格执行保证金管理制度

7)　贷款额度

通常情况下，各家银行会根据不同的抵(质)押物制定相应的抵(质)押率，有关抵(质)押率将成为贷款的额度。

(二)贷款流程

1. 个人经营贷款的受理与调查

1)　贷款的受理

贷款受理人应要求个人经营贷款申请人填写借款申请书，以书面形式提出个人贷款申请，并按银行要求提交相关申请材料。

对于有共同申请人的，应同时要求共同申请人提交有关申请材料。申请材料清单包括：①个人经营贷款申请表；②借款人及其配偶有效身份证件、户籍证明、婚姻状况证明原件及复印件；③经年检的个体工商户营业执照、合伙企业营业执照或企业法人营业执照原件及复印件；④个人收入证明，如个人纳税证明、工资薪金证明、个人在经营实体的分红证明、租金收入、在银行近 6 个月内的存款、国债、基金等平均金融资产证明等；⑤能反映借款人或其经营实体近期经营状况的银行结算账户明细或完税凭证等证明资料；⑥抵押房产权属证明原件及复印件。有权处分人(包括房产共有人)同意抵押的证明文件，抵押房产如需评估，须提供评估报告原件；⑦贷款采用保证方式的，须提供保证人相关资料；⑧贷款人要求提供的其他文件或资料。

2) 贷前调查

贷款人受理借款人个人经营贷款申请后，应履行尽职调查职责，对个人经营贷款申请内容和相关情况的真实性、准确性、完整性进行调查核实，形成贷前调查报告。

(1) 调查方式。贷前调查应以实地调查为主、间接调查为辅，采取现场核实、电话查问以及信息咨询等途径和方法。贷款人应建立并严格执行贷款面谈制度。

调查方式可分为：①实地调查；②面谈借款申请人；③电话调查和其他辅助调查方式。具体内容如表6-4所示。

表6-4 贷前调查的调查方式

调查方式	说　明
实地调查	贷前调查人应通过实地调查了解申请人抵押物状况，判断借款人所经营企业未来的发展前景等
面谈借款申请人	贷前调查人应通过面谈了解借款申请人的基本情况、贷款用途、还款意愿和还款能力以及调查人认为应调查的其他内容，尽可能多地了解会对借款人还款能力产生影响的信息，如借款人所经营企业的盈利状况等
电话调查和其他辅助调查	可配合电话调查和其他辅助调查方式核实有关申请人身份、收入等其他情况

【例6.4·多选题】对个人经营贷款申请人进行贷前调查，可采取的调查方式有(　　　)。

A．审查借款申请材料　　　　　　　B．面谈借款申请人

C．查询个人信用　　　　　　　　　D．实地调查

E．电话调查

【答案】ABCDE

【解析】贷前调查应以实地调查为主、间接调查为辅，采取现场核实、电话查问以及信息咨询等途径和方法。贷款人应建立并严格执行贷款面谈制度。

(2) 调查内容。个人经营贷款调查由贷款经办行负责，贷款实行双人调查和见客谈话制度。调查人对贷款资料的真实性负责。调查的要点包括以下几个方面。

① 借款申请人所提供的资料是否真实、合法和有效，通过面谈了解借款人申请是否自愿、属实，贷款用途是否真实合理，是否符合银行规定。

② 借款人收入来源是否稳定，是否具备按时足额偿还贷款本息的能力。

③ 通过查询银行特别关注客户信息系统、中国人民银行个人信息基础数据库，判断借款人资信状况是否良好，是否具有较好的还款意愿。

④ 借款人及其经营实体信誉是否良好，经营是否正常。

⑤ 对借款人拟提供的贷款抵押房产进行双人现场核实，调查借款人拟提供的抵押房产权属证书记载事项与登记机关不动产登记簿相关内容是否一致，银行抵押物清单记载的财产范围与登记机关不动产登记簿相关内容是否一致，并将核实情况记录在调查审查审批表中或其他信贷档案中。对有共有人的抵押房产，还应审查共有人是否出具了同意抵押的书面证明。以第三人房产提供抵押的，房产所有人是否出具了同意抵押的书面证明。

⑥ 贷款采用保证担保方式的，保证人是否符合银行相关规定，保证人交存的保证金

是否与银行贷款余额相匹配。

⑦ 贷款申请额度、期限、成数、利率与还款方式是否符合规定。

贷款经办行调查完毕后，应及时将贷款资料(包括贷款申请资料、贷款调查资料及调查审查审批表)移交授信审批部门。

2．个人经营贷款的审查与审批

银行的授信审批部门负责在调查人提供的调查资料基础上，对贷款业务的合规性进行审查。贷款审查应对贷前调查人提交的个人经营贷款调查审查审批表、贷款调查内容的合法性、合理性、准确性进行全面审查，重点关注调查人的尽职情况和借款人的偿还能力、诚信状况、担保情况、抵(质)押比率、风险程度等，分析贷款风险因素和风险程度，调查意见是否客观，并签署审批意见。

详细内容请参照本书第三章。

3．个人经营贷款的签约与发放

详细内容请参照本书第三章。

4．个人经营贷款的支付管理

《个人贷款管理暂行办法》规定，对于借款人无法事先确定具体交易对象且金额不超过30万元人民币的个人贷款和贷款资金用于生产经营且金额不超过50万元人民币的个人贷款，经贷款人同意可以采取借款人自主支付方式。

个人经营贷款资金应按借款合同约定用途向借款人的交易对象支付。如借款人交易对象不具备条件有效使用非现金结算方式的，经授信审批部门审批同意，贷款资金可向借款人发放，由借款人向其交易对象支付。

贷款人支付贷款资金，应对相关凭证进行审核，确保支付符合借款合同约定的条件。

5．个人经营贷款的贷后管理

1) 管理内容

个人经营贷款贷后管理相关工作由贷款经办行负责，管理内容包括：①客户关系维护；②押品管理；③违约贷款催收；④相应的贷后检查等。

2) 还款方式

个人经营贷款比较常用的还款方式是：①等额本息还款法；②等额本会还款法；③到期一次还本法。

3) 变更还款方式

借款人在变更个人经营贷款还款方式时，需要根据银行的有关规定执行。借款人需要满足如下条件：①应向银行提交还款方式变更申请书；②借款人的贷款账户中没有拖欠本息及其他费用；③借款人在变更还款方式前应归还当期的贷款本息。

4) 其他应关注的内容

个人经营贷款还需特别关注以下几个方面的内容。

(1) 日常走访企业，在政策、市场、经营环境等外部环境发生变化，或借款人自身发生异常的情况下，应不定期地就相关问题走访企业，并及时检查借款人的借款资金及使用情况。

(2) 企业财务经营状况的检查，通过测算与比较资产负债表、损益表、现金流量表及主要财务比率的变化，动态地评价企业的经济实力、资产负债结构、变现能力、现金流量情况，进一步判断企业是否具备可靠的还款来源和能力。

(3) 项目进展情况的检查，①对固定资产贷款还应检查项目投资和建设进度、项目施工设计方案及项目投资预算是否变更；②项目自筹资金和其他银行借款是否到位；③项目建设与生产条件是否变化；④配套项目建设是否同步；⑤项目投资缺口及建设工期等。

(三)风险管理

1．个人经营贷款的合作机构管理

个人经营贷款的合作机构主要是担保机构。为了有效规避担保机构给银行贷款带来的风险，银行应采取的防控措施如表 6-5 所示。

表 6-5　对担保机构的风险防控措施

措　施	说　明
严格专业担保机构的准入	在个人经营贷款开办初期，应严格个人经营贷款外部担保机构的准入。基本准入资质应符合以下要求： ①注册资金应达到一定规模； ②具有一定的信贷担保经验，原则上应从事担保业务一定期限；信用评级达到一定的标准； ③具备符合担保业务要求的人员配置、业务流程和系统支持； ④具有良好的信用资质，公司及其主要经营者无重大不良信用记录，无违法涉案行为等； ⑤此类担保公司，原则上应要求其与贷款银行进行独家合作，如与多家银行合作，应对其担保总额度进行有效监控
严格执行回访制度	对于已经准入的担保机构，应进行实时关注，动态管理，随时根据业务发展情况调整合作策略。存在以下情况的，银行应暂停与该担保机构的合作： ①经营出现明显的问题，对业务发展严重不利的； ②有违法、违规经营行为的； ③与银行合作的存量业务出现严重不良贷款的； ④所进行的合作对银行业务拓展没有明显促进作用的； ⑤存在对银行业务发展不利的其他因素

2．个人经营贷款的操作风险管理

对于个人经营贷款的操作风险，除参考本章第一节中商用房贷款的操作风险点外，还应特别关注借款人控制企业的经营情况变化和抵押物情况的变化。

因此，对于个人经营贷款的操作风险，银行还应采取以下防控措施。

(1) 在贷款发放后，银行应保持与借款人的联络，对借款期间发生的突发事件及时反

映。例如，建立与借款人的定期回访制度，在贷款期限内，银行工作人员每月至少拜访一次，与借款人保持经常性联系，及时了解借款人收入和企业财务的变动情况，以便银行在第一时间做出反应；在还款日前一定时间内，银行以书面或其他方式通知借款人做好资金调度，安排好还款资金等。

(2) 借款人以自有或第三人的财产进行抵押，抵押物须产权明晰、价值稳定、变现能力强、易于处置。银行在实际操作中要注意以下几个方面。

① 抵押文件资料的真实有效性、抵押物的合法性、抵押物权属的完整性、抵押物存续状况的完好性等。

② 贷款抵押手续办理的相关程序应规范，原则上贷款银行经办人员应直接参与抵押手续的办理，不可完全交由外部中介机构办理。对于房地产管理相对规范的地区，如可实施房地产抵押情况的查询、抵押手续办理规范的地区，可将抵押办理手续委托经一级分行准入的中介机构代为办理，但经办行必须在之后对抵押办理情况进行核实。

③ 谨慎受理产权、使用权不明确或当前管理不够规范的不动产抵押，包括自建住房、集体土地使用权、划拨土地及地上定着物、工业土地及地上定着物、工业用房、仓库等，原则上不接受为个人经营贷款的抵押物。

3. 个人经营贷款的信用风险管理

个人经营贷款的信用风险管理，具体内容如表 6-6 所示。

表 6-6　个人经营贷款的信用风险管理

项　目	说　明
风险的主要内容	个人经营贷款信用风险的主要内容包括：①借款人还款能力发生变化；②借款人所控制企业经营情况发生变化；③保证人还款能力发生变化；④抵押物价值发生变化。其中，抵押物价值发生变化，主要是指由于抵押物价格降低、抵押物折旧、毁损、功能落后等原因导致价值下跌，不能足额抵偿借款人所欠银行贷款本息的情况
防控措施	①加强对借款人还款能力的调查和分析，除了商用房贷款中涉及的对借款人的调查外，还应重点调查借款人的生产经营收入； ②加强对借款人所控制企业经营情况的调查和分析，主要从经营的合法、合规性，经营的商誉情况，经营的盈利能力和稳定性等方面进行考察； ③加强对保证人还款能力的调查和分析； ④加强对抵押物价值的调查和分析

【例 6.5·判断题】个人经营贷款信用风险主要表现为借款人还款能力的降低和还款意愿的变化。(　　)[2014 年上半年真题]

【答案】错误

【解析】个人经营贷款信用风险的主要内容包括：①借款人还款能力发生变化；②借款人所控制企业经营情况发生变化；③保证人还款能力发生变化；④抵押物价值发生变化。

三、农户贷款

(一)基础知识

1. 农户贷款的含义

农户贷款是指银行业金融机构向符合条件的农户发放的用于生产经营、生活消费等用途的本外币贷款。其中，农户是指长期居住在乡镇和城关镇所辖行政村的住户、国有农场的职工和农村个体工商户。一般情况下，大部分农户贷款被用于生产经营。

2. 农户贷款的要素

农户贷款的要素主要有五点，具体内容如表6-7所示。

表6-7 农户贷款的要素

要素	说明
贷款对象	农户申请贷款应当具备以下条件： ①农户贷款以户为单位申请发放，并明确一名家庭成员为借款人，借款人应当为具有完全民事行为能力的中华人民共和国公民； ②户籍所在地、固定住所或固定经营场所在农村金融机构服务辖区内； ③贷款用途明确合法； ④贷款申请数额、期限和币种合理； ⑤借款人具备还款意愿和还款能力； ⑥借款人无重大信用不良记录； ⑦在农村金融机构开立结算账户； ⑧农村金融机构要求的其他条件
贷款利率	农村金融机构应当综合考虑农户贷款资金及管理成本、贷款方式、风险水平、合理回报等要素以及农户生产经营利润率和支农惠农要求，合理确定利率水平
贷款期限	农村金融机构应当根据贷款项目生产周期、销售周期和综合还款能力等因素合理确定贷款期限
还款方式	①农村金融机构应当建立借款人合理的收入偿债比例控制机制，合理确定农户贷款还款方式； ②根据贷款种类、期限及借款人现金流情况，可以采用分期还本付息、分期还息到期还本等方式，原则上一年期以上贷款不得采用到期利随本清方式
贷款额度	农村金融机构应当根据借款人生产经营状况、偿债能力、贷款真实需求、信用状况、担保方式、机构自身资金状况和当地农村经济发展水平等因素，合理确定农户贷款额度

(二)贷款流程

1. 贷款的受理与调查

1) 贷款的受理

农村金融机构应当要求农户以书面形式提出贷款申请，并提供能证明其符合贷款条件的相关资料，建立完善信用等级及授信额度动态评定制度。

2) 贷款的调查

农村金融机构履行尽职调查职责，对贷款申请内容和相关情况的真实性、准确性、完整性进行调查核实，对信用状况、风险、收益进行评价，形成调查评价意见。

贷前调查包括但不限于下列内容：①借款人(户)基本情况；②借款户收入支出与资产、负债等情况；③借款人(户)信用状况；④借款用途及预期风险收益情况；⑤借款人还款来源、还款能力、还款意愿及还款方式；⑥保证人担保意愿、担保能力或抵(质)押物价值及变现能力；⑦借款人、保证人的个人信用信息基础数据库查询情况。

此外，贷前调查应当有效借助村委会、德高望重村民、经营共同体带头人等社会力量，深入了解借款人情况及经营风险、借款户收支、经营情况，以及人品、信用等软信息，并与借款人及其家庭成员进行面谈，做好面谈记录，面谈记录包括文字、图片或影像等，根据借款人实际情况对借款人进行信用等级评定，并结合贷款项目风险情况初步确定授信限额、授信期限及贷款利率等。

2. 贷款的审查与审批

贷款的审查与审批，具体内容如表 6-8 所示。

表 6-8 贷款的审查与审批

项 目	内 容
审查	①应当对贷款调查内容的合规性和完备性进行全面审查，重点关注贷前调查尽职情况、申请材料完备性和借款人的偿还能力、诚信状况、担保情况、抵(质)押及经营风险等； ②依据贷款审查结果，确定授信额度，做出审批决定，在办结时限以前将贷款审批结果及时、主动告知借款人
审批	①农村金融机构应当遵循审慎性与效率原则，建立完善独立审批制度，完善农户信贷审批授权； ②根据业务职能部门和分支机构的经营管理水平及风险控制能力等，实行逐级差别化授权，逐步推行专业化的农户贷款审贷机制； ③根据产品特点，采取批量授信、在线审批等方式，提高审批效率和服务质量； ④根据外部经济形势、违约率变化等情况，对贷款审批环节进行评价分析，及时、有针对性地调整审批政策和授权

3. 贷款的发放与支付

1) 贷款的发放

农村金融机构应当要求借款人当面签订借款合同及其他相关文件，需担保的应当当面签订担保合同。采取指纹识别、密码等措施，确认借款人与指定账户真实性，防范顶冒名贷款问题。

借款合同应当符合《中华人民共和国合同法》以及《个人贷款管理暂行办法》的规定，明确约定各方当事人的诚信承诺和贷款资金的用途、支付对象(范围)、支付金额、支付条件、支付方式、还款方式等。借款合同应当设立相关条款，明确借款人不履行合同或怠于履行合同时应当承担的违约责任。

农村金融机构应当遵循审贷与放贷分离的原则，加强对贷款的发放管理，设立独立的放款管理部门或岗位，负责落实放款条件，对满足约定条件的借款人发放贷款。

2) 贷款的支付

有下列情形之一的农户贷款，经农村金融机构同意可以采取借款人自主支付：①农户生产经营贷款且金额不超过 50 万元，或用于农副产品收购等无法确定交易对象的；②农户消费贷款且金额不超过 30 万元；③借款人交易对象不具备有效使用非现金结算条件的；④法律法规规定的其他情形。鼓励采用贷款人受托支付方式向借款人交易对象进行支付。

采用借款人自主支付的，农村金融机构应当与借款人在借款合同中明确约定；农村金融机构应当通过账户分析或现场调查等方式，核查贷款使用是否符合约定用途。

借款合同生效后，农村金融机构应当按合同约定及时发放贷款。贷款采取自主支付方式发放时，必须将款项转入指定的借款人结算账户，严禁以现金方式发放贷款，确保资金发放给真实借款人。

【例 6.6·单选题】农户生产经营贷款且金额不超过(　　)万元，或用于农副产品收购等无法确定交易对象的，经农村金融机构同意可以采取借款人自主支付。

　　A．50　　　　　　B．40　　　　　　C．30　　　　　　D．20

【答案】A

【解析】有下列情形之一的农户贷款，经农村金融机构同意可以采取借款人自主支付：①农户生产经营贷款且金额不超过 50 万元，或用于农副产品收购等无法确定交易对象的；②农户消费贷款且金额不超过 30 万元；③借款人交易对象不具备有效使用非现金结算条件的；④法律法规规定的其他情形。

4．贷后管理

农村金融机构的贷后管理要求包括以下几个方面。

(1) 农村金融机构应当建立贷后定期或不定期检查制度，明确首贷检查期限，采取实地检查、电话访谈、检查结算账户交易记录等多种方式，对贷款资金使用、借款人信用及担保情况变化等进行跟踪检查和监控分析，确保贷款资金安全。

(2) 农村金融机构贷后管理中应当着重排查防范假名、冒名、借名贷款，包括建立贷款本息独立对账制度、不定期重点检(抽)查制度以及至少两年一次的全面交叉核查制度。

(3) 农村金融机构风险管理部门、审计部门应当对分支机构贷后管理情况进行检查。

(4) 农村金融机构应当建立风险预警制度，定期跟踪分析评估借款人履行借款合同约定内容的情况以及抵质押担保情况，及时发现借款人、担保人的潜在风险并发出预警提示，采取增加抵质押担保、调整授信额度、提前收回贷款等措施，并作为与其后续合作的信用评价基础。

(5) 农村金融机构应当在贷款还款日之前预先提示借款人安排还款，并按照借款合同约定按期收回贷款本息。

(6) 农村金融机构对逾期贷款应当及时催收，按逾期时间长短和风险程度逐级上报处理，掌握借款人动态，及时采取措施保全信贷资产安全。

(7) 对于因自然灾害、农产品价格波动等客观原因造成借款人无法按原定期限正常还款的，由借款人申请，经农村金融机构同意，可以对还款意愿良好、预期现金流量充分、具备还款能力的农户贷款进行合理展期，展期时间结合生产恢复时间确定。已展期贷款不得再次展期。展期贷款最高列入关注类进行管理。

(8) 对于未按照借款合同约定收回的贷款，应当采取措施进行清收，也可以在利息还清、本金部分偿还、原有担保措施不弱化等情况下协议重组。

(9) 农村金融机构应当严格按照风险分类的规定，对农户贷款进行准确分类及动态调整，真实反映贷款形态。

(10) 对确实无法收回的农户贷款，农村金融机构可以按照相关规定进行核销，按照账销案存原则继续向借款人追索或进行市场化处置，并按责任制和容忍度规定，落实有关人员责任。

(11) 农村金融机构应当建立贷款档案管理制度，及时汇集更新客户信息及贷款情况，确保农户贷款档案资料的完整性、有效性和连续性。根据信用情况、还本付息和经营风险等情况，对客户信用评级与授信限额进行动态管理和调整。

(12) 农村金融机构要建立优质农户与诚信客户正向激励制度，对按期还款、信用良好的借款人采取优惠利率、利息返还、信用累积奖励等方式，促进信用环境不断改善。

四、下岗失业小额担保贷款

下岗失业小额担保贷款的定义、担保机构和原则，如表 6-9 所示。

表 6-9　下岗失业小额担保贷款的定义、担保机构和原则

项　　目	说　　明
定义	指银行在政府指定的贷款担保机构提供担保的前提下，向中华人民共和国境内(不含港澳台地区)的下岗失业人员发放的人民币贷款
担保机构	指中国人民银行《下岗失业人员小额担保贷款管理办法》中规定的，下岗失业人员小额担保贷款担保基金会委托的各省(自治区、直辖市)、市政府出资的中小企业信用担保机构或其他信用担保机构
原则	"担保发放、微利贴息、专款专用、按期偿还"

(一)贷款对象

下岗失业人员小额担保贷款的贷款对象需满足以下条件：①中华人民共和国境内(不含港、澳、台地区)身体健康、资信良好、具备一定劳动技能的下岗失业人员；②年龄在 60 周岁以内，具有完全民事行为能力；③具有当地城镇居民户口；④持有"再就业优惠证"，同时具备一定的劳动技能，具有还款能力；⑤在银行均没有不良贷款记录。

(二)贷款利率

自 2008 年 1 月 1 日起，小额担保贷款经办金融机构对个人新发放的小额担保贷款，其贷款利率可在中国人民银行公布的贷款基准利率的基础上上浮 3 个百分点。其中，微利项目增加的利息由中央财政全额负担；所有小额担保贷款在贷款合同有效期内如遇上基准利率调整，均按贷款合同签订日约定的贷款利率执行。

非微利项目的小额担保贷款，不享受财政贴息。微利项目小额担保贷款，由中央财政

据实全额贴息(不含东部七省市),展期不贴息。

(三)贷款期限

下岗失业小额担保贷款的期限最长不超过 2 年,借款人提出延长期限,经担保机构同意继续提供担保的,可按中国人民银行规定延长还款期限一次。延长期限在原贷款到期日基础上顺延,最长不得超过 1 年。

(四)贷款额度

下岗失业人员小额担保贷款额度起点一般为人民币 2000 元,对个人新发放的小额担保贷款的最高额度为 5 万元,对符合现行小额担保贷款申请人条件的城镇妇女,最高额度为 8 万元,对符合条件的妇女合伙经营和组织起来就业的,可将人均最高贷款额度提高至 10 万元,还款方式和计、结息方式由借贷双方商定。

过 关 练 习

一、单选题(下列选项中只有一项最符合题目的要求)

1．个人经营贷款的合作机构主要是(   )。
 A．商业银行   B．担保机构
 C．房地产开发商   D．保险机构

【答案】B

【解析】商用房贷款主要面临的是开发商带来的项目风险和估值机构、地产经纪等带来的欺诈风险。与商用房贷款不同,个人经营贷款的合作机构主要是担保机构。

2．采用借款人自主支付的,农村金融机构应当通过账户分析或(   )等方式,核查贷款使用是否符合约定用途。
 A．电话调查   B．邮件核对
 C．现场调查   D．短信沟通

【答案】C

【解析】采用借款人自主支付的,农村金融机构应当与借款人在借款合同中明确约定;农村金融机构应当通过账户分析或现场调查等方式,核查贷款使用是否符合约定用途。

3．农户贷款中已展期贷款不得再次展期,展期贷款最高列入(   )进行管理。
 A．关注类   B．次级类
 C．可疑类   D．损失类

【答案】A

【解析】对于因自然灾害、农产品价格波动等客观原因造成借款人无法按原定期限正常还款的,由借款人申请,经农村金融机构同意,可以对还款意愿良好、预期现金流量充分、具备还款能力的农户贷款进行合理展期,展期时间结合生产恢复时间确定。已展期贷款不得再次展期,展期贷款最高列入关注类进行管理。

二、多选题(下列选项中有两项或两项以上符合题目要求)

1．在个人商用房贷款中，信贷管理部门负责的工作包括(　　)。

　　A．贷后监测

　　B．贷后检查

　　C．客户关系维护

　　D．对贷款经办行贷后管理工作的组织和督导

　　E．违约贷款催收

【答案】ABD

【解析】个人商用房贷款贷后管理相关工作由贷款经办行及信贷管理部门共同负责。贷款经办行贷后管理内容包括客户关系维护、押品管理、违约贷款催收及相应的贷后检查等工作。信贷管理部门负责贷后监测、检查及对贷款经办行贷后管理工作的组织和督导。

2．对个人经营贷款进行贷前调查时，应重点调查的内容包括(　　)。

　　A．借款申请人所提供的资料是否真实、合法和有效，通过面谈了解借款人申请是否自愿、属实，贷款用途是否真实合理，是否符合银行规定

　　B．借款人收入来源是否稳定，是否具备按时足额偿还贷款本息的能力

　　C．通过查询银行特别关注客户信息系统、中国人民银行个人信息基础数据库，判断借款人资信状况是否良好，是否具有较好的还款意愿

　　D．借款人及其经营实体信誉是否良好，经营是否正常

　　E．对借款人拟提供的贷款抵押房产进行双人现场核实，调查借款人拟提供的抵押房产权属证书记载事项与登记机关不动产登记簿相关内容是否一致

【答案】ABCDE

【解析】对个人经营贷款的贷前调查除了 ABCDE 五项外，还应重点调查以下内容：①贷款采用保证担保方式的，保证人是否符合银行相关规定，保证人交存的保证金是否与银行贷款余额相匹配；②贷款申请额度、期限、成数、利率与还款方式是否符合规定。

3．为防控个人经营贷款的操作风险，贷款银行原则上不能接受的抵押物有(　　)。

　　A．产权明晰的商用房　　　　　　　　B．价值不稳定的工业用房

　　C．变现能力差的划拨土地　　　　　　D．集体土地使用权

　　E．产权不明晰的租赁房

【答案】BCDE

【解析】个人经营贷款中，借款人以自有或第三人的财产进行抵押，抵押物须产权明晰、价值稳定、变现能力强、易于处置。

三、判断题(请对下列各题的描述做出判断，正确的用 A 表示，错误的用 B 表示)

1．办理商用房贷款时，第三方提供的保证为可撤销的、承担连带责任的、部分额度有效担保。(　　)

【答案】B

【解析】第三方提供的保证为不可撤销的承担连带责任的全额有效担保。

2．采用履约保证保险申请商用房贷款的，在保险有限期内，借款人可以申请中断或撤销保险。（   ）

【答案】B

【解析】采用履约保证保险申请商用房贷款的，在保险有限期内，借款人不得以任何理由中断或撤销保险。

3．原则上，个人经营贷款的抵押手续应完全交由外部中介机构办理。（   ）

【答案】B

【解析】原则上，个人经营贷款银行经办人员应直接参与抵押手续的办理，不可完全交由外部中介机构办理。

4．下岗失业人员小额担保贷款遵循"担保发放、微利贴息、按期偿还"的原则。贷款对象特殊，主要为下岗失业人员再就业提供金融支持。（   ）

【答案】B

【解析】下岗失业人员小额担保贷款遵循"担保发放、微利贴息、专款专用、按期偿还"的原则。贷款对象特殊，主要为下岗失业人员再就业提供金融支持。

5．下岗失业小额担保贷款可以向港、澳、台地区的下岗失业人员发放。（   ）

【答案】B

【解析】下岗失业小额担保贷款是指银行在政府指定的贷款担保机构提供担保的前提下，向中华人民共和国境内(不含港、澳、台地区)的下岗失业人员发放的人民币贷款。

第七章　个人征信管理

【考查内容】

本章考查的内容包括：个人征信系统的含义、内容、主要功能、意义、发展历史、相关法律以及个人征信报告的相关内容。考生应熟悉个人征信系统的内容及主要功能；掌握个人征信报告的基本内容，对于个人征信系统的发展历史和相关法律也要有适当的了解。

【备考方法】

本章介绍性的内容比较多，考生应在熟读教材的基础上注意理解记忆。个人征信报告的基本内容是考试中的重点和难点，考生在复习过程中应注意归纳整理，涉及本章的真题比较基础，考生在学习时要从细节把握考点，反复练习、思考、记忆。

【框架结构】

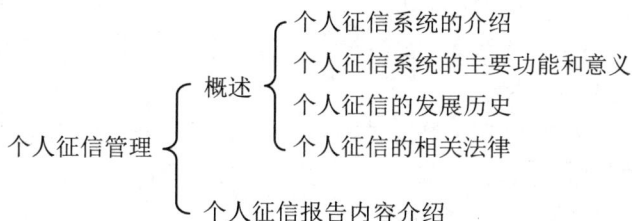

【核心讲义】

一、概述

(一)个人征信系统的介绍

1. 个人征信系统的基本情况

1)　含义

个人征信系统(个人信用信息基础数据库)是我国社会信用体系的重要基础设施，是由中国人民银行组织各商业银行建立的个人信用信息共享平台。该数据库采集、整理、保存公民个人信用信息，为金融机构提供个人信用状况查询服务，为货币政策和金融监管提供信息服务。

2)　我国的个人征信系统

我国最大的个人征信数据库是全国个人信用信息基础数据库，该基础数据库首先依法采集和保存全国银行信贷信用信息，其中主要包括个人在商业银行的借款、抵押、担保数据及身份验证信息。在此基础上，将逐步扩大到保险、证券、工商等领域，从而形成覆盖全国的基础信用信息服务网络。

目前，个人征信系统数据的直接使用者包括商业银行、数据主体本人、金融监督管理机构，以及司法部门等其他政府机构，但其影响力已涉及税务、教育、电信等部门。

2．个人征信系统的内容

1）个人信用信息

个人征信系统所搜集的个人信用信息包括个人基本信息、信贷信息、非银行信息和客户本人声明等各类信息，具体内容如表 7-1 所示。

表 7-1　个人信用信息

类　别	内　容
个人基本信息	个人身份、配偶身份、居住信息、职业信息等
信贷信息	银行信贷信用信息汇总、信用卡汇总信息、准贷记卡汇总信息、贷记卡汇总信息、贷款汇总信息、为他人贷款担保汇总信息等信息
非银行信息	个人参保和缴费信息、住房公积金信息、养路费、电信用户缴费等
客户本人声明	对特殊事项的声明

2）个人信用报告

个人信用报告是全面记录个人信用活动，反映个人信用状况的文件，是征信机构把依法采集的信息，依法进行加工整理，最后依法向合法的信息查询人提供的个人信用历史记录，是个人征信系统的基础产品。

目前，个人信用报告主要用于银行的各项消费信贷业务。上线运行的个人征信报告是中国人民银行发布的新版个人信用报告，内容包括个人基本信息、信息概要、信贷交易信息、公共信息和查询记录五部分。

(二)个人征信系统的主要功能和意义

1．个人征信系统的主要功能

个人征信系统的功能分为社会功能和经济功能，二者相辅相成，互相促进。

1）社会功能

社会功能主要体现在：随着该系统的建设和完善，通过对公民个人重要经济活动的影响和规范，逐步形成诚实守信、遵纪守法、重合同讲信用的社会风气，推动社会信用体系建设，提高社会诚信水平，促进和谐社会建设。

2）经济功能

经济功能主要体现在：帮助商业银行等金融机构控制信用风险，维护金融稳定，扩大信贷范围，促进经济增长，改善经济增长结构，促进经济可持续发展。

2．建立个人征信系统的意义

个人征信系统的建立，对商业银行个人贷款业务以及消费者个人乃至整个国家的经济环境都具有重要意义。

(1) 个人征信系统的建立使得商业银行在贷款审批中将查询个人信用报告作为必需的依据，从制度上规避了信贷风险。

(2) 个人征信系统的建立有助于商业银行准确判断个人贷款客户的还款能力。

(3) 个人征信系统的发展，有助于识别和跟踪风险、激励借款人按时偿还债务。

(4) 个人征信系统的建立有助于保护消费者利益，提高透明度。

(5) 全国统一的个人征信系统有助于商业银行进行风险预警分析。

(6) 个人征信系统的建立，为规范金融秩序，防范金融风险提供了有力保障。

(三)个人征信的发展历史

1．探索阶段

20世纪80年代后期，第一家信用评级公司——上海远东资信评级有限公司成立。1993年，专门从事企业征信的新华信国际信息咨询有限公司开始正式对外提供服务。此后，一批专业信用调查中介机构相继出现，征信业的雏形初步显现。

2．起步阶段

我国的个人征信体系建设始于1999年7月中国人民银行批准建立上海资信有限公司，试点个人征信。2000年6月，建成上海个人信用联合征信服务系统，它证明金融机构对信贷信息共享有着迫切需求。

3．发展阶段

2002年3月，企业和个人征信体系专题工作小组负责提出全国企业和个人征信体系建设总体方案。2004年年初，中国人民银行开始组织商业银行建设全国集中统一的个人征信系统。2005年8月，个人征信系统已完成与全国所有商业银行和部分有条件的农村信用社的联网运行，并于2006年1月在全国联网运行。2013年7月，完成征信系统二代业务需求22个专题的研究工作，为实现二代征信系统全面升级涵盖的重要业务问题提供了解决方案。2014年，征信系统一二代建设初步完成82个功能模块、140万字的《需求规格说明书》。

【例7.1·单选题】我国的个人征信体系建设始于(   )。

    A．1993年专门从事企业征信的新华信国际信息咨询有限公司开始正式对外提供服务

    B．1999年7月中国人民银行批准建立上海资信有限公司

    C．2000年6月建成上海个人信用联合征信服务系统

    D．2006年1月个人征信系统在全国联网运行

【答案】B

【解析】我国个人征信的发展历史分为探索、起步、发展三个阶段。A项，属于探索阶段，此时征信业的雏形初步显现。BC两项，属于起步阶段。其中，我国的个人征信体系建设始于1999年7月中国人民银行批准建立上海资信有限公司，试点个人征信。D项，属于发展阶段。

(四)个人征信的相关法律

1．一般征信法规

《个人信用信息基础数据库管理暂行办法》由中国人民银行制定，是最主要的征信法

规之一,其主要包括以下四个方面。

(1) 明确个人信用数据库是中国人民银行组织商业银行建立的全国统一的个人信用信息共享平台,其目的是防范和降低商业银行信用风险,维护金融稳定,促进个人消费信贷业务的发展。

(2) 规定了个人信用信息保密原则,规定商业银行、征信服务中心应建立严格的内控制度和操作规程,保障个人信用信息的安全。

(3) 规定了个人信用数据库采集个人信用信息的范围和方式、数据库的使用用途、个人获取本人信用报告的途径和异议处理方式。

(4) 规定了个人信用信息的客观性原则,即个人信用数据库采集的信息是个人信用交易的原始记录,商业银行和征信服务中心不增加任何主观判断等。

2. 个人隐私保护

中国人民银行制定颁布了《个人信用信息基础数据库管理暂行办法》《个人信用信息基础数据库金融机构用户管理办法》《个人信用信息基础数据库异议处理规程》等,采取了授权查询、限定用途、保障安全、查询记录、违规处罚等措施,保护个人隐私和信息安全。

商业银行只能经当事人书面授权,在审核个人贷款、信用卡申请或审核、是否接受个人作为担保人等个人信贷业务,以及对已发放的个人贷款及信用卡进行信用风险跟踪管理,才能查询个人信用信息基础数据库。

个人信用信息基础数据库对查看信用报告的商业银行信贷人员(即数据库用户)的管理,每一个用户在进入该系统时都要登记注册,而且计算机系统还自动追踪和记录每一个用户对每一笔信用报告的查询操作,并加以记录。

商业银行如果违反规定查询个人的信用报告,或将查询结果用于规定范围之外的其他目的,将被责令改正,并处以经济处罚;涉嫌犯罪的,则将依法移交司法机关处理。

二、个人征信报告内容介绍

(一)个人信用报告的概念

个人信用报告是个人征信系统提供的最基础产品,它记录了客户与银行之间发生的信贷交易的历史信息,只要客户在银行办理过信用卡、贷款、为他人贷款担保等信贷业务,他在银行登记过的基本信息和账户信息就会通过商业银行的数据报送而进入个人征信系统,从而形成了客户的信用报告。

(二)个人信用报告的信息

个人信用报告中的信息主要有六个方面:公安部身份信息核查结果、个人基本信息、银行信贷交易信息、非银行信用信息、本人声明及异议标注和查询历史信息,具体内容如表7-2所示。

表 7-2　个人信用报告的信息

信　息	内　容
公安部身份信息核查结果	实时来自公安部公民信息共享平台的信息
个人基本信息	包括身份信息、婚姻信息、居住信息、职业信息等内容
银行信贷交易信息	是客户在各商业银行或者其他授信机构办理的贷款或信用卡账户的明细和汇总信息
非银行信用信息	是个人征信系统从其他部门采集的、可以反映客户收入、缴欠费或其他资产状况的信息
本人声明及异议标注	①本人声明，是客户本人对信用报告中某些无法核实的异议所做的说明；②异议标注，是征信中心异议处理人员针对信用报告中异议信息所做的标注或因技术原因无法及时对异议事项进行更正时所做的特别说明
查询历史信息	展示了何机构或何人在何时以何种理由查询过该人的信用报告

【例 7.2·多选题】关于个人信用报告中的信息，下列说法正确的是(　　)。

A. 公安部身份信息核查结果实时来自公安部公民信息共享平台的信息

B. 个人基本信息不包括客户的婚姻信息

C. 银行信贷交易信息是客户在各商业银行或者其他授信机构办理的贷款或信用卡账户的明细和汇总信息

D. 非银行信用信息是个人征信系统从其他部门采集的、可以反映客户收入、缴欠费或其他资产状况的信息

E. 本人声明是客户本人对信用报告中某些无法核实的异议所做的说明

【答案】ACDE

【解析】B 项，个人基本信息表示客户本人的一些基本信息，包括身份信息、婚姻信息、居住信息与职业信息等内容。

(三)个人信用报告的使用对象

个人信用报告的使用目前仅限于商业银行、依法办理信贷的金融机构(主要是住房公积金管理中心、财务公司、汽车金融公司、小额信贷公司等)和中国人民银行，消费者也可以在中国人民银行获取到自己的信用报告。

根据使用对象的不同，个人征信系统提供不同版式的个人信用报告，包括银行版、个人查询版和征信中心内部版三种版式，分别服务于商业银行类金融机构、消费者和中国人民银行。

过 关 练 习

一、单选题(下列选项中只有一项最符合题目的要求)

1. 个人征信系统是由(   )组织各商业银行建立的个人信用信息共享平台。
    A．中国人民银行
    B．中国银行业监督管理委员会
    C．司法部门
    D．中国银行业协会

【答案】A

【解析】个人征信系统(个人信用信息基础数据库)是我国社会信用体系的重要基础设施,是由中国人民银行组织各商业银行建立的个人信用信息共享平台。该数据库采集、整理、保存公民个人信用信息,为金融机构提供个人信用状况查询服务,为货币政策和金融监管提供信息服务。

2. 下列关于《个人信用信息基础数据库管理暂行办法》的说法,错误的是(   )。
    A．明确个人信用数据库是中国人民银行组织商业银行建立的全国统一的个人信用信息共享平台
    B．规定了个人信用信息保密原则
    C．规定了个人信用数据库采集个人信用信息的范围和方式
    D．规定商业银行和征信服务中心在采集信息时应结合自身的主观判断

【答案】D

【解析】D 项,《个人信用信息基础数据库管理暂行办法》规定了个人信用信息的客观性原则,即个人信用数据库采集的信息是个人信用交易的原始记录,商业银行和征信服务中心不得增加任何主观判断。

二、多选题(下列选项中有两项或两项以上符合题目要求)

1. 根据个人信用信息基础数据库保密和保护个人隐私管理要求,商业银行必须对信贷人员(即数据库用户)进行管理,措施主要有(   )。
    A．禁止商业银行违反规定查询个人的信用报告
    B．每一个用户在进入系统时都要登记注册
    C．禁止商业银行将查询结果用于规定范围之外的其他目的
    D．计算机系统对违规操作自动报告并关闭
    E．计算机系统记录每一个用户对每一笔信用报告的查询操作

【答案】ABCE

【解析】个人信用信息基础数据库须对查看信用报告的商业银行信贷人员(即数据库用户)进行管理,每一个用户在进入该系统时都要登记注册,而且计算机系统还自动追踪和记录每一个用户对每一笔信用报告的查询操作,并加以记录。商业银行如果违反规定查询个人的信用报告,或将查询结果用于规定范围之外的其他目的,将被责令改正,并处以经济处罚;涉嫌犯罪的,则将依法移交司法机关处理。

2．根据使用对象的不同，个人征信系统提供不同版式的个人信用报告，包括(　　)。

A．银行版　　　　　　B．个人查询版　　　　　　C．政府版

D．征信中心内部版　　E．开放版

【答案】ABD

【解析】根据使用对象的不同，个人征信系统提供不同版式的个人信用报告，包括银行版、个人查询版和征信中心内部版三种版式，分别服务于商业银行类金融机构、消费者和中国人民银行。

三、判断题(请对下列各题的描述做出判断，正确的用 A 表示，错误的用 B 表示)

1．个人征信系统的社会功能主要体现在，帮助商业银行等金融机构控制信用风险，维护金融稳定，扩大信贷范围，促进经济增长，改善经济增长结构，促进经济可持续发展。(　　)

【答案】B

【解析】个人征信系统的经济功能主要体现在，帮助商业银行等金融机构控制信用风险，维护金融稳定，扩大信贷范围，促进经济增长，改善经济增长结构，促进经济可持续发展。

2．个人征信系统在提高审贷效率、方便群众借贷、防止不良贷款等方面发挥了积极的作用。(　　)

【答案】A

【解析】个人征信系统在提高审贷效率、方便广大群众借贷、防止不良贷款、防止个人过度负债以及根据信用风险确定利率水平方面发挥了积极的作用。

3．目前，个人信用报告主要用于银行的各项消费信贷业务。(　　)

【答案】A

【解析】个人信用报告是个人信用信息基础数据库的基础产品，目前主要用于银行的各项消费信贷业务。随着社会信用体系的不断完善，信用报告还将被更广泛地用于各种商业赊销、信用交易和招聘求职等领域。

第三部分

历年真题及详解

2015年下半年银行业专业人员职业资格考试
《个人贷款(初级)》真题

一、单选题(共80题,每小题0.5分,共40分,下列选项中只有一项最符合题目要求,不选、错选均不得分。)

1. 采用借款人自主支付的,农村金融机构应当通过账户分析或( )等方式,核查贷款使用是否符合约定用途。

    A. 邮件核对   B. 电话调查   C. 现场调查   D. 短信沟通

2. 某大学生在校期间申请到了一笔国家助学贷款,毕业时共形成1000元利息。毕业后由于工作未落实,不能归还贷款,又形成500元利息。根据国家有关规定,应由财政贴息的金额为( )元。

    A. 500   B. 1000   C. 750   D. 1500

3. 下列关于住房公积金缴存的表述,错误的是( )。

    A. 住房公积金管理中心应当建立职工住房公积金明细账,记载职工个人住房公积金的缴存、提取等情况

    B. 住房公积金管理中心应当在受委托银行设立住房公积金专户

    C. 每个职工只能有一个住房公积金账户

    D. 单位与职工终止劳动关系的,单位应当自劳动关系终止之日起10日内到住房公积金管理中心办理变更登记

4. 根据《中华人民共和国担保法》的规定,关于办理抵押物登记部门的描述,错误的是( )。

    A. 以无地上定着物的土地使用权抵押的,为核发土地使用权证书的土地管理部门

    B. 以城市房地产或者乡(镇)、村企业的厂房等建筑物抵押的,为市级以上地方人民政府规定的部门

    C. 以航空器、船舶、车辆抵押的,为运输工具的登记部门

    D. 以林木抵押的,为县级以上林木主管部门

5. 在经济学中,由于事前信息不对称,银行将优质客户拒之门外的现象是一种( )。

    A. 道德风险   B. 操作风险   C. 逆向选择   D. 信用风险

6. 根据《国务院办公厅关于进一步做好房地产市场调控工作有关问题的通知》(国办发〔2011〕1号),下列理解错误的是( )。

    A. 对个人购买住房不足5年转手交易的,统一按其销售收入全额征税

    B. 对房地产开发建设投资达不到20%以上的(不含土地价款),不得以任何方式转让土地及合同约定的土地开发项目

    C. 中国人民银行各分支机构可根据当地人民政府新建住房价格控制目标和政策要求,在国家统一信贷政策的基础上,提高第二套住房贷款的首付款比率和利率

      D. 对贷款购买第二套住房的家庭,首付款比例不低于 60%,贷款利率不低于基准
利率的 1.1 倍

7. 根据《商业银行房地产贷款风险管理指引》的规定,房地产开发企业开发项目的资
本金比例不低于( )。

      A. 50%   B. 35%   C. 20%   D. 10%

8. 客户李某购买首套个人住房,建筑面积为 85 平方米,单价为每平方米 4500 元,拟
使用所购房屋作抵押,向商业银行申请商业性个人住房贷款,请问按现行政策规定,一般
情况下他最多能获得的贷款额度是( )元。

      A. 267 750   B. 32 512   C. 286 875   D. 306 000

9. 在个人汽车贷款中,为有效防控信用风险,贷款的调查环节中贷款调查人必须坚持
做到( )。

      A. 上门核实   B. 与借款人面谈

      C. 电话核实   D. 委托可靠的保险公司进行核实

10. 符合基本条件的一手房公积金贷款的借款人需提供的材料一般不包括( )。

      A. 借款人婚姻状况证明文件   B. 房产证原件和复印件

      C. 借款人身份证明文件   D. 已交付符合规定比例首付款的有效凭据

11. 根据最新的国务院及有关部门文件规定,如因当地暂不具备查询条件而不能提供
家庭住房实际查询结果的,借款人应向贷款人提交家庭住房实有套数的____,如借款人提
交的材料不实,贷款人应____。( )

      A. 口头声明;将其记作不良记录

      B. 书面诚信保证;将其记作不良记录

      C. 书面诚信保证;与借款人协商收回贷款

      D. 口头声明;与借款人协商收回贷款

12. 保证关系反映的是保证人、债权人、债务人三者之间的法律关系,一般签订保证
合同的当事人是( )。

      A. 保证人、债权人、债务人   B. 保证人、债务人

      C. 债权人、债务人   D. 保证人、债权人

13. 陈小姐是某公司职员,本月工资收入 8000 元,本月向同事借款 2000 元(期限三个
月),本月住房贷款还款 2500 元,本月支付物业管理费 500 元,其本月所有债务支出与收入
比为( )。

      A. 37.5%   B. 31.3%   C. 30%   D. 62.5%

14. 对购买首套自住房且套型建筑面积在 90 平方米以下的,贷款首付款比例不得低于
( )。

      A. 20%   B. 30%   C. 70%   D. 80%

15. 个人贷款越权发放属于( )。

      A. 系统风险   B. 信用风险   C. 操作风险   D. 法律风险

16. 商业银行应以( )的方式发放对政府土地储备机构的贷款。

      A. 信用担保   B. 抵押担保   C. 保证担保   D. 质押担保

17. 下列属于个人汽车贷款中应警惕的操作风险的是( )。
    A. 国家关于汽车行业发展的政策调整
    B. 市场利率变化
    C. 借款人遭受重大疾病而丧失还款能力
    D. 未核实借款人的相关交易资料

18. 电子银行不具备的特点是( )。
    A. 电子虚拟服务方式
    B. 运行环境开放
    C. 提高了银行成本
    D. 模糊的业务时空界限

19. 个人商用房贷款的借款人必须是具有完全民事行为能力的自然人，且年龄在( )周岁之间。
    A. 18(含)～65(不含)
    B. 18(不含)～65(含)
    C. 18(不含)～65(不含)
    D. 18(含)～65(含)

20. 下列关于代理的表述，错误的是( )。
    A. 公民、法人可以通过代理人实施民事法律行为
    B. 委托书授权不明的，被代理人应当向第三人承担民事责任，代理人负连带责任
    C. 第三人知道行为人没有代理权、超越代理权或者代理权已终止还与行为人实施民事行为给他人造成损害的，由第三人和行为人负连带责任
    D. 没有代理权、超越代理权或者代理权终止后的行为，无论何种情况，被代理人均不用承担民事责任

21. 下列用途中，不可以申请使用公积金贷款的是( )。
    A. 购买商铺
    B. 购买自住房
    C. 翻建自住房
    D. 大修自住房

22. 个人征信系统中，( )涵盖了信用卡与贷款的明细等情况。
    A. 个人质押信息
    B. 居住信息
    C. 信贷信息
    D. 个人身份信息

23. 个人经营性贷款一般面向从事合法生产经营的自然人，包括( )。
    A. 法人企业
    B. 有限责任公司
    C. 股份有限公司
    D. 个体工商户

24. 自2008年1月1日起，下岗失业小额担保贷款经办金融机构对个人新发放的小额担保贷款，其贷款利率可在基准利率的基础上上浮( )个百分点。
    A. 4
    B. 1
    C. 2
    D. 3

25. 个人经营贷款采用保证担保方式的不得超过( )年。
    A. 2
    B. 1
    C. 3
    D. 5

26. 个人住房贷款中，对于银行来说，还本速度比较快，风险又相对较小的常用还款方式是( )。
    A. 到期一次还本付息法
    B. 等比递增还款法
    C. 等额本息还款法
    D. 等额本金还款法

27. 个人汽车贷款所购车辆按用途可以划分为( )。
    A. 轿车和货车
    B. 自用车和商用车
    C. 新车和二手车
    D. 登记车和非登记车

28. 下列不可以用于抵押担保的是(　　)。

　　A. 借款人名下的存单　　　　　　　　B. 借款人配偶名下的房产

　　C. 借款人就职医院的房产　　　　　　D. 借款人名下的股票

29. 下列不属于个人住房贷款操作风险的是(　　)。

　　A. 贷款行所在地区抵押登记制度不健全

　　B. 放松对借款人的审批条件

　　C. 降低借款人首付比例

　　D. 贷款前、中、后台没有进行严格的责任区分

30. 个人信用贷款的特点不包括(　　)。

　　A. 贷款期限短　　　　　　　　　　　B. 准入条件严格

　　C. 贷款风险较低　　　　　　　　　　D. 贷款额度小

31. 下列对个人经营贷款操作风险的理解中,错误的是(　　)。

　　A. 未严格执行商业银行授权管理制度,超权限审批发放贷款

　　B. 操作风险是贷款发放之前的风险

　　C. 审批人员放松审批条件向关系人发放贷款

　　D. 贷款流程执行不严格

32. 全国学生贷款管理中心向各商业银行总行发放国家助学贷款风险补偿金的依据是(　　)。

　　A. 上年度国家助学贷款的违约率

　　B. 上年度国家助学贷款的损失率

　　C. 上年度实际发放的国家助学贷款金额和违约率

　　D. 上年度实际发放的国家助学贷款金额

33. 个人汽车贷款的贷款额度是根据借款人所购汽车价格确定的,其中新车的价格是指(　　)。

　　A. 汽车实际成交价格与汽车生产商公布价格中的低者

　　B. 汽车实际成交价格

　　C. 贷款银行认可的评估价格

　　D. 汽车实际成交价格与贷款银行认可的评估价格中的低者

34. 银行在审核个人住房贷款申请时,必须对借款人的收入证明严格把关,验证收入的真实性,下列不属于验证范围的是(　　)。

　　A. 融资收入的真实性　　　　　　　　B. 租金收入的真实性

　　C. 经营收入的真实性　　　　　　　　D. 工资收入的真实性

35. 个人汽车贷款的借款人向贷款银行申请借款期限调整的条件中不包括(　　)。

　　A. 本期本金已偿还　　　　　　　　　B. 银行计收违约金

　　C. 货款未到期　　　　　　　　　　　D. 无拖欠利息、本金

36. 某男性借款人年龄45岁,向银行申请个人一手住房贷款,则贷款的最长年限一般不超过____年,符合相关条件的可放宽到____年。(　　)

　　A. 15；20　　　　B. 30；35　　　　C. 25；30　　　　D. 20；25

37. 个人经营贷款利率同时符合中国人民银行和商业银行总行对相关产品的风险定价政策，并符合商业银行总行利率授权管理规定，个人经营贷款可在(   )的基础上上浮或者适当下浮。

    A．公定利率   B．实际利率   C．基准利率   D．固定利率

38. 下列关于个人汽车贷款贷前调查的说法，错误的是(   )。

    A．贷前调查人应通过面谈了解借款申请人的基本情况、贷款用途和贷款担保等情况

    B．贷前调查人以电话调查为主要方式了解申请人抵押物状况

    C．可通过审查借款申请材料、面谈借款申请人、查询个人信用等方式进行

    D．贷前调查应以实地调查为主、间接调查为辅

39. 个人住房贷款的信用风险通常是因借款人的____和____下降导致的。(   )

    A．还款意愿；担保品价值

    B．担保品价值；保证人实力

    C．还款能力；还款意愿

    D．还款能力；担保品价值

40. 仅采用抵押担保的个人经营贷款的贷款金额最高不超过抵押物价值的(   )。

    A．70%   B．80%   C．60%   D．50%

41. 经贷款人同意，个人贷款可以展期。一年以内(含)的个人贷款，展期期限累计不得超过____；一年以上的个人贷款，展期期限累计与原贷款期限相加，不得超过____。(   )

    A．1年；原贷款期限

    B．原贷款期限；3年

    C．原贷款期限；该贷款品种规定的最长贷款期限

    D．1年；该贷款品种规定的最长贷款期限

42. 个人贷款按产品用途分类，不包括(   )。

    A．个人经营类贷款   B．个人消费贷款

    C．个人住房贷款   D．个人信用贷款

43. 个人汽车贷款保证保险责任范围仅限于(   )。

    A．违约金   B．贷款本金及利息

    C．实现债权的费用   D．损害赔偿金

44. 在贷款审查环节，个人商用房贷款的贷款人应建立和完善借款人的(   )。

    A．贷后审查和风险预警体系   B．还款意愿和审查体系

    C．信用记录和评价体系   D．抵押物审查和评价体系

45. 个人汽车贷款发放的具体流程不包括(   )。

    A．银行将放款通知书、个人贷款信息卡等一并交借款人作回单

    B．出账前审核

    C．开户放款

    D．建立"贷款台账"

46. 个人住房装修贷款是银行向个人发放的，用于装修(   )的人民币担保贷款。

    A．厂房   B．商用房   C．办公用房   D．自用住房

47. 贷款中，单笔贷款的审查不包括(　　)。

    A. 审查贷前调查内容的完整性

    B. 审查借款申请人提交材料的合规性

    C. 审查开发商的债权债务和为其他债权人提供担保的情况

    D. 审查贷前调查人提交的《个人住房贷款调查审批表》和面谈记录

48. 下列关于保证担保法律风险的表述，错误的是(　　)。

    A. 未明确保证期间或保证期间不明，保证责任难以落实

    B. 公司或企业的职能部门、董事、经理越权对外提供保证

    C. 借款人互相提供保证更有利于增强保证效力

    D. 未明确连带责任保证，追索的难度大

49. 下列不属于个人汽车贷款信用风险防控措施的是(　　)。

    A. 科学合理地确定客户还款的方式

    B. 熟练掌握个人汽车贷款业务的规章制度

    C. 严格审查客户信息资料的真实性

    D. 详细调查客户还款能力

50. 应收账款可用于申请(　　)。

    A. 抵押贷款　　　　　　　　　　　　B. 质押贷款

    C. 信用贷款　　　　　　　　　　　　D. 保证贷款

51. 下列关于商业助学贷款中规范并加强对抵押物管理的表述，错误的是(　　)。

    A. 抵押文件资料须具有真实有效性、抵押物的合法性、抵押物权属的完整性、抵押物存续状况的完好性等

    B. 借款人以自有或第三人的财产进行抵押，抵押物须产权明晰、价值稳定、变现能力强、易于处置

    C. 谨慎受理产权、使用权不明确或当前管理不够规范的不动产抵押

    D. 原则上贷款银行经办人员不应直接参与抵押手续的办理，为保证专业水准尽量交由外部中介机构办理

52. 国家助学贷款的"风险补偿"原则是指国家财政(　　)。

    A. 对无力偿还贷款的借款学生给予一定比例的补偿

    B. 按贷款当年实际呆账金额的一定比例对贷款银行给予补偿

    C. 按贷款当年实际发放金额的一定比例对贷款银行给予补偿

    D. 按贷款当年实际发放金额的一定比例对借款学生给予补偿

53. 商业性个人住房贷款期限最长不得超过(　　)年。

    A. 50　　　　　　B. 20　　　　　　C. 10　　　　　　D. 30

54. 下列不属于个人住房贷款抵押担保的法律风险的是(　　)。

    A. 抵押物重复抵押

    B. 抵押物市场价值波动较大

    C. 抵押登记瑕疵，使得抵押担保处于抵押不生效的风险中

    D. 抵押物为学校、医院等公益性事业单位公益财产

55．出国留学贷款的最短期限是(　　)。

    A．3个月　　　　　B．6个月　　　　　C．9个月　　　　　D．12个月

56．到目前为止，我国个人贷款业务的发展经历了起步、发展和规范三个阶段，其诱因不包括(　　)。

    A．住房制度的改革　　　　　　　　B．商业银行股份制改革

    C．国内消费需求的增长　　　　　　D．公司信贷业务的蓬勃发展

57．下列关于"假个贷"的表述，错误的是(　　)。

    A．"假个贷"的成因包括开发商利用"个贷"套取银行资金进行诈骗

    B．"假个贷"的成因包括开发商为获得优惠贷款而实施"假个贷"

    C．"假个贷"的"假"是指借款人和所购房屋都是真实存在的，只是购房行为为"假"

    D．银行的管理漏洞给"假个贷"以可乘之机

58．下列不属于银行营销组织模式的是(　　)。

    A．部门型营销组织　　　　　　　　B．市场型营销组织

    C．产品型营销组织　　　　　　　　D．区域型营销组织

59．下列能做质押担保权利质物的是(　　)。

    A．纪念币和邮票　　　　　　　　　B．债券

    C．发票　　　　　　　　　　　　　D．名人字画

60．公积金个人住房贷款的还款方式不包括(　　)。

    A．等额本息还款法　　　　　　　　B．等额本金还款法

    C．等比累进还款法　　　　　　　　D．一次还本付息法

61．个人住房贷款的期限在1年以内(含1年)的，实行合同利率，遇法定利率调整(　　)计息。

    A．按季调整　　　　　　　　　　　B．不分段

    C．按月调整　　　　　　　　　　　D．按年调整

62．办理个人教育贷款时，签约环节面临的操作风险不包括(　　)。

    A．合同填写不规范　　　　　　　　B．合同凭证预签无效

    C．未按规定保管借款合同　　　　　D．未对合同签署人及签字进行核实

63．下列关于商用房贷款的表述，错误的是(　　)。

    A．对商业前景不明的期房，原则上不得接受抵押

    B．有租金保证的商用房可作为银行商用房贷款主要业务对象

    C．单纯以租金收入作为还款来源的商用房应作为银行商用房贷款的主要业务对象

    D．不具有独立产权的商业用房，存在处置风险

64．贷款额度是指(　　)。

    A．借款人每月需要偿还的金额　　B．贷款抵押物的评估价值

    C．银行想给借款人的额度　　　　　D．银行向借款人提供的以货币计量的贷款数额

65．下列关于个人贷款的表述，错误的是(　　)。

    A．个人贷款业务属于商业银行贷款业务的一部分

    B．个人贷款业务是以主体特征为标准进行贷款分类的一种结果

    C．开展个人贷款业务，不但有利于银行增加收入和分散风险，而且有助于满足城

乡居民的有效消费需求

    D. 在个人贷款业务的发展过程中，各商业银行仅限于目前现有的个人贷款品种，各家银行千篇一律

66. 下列不属于个人汽车贷款特征的是( )。

    A. 一般不需要采取受托支付的方式

    B. 是汽车金融服务领域的主要内容之一

    C. 与汽车市场的多种行业机构具有密切关系

    D. 风险管理难度相对较大

67. 公积金个人住房贷款业务中，承办银行的可委托代理职责是( )。

    A. 贷款审批   B. 贷款发放

    C. 职工贷款账户设立   D. 贷前调查

68. 个人贷款可采用多种担保形式，其中不正确的是( )。

    A. 保证担保   B. 信用担保   C. 质押担保   D. 抵押担保

69. 下列关于个人贷款合作机构营销的说法，不正确的是( )。

    A. 商业银行与经销商合作的典型做法是与其签署合作协议，由经销商向银行提供客户信息或推荐客户

    B. 在挑选经销商作为合作单位时，银行应对其注册资本、经营业绩、行业排名、资产负债和信誉状况等指标进行分析评价

    C. 对于二手个人住房贷款而言，商业银行最主要的合作单位是房地产经纪公司

    D. 对于一手个人住房贷款而言，在借款人购买的房屋没有办好抵押登记之前，由银行提供阶段性或全程担保

70. 下列说法不正确的是( )。

    A. 组合还款法可以将贷款本金分段偿还

    B. 对于按月还本付息的个人住房贷款而言，合理的贷款期限应该是15～20年

    C. 在抵押担保中，借款人或第三人转移对法定财产的占有

    D. 根据《担保法》的规定，企业法人的分支机构、职能部门不能担任保证人，但如果有法人授权的，其分支机构可以在授权的范围内提供保证

71. 银行在受理借款人个人抵押授信贷款业务时，不能接受的抵押物是( )。

    A. 借款人全额购买的期房   B. 借款人自有商用房

    C. 借款人自有住房   D. 借款人抵押在银行的住房

72. 下列关于个人住房贷款的利率和还款方式表述错误的是( )。

    A. 个人住房贷款的计息、结息方式，由借贷双方协商确定

    B. 借款人可以根据需要选择还款方式，一笔借款合同可以选择各种还款方式

    C. 贷款合同签订后，未经贷款银行同意不得更改还款方式

    D. 商业性个人住房贷款利率实行上限放开，下限管理

73. 下列属于政策性个人住房贷款的是( )。

    A. 自营性个人住房贷款   B. 个人商用房贷款

    C. 公积金个人住房贷款   D. 个人医疗贷款

74．个人汽车贷款在开户放款时应注意：借款人与贷款银行签约时，要明确告知在放款时遇法定利率调整，应执行(　　)。

A．原借款合同利率与具体放款日当日利率两者中的高者

B．原借款合同利率与具体放款日当日利率两者中的低者

C．原借款合同利率

D．具体放款日当日利率

75．每月的还款本金额固定，而利息越来越少，贷款人起初还款压力较大，但是随时间的推移每月还款数也越来越少，这种还款方式称为(　　)。

A．等额本息　　　　B．等额本金　　　C．等比递增　　　D．等额递减

76．个人住房贷款操作风险的防范措施不包括(　　)。

A．严格落实贷前调查和贷后检查

B．提高经办人员的职业操守

C．加强对借款人还款能力的甄别

D．掌握并严格遵守个人住房贷款相关的规章制度和法律法规

77．下列关于个人住房贷款的贷款人受托支付方式的表述，错误的是(　　)。

A．银行应在贷款资金支付后做好有关细节的认定记录

B．银行应规范受托支付的审核要件

C．银行应在贷款资金发放后，审核借款人相关交易资料和凭证是否符合约定条件

D．银行应明确受托支付的条件

78．在商业银行个人住房贷款业务中，房地产开发公司和二手房经纪公司等外部合作机构在银行贷款业务中的主要作用是(　　)。

A．贷款调查、提供客源　　　　　　B．贷款调查、承担担保

C．提供客源、代理部分贷款管理职能　　D．提供客源、承担担保

79．个人住房贷款的利率实行(　　)。

A．上下限固定，商业银行在此范围内自行调整

B．上限下限无放开

C．上限管理，下限放开

D．上限放开，下限管理

80．下列不属于银行营销人员能力的基本要求的是(　　)。

A．品质　　　　　B．知识　　　　　　C．技能　　　　　D．年龄

二、多选题(共45题，每小题1分，共45分，下列选项中有两项或两项以上符合题目的要求，多选、少选、错选均不得分。)

1．签订个人保证贷款合同时，涉及的当事人包括(　　)。

A．代理人　　　　　B．介绍人　　　　　C．银行

D．担保人　　　　　E．借款人

2．贷款人受理借款人个人经营贷款申请后，应履行尽职调查职责，对个人经营贷款申请内容和相关情况的(　　)进行调查核实，形成贷前调查报告。

A．真实性　　　　　B．完整性　　　　　C．准确性

D．审慎性　　　　　E．合法性

3．公积金个人住房贷款和商业银行自营性个人住房贷款的区别有(　　)。

    A．前者的贷款对象比后者范围小

    B．二者审批主体存在差异

    C．后者的贷款利率更加优惠

    D．前者的资金来源于公积金管理部门归集的公积金，后者的贷款资金来自银行

    E．商业银行对前者不承担风险，而对后者要承担一定的风险

4．个人商用房贷款可采用(　　)等还款法。

    A．按月等额本金还款法　　　　　　B．按月等额本息还款法

    C．按周(双周、三周)还本付息还款法　D．到期一次性付款

    E．分期付款

5．一般情况下，房地产开发商开发的个人商用房项目须"五证"齐全，下列证件中属于"五证"的有(　　)。

    A．建筑工程施工许可证　　　　　　B．商品房预售许可证

    C．房屋竣工验收合格证　　　　　　D．建设用地规划许可证

    E．国有土地使用证

6．个人汽车贷款业务中，合作机构的担保风险来自(　　)。

    A．专业担保公司的第三方保证担保方面　B．汽车经销商方面

    C．评估公司方面　　　　　　　　　D．律师事务所方面

    E．保险公司的履约保证保险方面

7．下列关于农户贷款的表述，错误的有(　　)。

    A．鼓励采用借款人自主支付方式进行支付

    B．农户贷款还款方式可以采用分期还本付息、分期还息到期还本等方式

    C．农村金融机构应当建立借款人合理的收入偿债比例控制机制

    D．一年期以上贷款一般采用到期利随本清方式

    E．农村金融机构应当根据贷款项目生产周期、销售周期和综合还款能力等因素合理确定贷款期限

8．《民法通则》中规定，以法人活动的性质为标准，将法人分为(　　)。

    A．机关法人　　　　　B．事业单位法人　　　　C．社会团体法人

    D．企业法人　　　　　E．自然人法人

9．个人商用房贷款的贷款审批需审查的内容包括(　　)。

    A．商业用户房的地段及质量状况　　B．抵押房产权属关系是否清晰

    C．贷款用途是否合规　　　　　　　D．借款申请人的资信是否良好

    E．借款申请人是否符合贷款条件，是否有还款能力

10．个人经营贷款发放后，贷款人要按照(　　)的原则要求进行贷后检查。

    A．持续　　　　　　　B．动态　　　　　　　C．主动

    D．静态　　　　　　　E．被动

11．贷款经办行对个人商用房贷款的贷后管理包括(　　)。

    A．押品管理　　　　　B．客户关系维护　　　　C．违约贷款催收

    D．贷后检查　　　　　E．贷后监测

12. 个人汽车贷款操作风险的防控措施有(　　)。

    A. 熟悉关于操作风险的管理政策

    B. 掌握个人汽车贷款业务的规章制度

    C. 对于关键操作，完成后应做好记录备查，尽职免责

    D. 把握个人汽车贷款业务流程中的主要操作风险点

    E. 规范业务操作

13. 银行发现个人经营贷款的抵押物价值出现较大波动，并可能危及银行贷款安全时，可采取的措施有(　　)。

    A. 提前收回部分贷款本息

    B. 提前收回全部贷款本息

    C. 将借款人纳入银行不良信用客户名单库

    D. 追加银行认可的质押物

    E. 追加银行认可的其他抵押物

14. 商业助学贷款的特色包括(　　)。

    A. 不需要任何担保

    B. 商业银行向境内高等院校困难学生自主发放的商业贷款

    C. 各金融机构均可办理

    D. 财政不贴息

    E. 贷款用于学费、生活费和住宿费的支出

15. 关于房产税的缴纳，下列说法正确的有(　　)。

    A. 房产税一般由使用人缴纳

    B. 产权出典的，由承典人缴纳

    C. 产权属于全民所有的，由经营管理的单位缴纳

    D. 产权未确定及典租纠纷未解决的，不用缴纳

    E. 产权所有人、承典人不在房产所在地的，由房产代管人或者使用人缴纳

16. 个人汽车贷款贷后管理环节的主要风险点有(　　)。

    A. 他项权利证书未按规定进行保管，造成他项权证遗失，他项权利灭失

    B. 贷后管理与贷款规模不匹配，贷后管理力度偏弱，贷前调查材料较为简单

    C. 未按规定保管借款合同、担保合同等重要贷款档案资料

    D. 未对贷款使用情况进行跟踪检查，逾期贷款催收、处置不力

    E. 在发放条件不齐全的情况下发放贷款，未按规定办妥相关评估、公证等事宜

17. 为了降低"假个贷"风险，一线经办人员应严把贷款准入关，要注意检查(　　)。

    A. 申报价格的合理性　　　　　　　　B. 借款人的房产情况

    C. 借款人的信用状况　　　　　　　　D. 各类证件的真实性

    E. 借款人身份的真实性

18. 个人汽车贷款回收的原则有(　　)。

    A. 等额偿还本息　　　　　　　　　　B. 全部到期、利随本清

    C. 先收息、后收本　　　　　　　　　D. 分期偿还本金、一次付息

    E. 先收本、后收息

19. 借款人申请个人住房贷款须提供购房首付款证明材料,可以证明首付款交款的单据有(   )。

    A. 收款收据   B. 银行进账单

    C. 现金交款单   D. 购房发票

    E. 借款人声明

20. 贷前调查是对住房楼盘项目和借款人提供的全部文件、材料的(   )以及对借款人的品行、信誉、偿债能力、担保手段落实情况等进行的调查和评估。

    A. 真实性   B. 规范性

    C. 合法性   D. 可行性

    E. 完整性

21. 个人贷款的操作风险包括(   )。

    A. 贷后管理中的风险   B. 贷款签约和发放中的风险

    C. 贷款审查和审批中的风险   D. 借款人还款能力发生变化的风险

    E. 贷款受理和调查中的风险

22. 个人教育贷款信用风险的防控措施包括(   )。

    A. 完善银行个人教育贷款的催收管理系统

    B. 加强对借款人的贷前审查

    C. 建立有效的信息披露机制

    D. 加强学生的诚信教育

    E. 建立和完善防范信用风险的预警机制

23. 个人住房贷款档案包括的内容有(   )。

    A. 房屋他项权利证明书

    B. 委托转账付款授权书

    C. 符合规定的购买住房意向书、合同书或其他有效文件

    D. 贷款银行认可部门出具的借款人经济收入和偿债能力证明

    E. 借款人身份证件(居民身份证、户口本或其他有效证件)

24. 下面对公积金住房贷款的描述,正确的有(   )。

    A. 是一种商业性个人住房贷款

    B. 其贷款风险由住房公积金管理中心承担,而非商业银行承担

    C. 是公积金管理中心委托商业银行向购买、建造、翻建、大修自住住房的住房公积金缴存人以及在职期间缴存住房公积金的离退休职工发放的专项住房消费贷款

    D. 也称委托性住房公积金贷款

    E. 实行低进低出的利率政策

25. 下列选项中,属于个人贷款定价的一般原则的有(   )。

    A. 参照市场价格原则   B. 风险定价原则

    C. 成本收益原则   D. 组合定价原则

    E. 与宏观经济政策相背离原则

26. 个人贷款的特征有(　　)。

　　A．风险水平较低　　　　　　　　B．贷款便利

　　C．还款方式灵活　　　　　　　　D．收益水平较高

　　E．贷款品种多、用途广

27. 以房地产抵押担保的个人汽车贷款，为确保债务清偿，银行对于抵押物的要求有(　　)。

　　A．变现能力强　　　　　　　　　B．易于处置

　　C．价值稳定　　　　　　　　　　D．产权明晰

　　E．易于保管

28. 银行经办人员考察借款申请人租金收入的真实性时，要做到(　　)。

　　A．通过验证房屋产权和租赁合同来确认借款人对房产的所有权及租赁行为的真实性

　　B．通过电话调查、面谈核实其工作单位和收入的真实性

　　C．通过了解其公积金数额及存折上流水情况来验证收入证明的真实情况

　　D．通过房地产中介机构来调查该房产附近地区的房产租赁市场租金收入平均水平，验证该借款人是否有故意提高其租金收入的行为

　　E．在条件允许的情况下，通过实地考察验证房产面积和位置等情况，以确认租金收入的稳定性

29. 在个人住房贷款的贷前调查环节，对开发商资信审查的内容包括(　　)。

　　A．企业资信等级或信用程度

　　B．借款申请人的偿还能力

　　C．企业法人代表的个人信用程度和管理层的决策能力

　　D．项目资金到位情况

　　E．房地产开发商资质

30. 下列财产中，不得用于贷款抵押的有(　　)。

　　A．自留地　　　　　　B．耕地　　　　　　　C．非法所得财产

　　D．宅基地　　　　　　E．幼儿园办公楼

31. 个人贷款原则上应当采用贷款人受托支付的方式向借款人交易对象支付，下列(　　)情形的个人贷款，经贷款人同意可以采取借款人自主支付方式。

　　A．借款人无法事先确定具体交易对象且金额不超过30万元人民币的

　　B．借款人交易对象不具备条件有效使用非现金结算方式的

　　C．贷款资金用于生产经营且金额超过100万元人民币的

　　D．借款人交易对象具备使用非现金结算方式的

　　E．购买商住两用房且金额超过50万元人民币的

32. 根据《商业银行房地产贷款风险管理指引》的规定，商业银行应将借款人住房贷款的月房产支出与收入比控制在一定比例之内，其中收入包括(　　)。

　　A．共同申请人的可支配收入　　　　B．申请人子女的可支配收入

　　C．申请人配偶的可支配收入　　　　D．共同申请人配偶的可支配收入

　　E．申请人自身的可支配收入

33. 个人汽车贷款的贷款审批中，需注意的事项包括(　　)。
   A. 严格执行客户经理、业务主管、专职审批人和牵头审批人逐级审批的制度
   B. 确保贷款方案合理
   C. 确保符合转授权规定
   D. 确保业务办理符合银行政策和制度
   E. 确保贷款申请资料合规，资料审查流程严密

34. 下列关于个人保证贷款的说法，正确的有(　　)。
   A. 出现纠纷可通过法律程序进行解决
   B. 其保证人必须具备代位清偿能力
   C. 个人保证贷款相比个人抵押贷款办理时间短，环节少
   D. 如出现逾期，银行可按合同约定直接向保证人扣收贷款
   E. 整个过程涉及银行、借款人和担保人三方

35. 验证借款人工资收入的真实性可采取的做法包括(　　)。
   A. 要求借款人提供可靠的证明材料
   B. 通过了解公积金数额及存折流水情况验证收入证明的真实性
   C. 通过电话调查借款人工作单位和收入的真实性
   D. 通过面谈核实借款人工作单位和收入的真实性
   E. 对难以提供工资单和公积金数额的客户，可通过验证借款人缴纳个人所得税税单的数额来判断其真实收入水平

36. 下列关于个人贷款对象的表述，正确的有(　　)。
   A. 个人贷款的对象可以是自然人，也可以是法人
   B. 个人贷款的对象仅限于自然人，而不包括法人
   C. 合格的个人贷款申请人必须是具有完全民事行为能力的自然人
   D. 个人贷款的对象不能是企业的法定代表人
   E. 个人贷款的对象仅限于我国公民

37. 等比累进还款法分为(　　)。
   A. 等比递减还款法　　　　　　　B. 等额递增还款法
   C. 等比递增还款法　　　　　　　D. 等额递减还款法
   E. 阶梯还款法

38. 个人住房贷款审批流程中，审批人应进行审查的内容包括(　　)。
   A. 申请借款的金额、期限　　　　B. 借款人的资信状况
   C. 借款用途　　　　　　　　　　D. 借款人所购房产的面积、结构
   E. 借款人资格和条件

39. 个人质押贷款的特点包括(　　)。
   A. 贷款风险较低　　　　　　　　B. 质物范围广泛
   C. 操作流程短　　　　　　　　　D. 时间长、周转慢
   E. 担保方式相对安全

40. 按照五级分类方式，不良个人住房贷款包括(　　)。
   A. 正常贷款　　　　　B. 关注贷款　　　　　C. 可疑贷款
   D. 次级贷款　　　　　E. 损失贷款

41. 下列关于个人贷款合同利率的说法，正确的有(　　)。
    A. 贷款银行确定合同利率应与借款人共同商定
    B. 应根据法定贷款利率和中国人民银行规定的浮动幅度确定贷款合同利率
    C. 合同利率由贷款银行单方确定，借款人只能被动接受
    D. 合同利率应与法定贷款利率一致
    E. 合同利率在借款合同中载明

42. 公积金个人住房贷款实行(　　)的原则。
    A. 先存后贷　　　　　B. 存贷结合　　　　　C. 贷款担保
    D. 整借零还　　　　　E. 先贷后存

43. 下列属于个人耐用消费品贷款购买范畴的有(　　)。
    A. 汽车　　　　　　　B. 房屋　　　　　　　C. 乐器
    D. 电脑　　　　　　　E. 健身器材

44. 针对个人住房贷款担保方式的说法，正确的有(　　)。
    A. 在贷款期间，借款人不可变更担保方式
    B. 个人住房贷款可实行抵押、质押、保证三种担保方式
    C. 以所购住房作抵押的，银行通常要求将住房价值全额用于贷款抵押
    D. 贷款银行可以根据借款人具体情况同时采用几种贷款担保方式
    E. 采取保证方式，保证人应与贷款银行签订保证合同

45. 个人汽车贷款可以采取的担保措施包括(　　)。
    A. 购买履约保证保险　　　　B. 房地产抵押
    C. 第三方保证　　　　　　　D. 以贷款所购车辆作抵押
    E. 质押

三、判断题(共 15 题，每小题 1 分，共 15 分，正确的选 A，错误的选 B；不选、错选均不得分。)

1. 在中国境内连续居住 1 年的美国人也可申请个人汽车贷款。　　　　(　　)
    A. 正确　　　　　　　　　B. 错误

2. 个人二手房贷款的期限不能超过所购住房的剩余使用年限。　　　　(　　)
    A. 正确　　　　　　　　　B. 错误

3. 我国目前个人住房贷款中的浮动利率制度，使借款人承担了相当大比率的利率风险，这就导致借款人在利率下降周期中出现贷款违约的可能性加大。　　(　　)
    A. 正确　　　　　　　　　B. 错误

4. 银行对不良个人住房贷款应采取电话催收、信函催收、上门催收、法律手段催收等方式。　　(　　)
    A. 正确　　　　　　　　　B. 错误

5. 公积金管理中心审批通过借款人的申请后，向受委托主办银行出具《委托贷款通知书》，明确贷款的对象、金额、期限、利率等内容，同时将委托贷款基金划入银行的住房委托贷款基金账户。　　(　　)
    A. 正确　　　　　　　　　B. 错误

6．个人商用房贷款的贷款行一般不接受商业前景不明的期房及单独处置困难的产权式商铺抵押。（　）

    A．正确　　　　　　　B．错误

7．贷款利息是货币所有者因暂时让渡一定货币资金使用权而从借款人那里取得的报酬。（　）

    A．正确　　　　　　　B．错误

8．个人住房贷款档案可以是原件，也可以是具有法律效力的复印件。（　）

    A．正确　　　　　　　B．错误

9．如果个人保证贷款出现逾期，银行可直接向保证人扣收贷款，无须通过法律程序。（　）

    A．正确　　　　　　　B．错误

10．贷款人应不定期跟踪分析评估借款人履行借款合同约定内容的情况，并作为与借款人后续合作的信用评价基础。（　）

    A．正确　　　　　　　B．错误

11．拟接受超出范围的押品办理授信业务的，应直接报送有权行审批部门在信贷审批时一并决策。（　）

    A．正确　　　　　　　B．错误

12．个人贷款业务，可以帮助银行增加收入、分散贷款过于集中的风险，也可以满足居民的消费需求。（　）

    A．正确　　　　　　　B．错误

13．个人住房贷款采用抵押担保方式的，抵押的财产必须符合《担保法》的法定条件，借款人以所购住房作抵押的，必须将住房价值的全额或一定比例用于贷款抵押。（　）

    A．正确　　　　　　　B．错误

14．经办银行在发放国家助学贷款后，应汇总已发放的贷款学生名单、贷款金额、利率、利息，经合作高校确认后上报总行。（　）

    A．正确　　　　　　　B．错误

15．个人汽车贷款实行"设定担保、分类管理、特定用途"的原则。（　）

    A．正确　　　　　　　B．错误

答案及详解

一、单选题(共 80 题，每小题 0.5 分，共 40 分，下列选项中只有一项最符合题目要求，不选、错选均不得分。)

1．【答案】C

【解析】采用借款人自主支付的，农村金融机构应当与借款人在借款合同中明确约定；农村金融机构应当通过账户分析或现场调查等方式，核查贷款使用是否符合约定用途。

2．【答案】B

【解析】国家助学贷款实行借款学生在校期间的贷款利息全部由财政补贴，毕业后全部自付的办法,借款学生毕业后开始计付利息。

3.【答案】D

【解析】D项,单位与职工终止劳动关系的,单位应当自劳动关系终止之日起30日内到住房公积金管理中心办理变更登记。

4.【答案】B

【解析】B项,以城市房地产或者乡(镇)、村企业的厂房等建筑物抵押的,为县级以上地方人民政府规定的部门。

5.【答案】C

【解析】在当前的业务环境下,真实个人信息获取的成本和难度都比较大,往往造成工作中的信息不对称。事前的信息不对称使得一些优质客户被拒之门外,即经济学中的逆向选择;而事后的信息不对称使得银行的贷款资金遭受风险,即道德风险。

6.【答案】B

【解析】B项,《国务院办公厅关于进一步做好房地产市场调控工作有关问题的通知》规定,要依法查处非法转让土地使用权的行为,对房地产开发建设投资达不到25%以上的(不含土地价款),不得以任何方式转让土地及合同约定的土地开发项目。

7.【答案】B

【解析】根据《商业银行房地产贷款风险管理指引》第十六条,商业银行对申请贷款的房地产开发企业,应要求其开发项目资本金比例不低于35%。

8.【答案】D

【解析】根据《关于加强商业性房地产信贷管理的通知》的规定,个人贷款中,对购买首套自住房且套型建筑面积在90平方米以下的,贷款首付款比例不得低于20%。因此,李某最多能获得的贷款额度是85×4500×(1-20%)=306 000(元)。

9.【答案】B

【解析】经办机构应指定专人负责个人汽车贷款的贷前调查工作,贷前调查人应对客户信息资料的真实性负责;必须面谈客户了解信息;不得将贷前调查工作全权委托给保险公司和汽车经销商进行。

10.【答案】B

【解析】B项为二手房公积金借款的借款人需要提供的材料。

11.【答案】B

【解析】根据《关于规范商业性个人住房贷款中第二套住房认定标准的通知》的规定,如因当地暂不具备查询条件而不能提供家庭住房登记查询结果的,借款人应向贷款人提交家庭住房实有套数书面诚信保证。贷款人查实诚信保证不实的,应将其记作不良记录。

12.【答案】D

【解析】根据《贷款通则》第二十九条,保证贷款应当由保证人与贷款人签订保证合同,或保证人在借款合同上载明与贷款人协商一致的保证条款。加盖保证人的法人公章,并由保证人的法定代表人或其授权代理人签署姓名。

13.【答案】A

【解析】根据《商业银行房地产贷款风险管理指引》第三十六条,所有债务与收入比的计算公式为:(本次贷款的月还款额+月物业管理费+其他债务月均偿付额)/月均收入,故陈小姐本月所有债务支出与收入比=(2500+500)/8000×100%=37.5%。

14．【答案】A

【解析】对购买首套自住房且套型建筑面积在90平方米以下的，贷款首付款比例(包括本外币贷款，下同)不得低于20%；对购买首套自住房且套型建筑面积在90平方米以上的，贷款首付款比例不得低于30%。

15．【答案】C

【解析】未按规定的贷款额度、贷款期限、担保方式、结息方式、计息方式、还款方式、适用利率、利率调整方式和发放方式等发放贷款，导致错误发放贷款和贷款错误核算属于操作风险。

16．【答案】B

【解析】根据《关于加强商业性房地产信贷管理的通知》，对政府土地储备机构的贷款应以抵押贷款方式发放，且贷款额度不得超过所收购土地评估价值的70%，贷款期限最长不得超过2年。

17．【答案】D

【解析】个人汽车贷款的操作风险具体包括贷款受理和调查中的风险、贷款审查和审批中的风险、贷款签约和发放中的风险、贷款支付管理中的风险、贷后管理中的风险。D项，贷款资金发放前，未审核借款人相关交易资料和凭证属于个人汽车贷款支付管理中的操作风险。

18．【答案】C

【解析】电子银行的特征包括：①电子虚拟服务方式；②运行环境开放；③模糊的业务时空界限；④业务实时处理，服务效率高；⑤运营成本低，降低了银行成本；⑥严密的安全系统，保证交易安全。

19．【答案】A

【解析】个人商用房贷款的借款人必须是具有完全民事行为能力的自然人，年龄在18(含)～65(不含)周岁之间；外国人以及港、澳、台地区居民为借款人的，应在中华人民共和国境内居住满一年并有固定居所和职业，同时还须满足我国关于境外人士购房相关政策。

20．【答案】D

【解析】D项，没有代理权、超越代理权或者代理权终止后的行为，只有经过被代理人的追认，被代理人才承担民事责任。未经追认的行为，由行为人承担民事责任。本人知道他人以本人名义实施民事行为而不作否认表示的，视为同意。

21．【答案】A

【解析】公积金个人住房贷款也称委托性住房公积金贷款，是指由各地住房公积金管理中心运用个人及其所在单位所缴纳的住房公积金，委托商业银行向购买、建造、翻建、大修自住住房的住房公积金缴存人以及在职期间缴存住房公积金的离退休职工发放的专项住房消费贷款。公积金个人住房贷款是住房公积金使用的中心内容。

22．【答案】C

【解析】个人征信系统所搜集的个人信用信息包括个人基本信息、信贷信息、非银行信息、客户本人声明等各类信息。信用卡与贷款的明细等情况属于信贷信息。

23．【答案】D

【解析】个人经营性贷款是指银行向从事合法生产经营的自然人发放的,用于定向购买商用房,以及用于满足个人控制的企业(包括个体工商户)生产经营流动资金需求和其他合理资金需求的贷款。

24．【答案】D

【解析】下岗失业小额担保贷款是指银行在政府指定的贷款担保机构提供担保的前提下,向中华人民共和国境内(不含港、澳、台地区)的下岗失业人员发放的人民币贷款。自2008年1月1日起,小额担保贷款经办金融机构对个人新发放的小额担保贷款,其贷款利率可在中国人民银行公布的贷款基准利率的基础上上浮3个百分点。

25．【答案】B

【解析】个人经营贷款期限一般不超过5年,采用保证担保方式的不得超过1年。贷款人应根据借款人经营活动及借款人还款能力确定贷款期限。

26．【答案】D

【解析】个人住房贷款可采取多种还款方式进行还款。其中,以等额本息还款法和等额本金还款法最为常用。从每月还款的角度讲,等额本息还款法是固定的,而等额本金还款法在还款初期高于等额本息还款法。这就意味着等额本金还款法的贷款门槛要高于等额本息还款法。从银行的角度来讲,等额本金还款法的还本速度比较快,风险比等额本息还款法小。

27．【答案】B

【解析】个人汽车贷款所购车辆按用途可以划分为自用车和商用车。自用车是指借款人申请汽车贷款购买的不以营利为目的的汽车;商用车是指借款人申请汽车贷款购买的以营利为目的的汽车。

28．【答案】C

【解析】C项,根据《担保法》的规定,学校、医院等公益性事业单位的公益财产,所有权不明、有争议的以及宅基地使用权不得设定抵押,共有财产的抵押须取得共有人的同意等,公司董事、经理不得以公司财产为个人提供抵押担保等。

29．【答案】A

【解析】从操作风险的角度看,由于缺乏必要的相关法律约束,再加上各大商业银行之间激烈的竞争,银行的业务部门有时为了扩大其业务范围,放松对借款人的审批条件。在操作过程中,没有严格的抵押住房登记制度,贷款的前台、中台与后台没有进行责任上的严格区分,对客户的资信情况没有进行严格把关。操作风险是一种非系统性风险,A项,某地区的抵押登记制度不健全属于系统性风险。

30．【答案】C

【解析】个人信用贷款是银行向自然人发放的无须提供任何担保的贷款。个人信用贷款的特点包括:①准入条件严格;②贷款额度小;③贷款期限短。

31．【答案】B

【解析】B项,个人经营贷款的操作风险包括:①贷款受理与调查中的风险;②贷款审查与审批中的风险;③贷款签约与发放中的风险;④贷款支付管理中的风险;⑤贷后与档案管理中的风险。

32. 【答案】C

【解析】经办银行于每年9月底前,将上一年度(上年9月1日至当年8月31日)实际发放的国家助学贷款金额和违约率按各高校进行统计汇总,并经合作高校确认后填制"中央部门所属高校国家助学贷款实际发放汇总表"上报分行,分行按学校和经办银行汇总辖内上报信息后,在5个工作日内上报总行,由总行提交全国学生贷款管理中心。全国学生贷款管理中心在之后将对应的风险补偿金支付给贷款银行总行。

33. 【答案】A

【解析】汽车价格,对于新车是指汽车实际成交价格与汽车生产商公布价格中的低者;对于二手车是指汽车实际成交价格与贷款银行认可的评估价格中的低者。上述成交价格均不得含有各类附加税费及保费等。

34. 【答案】A

【解析】在审核个人住房贷款申请时,必须对借款人的收入证明严格把关,在验证借款人收入的真实性时,应主要验证借款人的工资收入、租金收入、投资收入和经营收入四个方面。

35. 【答案】B

【解析】个人汽车贷款中,借款人需要调整借款期限的,应向银行提交期限调整申请书,并必须具备以下条件:贷款未到期;无拖欠利息;无拖欠本金;本期本金已偿还。

36. 【答案】D

【解析】对于借款人已离退休或即将离退休的(目前法定退休年龄为男60岁,女55岁),贷款期限不宜过长,一般男性自然人的还款期限不超过65岁,女性自然人的还款年限不超过60岁。符合相关条件的,男性可放宽至70岁,女性可放宽至65岁。

37. 【答案】C

【解析】个人经营贷款是指用于借款人合法经营活动的人民币贷款。个人贷款利率需同时符合中国人民银行和总行对相关产品的风险定价政策,并符合总行利率授权管理规定,个人经营贷款可在基准利率的基础上上浮或适当下浮。

38. 【答案】B

【解析】个人汽车贷款中,贷前调查应以实地调查为主、间接调查为辅,贷前调查可以采取审查借款申请材料、面谈借款申请人、查询个人信用、实地调查和电话调查及委托第三方调查等多种方式进行。除参照个人贷款贷前调查内容外,还应对购车行为的真实性进行调查。

39. 【答案】C

【解析】个人住房贷款的信用风险通常是因借款人的还款能力和还款意愿的下降而导致的。因此,防范个人住房贷款的信用风险,就要求个人住房贷款的经办人员通过细致的工作,把握好借款人的还款能力和还款意愿。

40. 【答案】A

【解析】申请个人经营贷款,借款人需提供一定的担保措施,包括抵押、质押和保证三种方式。采用抵押担保方式的,贷款期限不得超过抵押房产剩余的土地使用权年限,贷款金额最高不超过抵押物价值的70%。

41．【答案】C

【解析】贷款期限是指从具体贷款产品发放到约定的最后还款或清偿的期限。经贷款人同意，个人贷款可以展期。1年以内(含)的个人贷款，展期期限累计不得超过原贷款期限；1年以上的个人贷款，展期期限累计与原贷款期限相加，不得超过该贷款品种规定的最长贷款期限。

42．【答案】D

【解析】根据产品用途的不同，个人贷款产品可以分为个人消费类贷款和个人经营类贷款等。其中，个人消费类贷款又分为个人住房贷款、个人汽车贷款、个人教育贷款、个人住房装修贷款、个人耐用消费品贷款、个人旅游消费贷款和个人医疗贷款等。

43．【答案】B

【解析】保证保险的责任限制造成风险缺口。保证保险的责任范围仅限于贷款本金和利息，而并非像保证担保那样包括贷款本金及利息、违约金、损害赔偿金和实现债权的费用等。

44．【答案】C

【解析】贷款人应开展风险评价工作，以分析借款人现金收入为基础，采取定性和定量分析方法，全面动态地进行贷款审查和风险评估。贷款人应建立和完善借款人信用记录和评价体系。

45．【答案】D

【解析】个人汽车贷款发放的具体流程如下：①出账前审核，审核放款通知；②开户放款，业务部门在确定有关审核无误后，进行开户放款；③放款通知，当开户放款完成后，银行应将放款通知书、个人贷款信息卡等一并交借款人作回单。

46．【答案】D

【解析】个人住房装修贷款是指银行向自然人发放的、用于装修自用住房的人民币担保贷款。个人住房装修贷款可以用于支付家庭装潢和维修工程的施工款、相关的装修材料和厨卫设备款等。

47．【答案】C

【解析】贷款审查人负责对借款申请人提交的材料进行合规性审查，对贷前调查人提交的个人住房贷款调查审批表、面谈记录以及贷前调查的内容是否完整进行审查。贷款审查人认为需要补充材料和完善调查内容的，可要求贷前调查人进一步落实。

48．【答案】C

【解析】保证担保的法律风险主要表现在：①未明确连带责任保证，追索的难度大；②未明确保证期间或保证期间不明；③保证人保证资格有瑕疵或缺乏保证能力；④借款人互相提供保证无异于发放信用贷款；⑤公司、企业的分支机构为个人提供保证；⑥公司、企业职能部门、董事、经理越权对外提供保证等。

49．【答案】B

【解析】个人汽车贷款信用风险主要表现为借款人还款能力的降低和还款意愿的变化。信用风险的防控措施包括：①严格审查客户信息资料的真实性；②详细调查客户的还款能力；③科学合理地确定客户还款方式。

50. **【答案】B**

【解析】根据《物权法》第二百二十三条，可作为个人质押贷款的质物主要有：汇票、支票、本票；债券、存款单；仓单、提单；可以转让的基金份额、股权；可以转让的注册商标专用权、专利权、著作权等知识产权中的财产权；应收账款；法律、行政法规规定可以出质的其他财产权利。

51. **【答案】D**

【解析】D 项，商业助学贷款抵押手续办理的相关程序应规范，原则上贷款银行经办人员应直接参与抵押手续的办理，不可完全交由外部中介机构办理。

52. **【答案】C**

【解析】国家助学贷款采取"借款人一次申请、贷款银行一次审批、单户核算、分次发放"的方式，实行"财政贴息、风险补偿、信用发放、专款专用和按期偿还"的原则。其中，风险补偿是指根据"风险分担"的原则，按当年实际发放的国家助学贷款金额的一定比例对经办银行给予补偿。

53. **【答案】C**

【解析】个人商用房贷款期限最短为 1 年(含)，最长不超过 10 年。

54. **【答案】B**

【解析】个人住房贷款抵押担保的法律风险包括：①抵押物的合法有效性，根据《担保法》的规定，学校、医院等公益性事业单位公益财产，所有权不明、有争议的以及宅基地使用权不得设定抵押；②抵押物重复抵押；③抵押物价值高估、不足值或抵押率偏高；④抵押登记存在瑕疵，使得抵押担保处于抵押不生效的风险中。

55. **【答案】B**

【解析】出国留学贷款期限最短 6 个月，一般为 1~6 年，最长不超过 10 年。

56. **【答案】D**

【解析】在我国个人贷款业务的发展历程中，住房制度的改革促进了个人住房贷款的产生和发展，国内消费需求的增长推动了个人消费信贷的蓬勃发展，商业银行股份制改革推动了个人贷款业务的规范发展。

57. **【答案】C**

【解析】C 项，"假个贷"的"假"是指：①不具有真实的购房目的；②虚构购房行为使其具有"真实"的表象；③捏造借款人资料或者其他相关资料等。

58. **【答案】A**

【解析】银行营销组织模式包括：①职能型营销组织；②产品型营销组织；③市场型营销组织；④区域型营销组织。

59. **【答案】B**

【解析】权利质押是指以汇票、支票、本票、债券、存款单、仓单、提单、依法可转让的股份、股票、商标专用权、专利权、著作权中的财产权利等《担保法》规定的可以质押的，或贷款银行许可的质押物作为担保，借款人不履行还款义务时，贷款银行有权依法以权利凭证折价或以拍卖、变卖该权利凭证的价款优先受偿。

60. **【答案】C**

【解析】公积金个人住房贷款的还款方式包括等额本息还款法、等额本金还款法和一次还本付息法。一般而言，贷款期限在 1 年以内(含 1 年)的实行到期一次还本付息；贷款期限在 1 年以上的，借款人从发放贷款的次月起偿还贷款本息，一般采取等额本息还款法或等额本金还款法。

61．【答案】B

【解析】一般来说，个人住房贷款的期限在 1 年以内(含 1 年)的，实行合同利率，遇法定利率调整不分段计息；贷款期限在 1 年以上的，合同期内遇法定利率调整时，可由借贷双方按商业原则确定，可在合同期间按月、按季、按年调整，也可采用固定利率的确定方式。

62．【答案】C

【解析】C 项属于贷后与档案管理中的风险。

63．【答案】C

【解析】C 项，商用房的租金收入存在较多不确定因素，稳定性较差，如单纯以租金收入作为还款来源，风险较高。

64．【答案】D

【解析】贷款额度是指银行向借款人提供的以货币计量的贷款数额。除了中国人民银行、银监会或国家其他有关部门有明确规定外，个人贷款的额度可以根据申请人所购财产价值提供的抵押担保、质押担保和保证担保的额度以及资信等情况确定。

65．【答案】D

【解析】D 项，在个人贷款业务的发展过程中，各商业银行不断开拓创新，逐渐形成了颇具特色的个人贷款业务。

66．【答案】A

【解析】个人汽车贷款的特点主要体现在以下几个方面：①作为汽车金融服务领域的主要内容之一，在汽车产业和汽车市场发展中占有一席之地；②与汽车市场的多种行业机构具有密切关系；③风险管理难度相对较大。

67．【答案】D

【解析】公积金个人住房贷款业务中，承办银行的基本职责是：公积金借款合同签约、发放、职工贷款账户设立和计结息以及金融手续操作；可委托代理职责是：贷前咨询受理、调查审核、信息录入，贷后审核、催收以及查询对账。

68．【答案】B

【解析】个人贷款可采用有担保的抵押、质押、保证方式及无担保的信用方式。B 项，信用贷款是指以借款人的信誉发放的贷款，借款人不需要提供担保，其特征就是债务人无须提供抵押品或第三方担保仅凭自己的信誉就能取得贷款，并以借款人信用程度作为还款保证。

69．【答案】D

【解析】D 项，对于一手个人住房贷款，在借款人购买的房屋没有办好抵押登记之前，由开发商提供阶段性或全程担保。

70．【答案】C

【解析】C 项，抵押担保是指借款人或第三人不转移对法定财产的占有，将该财产作为贷款的担保。

71．【答案】D

【解析】以房地产作抵押的，抵押物必须符合《担保法》及最高人民法院《关于适用〈中华人民共和国担保法〉若干问题的解释》等有关规定，并且产权明晰、价值稳定、变现能力强、易于处置。银行不接受尚未还清贷款银行以外的其他金融机构的个人住房贷款、商用房贷款的房地产作抵押。

72．【答案】B

【解析】借款人可以根据需要选择还款方法，但一笔借款合同只能选择一种还款方法。

73．【答案】C

【解析】公积金个人住房贷款不以营利为目的，实行"低进低出"的利率政策，带有较强的政策性，贷款额度受到限制。因此，它是一种政策性个人住房贷款。

74．【答案】D

【解析】个人汽车贷款在开户放款时应注意：借款人与贷款银行签约时，要明确告知在放款时遇法定利率调整时，应执行具体放款日当日利率。因此，当贷款签约后，遇法定贷款利率调整时，业务部门开户放款时，发现"放款通知"贷款利率与贷款账户执行利率不一致，应通知相关部门按最新利率档次重新修改信贷发放信息，并重新办理开户放款有关手续。

75．【答案】B

【解析】等额本金还款法是指在贷款期内每月等额偿还贷款本金，贷款利息随本金逐月递减。等额本金还款法的特点是定期、定额还本，即在贷款后，每期借款人除了缴纳贷款利息外，还需要定额摊还本金。由于等额本金还款法每月还本额固定，所以其贷款余额以定额逐渐减少，每月付款及每月贷款余额也定额减少。

76．【答案】C

【解析】个人住房贷款的经办人员应该提高对操作风险的认识水平，增强对操作风险的应对能力。操作风险的防范措施包括：①提高贷款经办人员职业操守和敬业精神；②掌握并严格遵守个人住房贷款相关的规章制度和法律法规；③严格落实贷前调查和贷后检查。

77．【答案】C

【解析】采用贷款人受托支付方式的，银行应明确受托支付的条件，规范受托支付的审核要件，要求借款人在使用贷款时提出支付申请，并授权贷款人按合同约定方式支付贷款资金。银行应在贷款资金发放前审核借款人相关交易资料和凭证是否符合合同约定条件，支付后做好有关细节的认定工作。

78．【答案】D

【解析】与外部机构合作是当前和今后一段时间个人住房贷款业务开展的主要方式。中介机构除了为银行提供客源之外，大多数还承担一定的担保责任。同时，专业从事担保业务的中介担保公司，也是商业银行个人住房贷款业务的重要合作机构。

79．【答案】D

【解析】个人住房贷款的客户本身存在一定的风险，因此，银行都会在中国人民银行规定的贷款基准利率及浮动区间确定每笔贷款利率。个人住房贷款的利率按商业性贷款利率执行，上限放开，实行下限管理。

80.　【答案】D

　　【解析】营销人员能力的基本要求一般包括：①品质特征，包括诚信、自信心、豁达大度、坚韧性和进取心等；②销售技能，主要是观察分析能力、应变能力、组织协调能力和沟通能力等；③专业知识，包括相关的企业知识、产品知识、市场知识、客户知识和法律知识等。

　　二、多选题(共45题，每小题1分，共45分，下列选项中有两项或两项以上符合题目的要求，多选、少选、错选均不得分。)

1.　【答案】CDE

　　【解析】个人保证贷款手续简便，只要保证人愿意提供保证，银行经过核保认定保证人具有保证能力，签订保证合同即可，整个过程涉及银行、借款人和担保人三方，贷款办理时间短，环节少。

2.　【答案】ABC

　　【解析】在个人经营贷款的贷前调查中，贷款人受理借款人个人经营贷款申请后，应履行尽职调查职责，对个人经营贷款申请内容和相关情况的真实性、准确性、完整性进行调查核实，形成贷前调查报告。

3.　【答案】ABDE

　　【解析】C项，公积金个人住房贷款的利率比自营性个人住房贷款利率低。

4.　【答案】ABC

　　【解析】个人商用房贷款期限最短为1年(含)，最长不超过10年，可采用按月等额本息还款法、按月等额本金还款法、按周(双周、三周)还本付息还款法等还款法。

5.　【答案】ABDE

　　【解析】房地产开发商开发项目的"五证"是指国有土地使用证、建设用地规划许可证、建设工程规划许可证、建筑工程施工许可证和商品房预售许可证。

6.　【答案】ABE

　　【解析】个人汽车贷款业务中合作机构的担保风险主要是保险公司的履约保证保险以及汽车经销商和专业担保公司的第三方保证担保。

7.　【答案】AD

　　【解析】A项，农户贷款鼓励采用贷款人受托支付方式向借款人交易对象进行支付；D项，原则上一年期以上贷款不得采用到期利随本清方式。

8.　【答案】ABCD

　　【解析】法人是具有民事权利能力和民事行为能力，依法独立享有民事权利和承担民事义务的组织。《民法通则》以法人活动的性质为标准，将法人分为企业法人、机关法人、事业单位法人和社会团体法人。

9.　【答案】BDE

　　【解析】个人商用房贷款的贷款审批人应对以下内容进行审查：①贷款资料是否完整、齐全，资料信息是否合理、一致，首付款金额与开发商开具的发票(收据)或银行对账单是否一致，有无"假按揭"贷款嫌疑；②借款人是否符合条件、资信是否良好、还款来源是否足额可信；③抵押房产是否合法、充足和有效，价值是否合理，权属关系是否清晰，是否

169

易于变现；④贷款金额、成数、利率、期限、还款方式是否符合相关规定。

10．【答案】ABC

【解析】个人经营贷款发放后，贷款人要按照主动、动态、持续的原则要求进行贷后检查，通过实地现场检查和非现场监测方式，对借款人有关情况真实性、收入变化情况，以及其他影响个人经营贷款资产质量的因素进行持续跟踪调查、分析，并采取相应补救措施。

11．【答案】ABCD

【解析】个人商用房贷款贷后管理相关工作由贷款经办行及信贷管理部门共同负责。贷款经办行贷后管理内容包括客户关系维护、押品管理、违约贷款催收及相应的贷后检查等工作。信贷管理部门负责贷后监测、检查及对贷款经办行贷后管理工作的组织和督导。

12．【答案】ABCDE

【解析】个人汽车贷款操作风险的防控措施包括：①掌握个人汽车贷款业务的规章制度；②规范业务操作；③熟悉关于操作风险的管理政策；④把握个人汽车贷款业务流程中的主要操作风险点；⑤对于关键操作，完成后应做好记录备查，尽职免责，提高自我保护能力。

13．【答案】ABE

【解析】抵押物的价值会因市场的波动而表现出不同的价格，当抵押物价值下降到可能危及银行贷款安全时，银行应要求借款人提前归还部分或全部贷款，或再追加提供其他贷款银行认可的抵押物，以保证全部抵押物现值乘以最高抵押率后仍大于或等于剩余贷款本金。

14．【答案】BDE

【解析】A 项，商业助学贷款实行"部分自筹、有效担保、专款专用和按期偿还"的原则；C 项，各商业银行、城市信用社和农村信用社等金融机构均可开办商业助学贷款。

15．【答案】BCE

【解析】A 项，房产税由产权所有人缴纳；D 项，产权未确定及典租纠纷未解决的，由房产代管人或者使用人缴纳。

16．【答案】ABCD

【解析】E 项属于个人汽车贷款在贷款签约和发放过程中的风险。

17．【答案】ACDE

【解析】一线经办人员必须严格执行贷款准入条件，从源头上降低"假个贷"风险。在具体的操作上，要注意检查以下四个方面的内容：①借款人身份的真实性；②借款人信用情况；③各类证件的真实性；④申报价格的合理性。

18．【答案】BC

【解析】贷款的回收是指借款人按借款合同约定的还款计划和还款方式及时、足额地偿还贷款本息。个人汽车贷款回收的原则是先收息、后收本，全部到期、利随本清。

19．【答案】ABCD

【解析】购房首付款证明材料，包括借款人首付款交款单据(如发票、收据、银行进账单、现金交款单等)，首付款尚未支付或者首付款未达到规定比例的，要提供用于购买住房的自筹资金的有关证明。

20．【答案】ACDE

【解析】B项，借款申请人所提交材料的规范性应在初审时审查。

21．【答案】ABCE

【解析】个人贷款的操作风险主要包括：贷款受理和调查中的风险、贷款审查和审批中的风险、贷款签约和发放中的风险、贷款支付管理中的风险、贷后管理中的风险。D项，还款能力发生变化属于信用风险。

22．【答案】ABCDE

【解析】个人教育贷款是银行向在读学生或其直系亲属、法定监护人发放的用于满足其就学资金需求的贷款。个人教育贷款信用风险的防控措施包括题中ABCDE五项。

23．【答案】ABCDE

【解析】除ABCDE五项外，个人住房贷款档案中的借款人的相关资料还包括：购房交易收件收据；所购住房的估价证明；抵押物或质物清单、权属证明、有处分权人同意抵押或质押的证明及有权部门出具的抵押物估价证明；保证人资信证明及同意提供担保的文件；个人住房借款申请审批表；借款合同；抵押合同(质押合同、保证合同)；保险合同、保险单据；个人住房贷款凭证。

24．【答案】BCDE

【解析】A项，公积金个人住房贷款不以营利为目的，实行"低进低出"的利率政策，带有较强的政策性，贷款额度受到限制。因此，它是一种政策性个人住房贷款。

25．【答案】ABCD

【解析】个人贷款产品定价原则主要包括以下几种：①成本收益原则；②风险定价原则；③组合定价原则；④参照市场价格原则；⑤与宏观经济政策相一致原则。

26．【答案】BCE

【解析】在个人贷款业务的发展过程中，各商业银行不断开拓创新，逐渐形成了颇具特色的个人贷款业务。个人贷款的特征有：①贷款品种多、用途广；②贷款便利；③还款方式灵活；④低资本消耗。

27．【答案】ABCD

【解析】以房地产作抵押的，抵押物必须符合《担保法》及最高人民法院《关于适用〈中华人民共和国担保法〉若干问题的解释》等有关规定，并且产权明晰、价值稳定、变现能力强、易于处置。

28．【答案】ADE

【解析】BC两项是验证工资收入真实性的方法。

29．【答案】ACE

【解析】开发商资信审查具体包括：①房地产开发商资质审查；②企业资信等级或信用程度；③经国家工商行政管理机关核发的企业法人营业执照；④税务登记证明；⑤会计报表；⑥开发商的债权债务和为其他债权人提供担保的情况；⑦企业法人代表的个人信用程度和管理层的决策能力。

30．【答案】ABCDE

【解析】根据《物权法》第一百八十四条，下列财产不得抵押：①土地所有权；②耕地、宅基地、自留地、自留山等集体所有的土地使用权，但法律规定可以抵押的除外；

③学校、幼儿园、医院等以公益为目的的事业单位、社会团体的教育设施、医疗卫生设施和其他社会公益设施；④所有权、使用权不明或者有争议的财产；⑤依法被查封、扣押、监管的财产；⑥法律、行政法规规定不得抵押的其他财产。

31.【答案】AB

【解析】个人贷款原则上应当采用贷款人受托支付的方式向借款人交易对象支付，属于下列情形之一的个人贷款，经贷款人同意可以采取借款人自主支付方式：①借款人无法事先确定具体交易对象且金额不超过 30 万元人民币的；②借款人交易对象不具备条件有效使用非现金结算方式的；③贷款资金用于生产经营且金额不超过 50 万元人民币的；④法律法规规定的其他情形。

32.【答案】ACE

【解析】根据《商业银行房地产贷款风险管理指引》第三十六条，商业银行应将借款人住房贷款的月房产支出与收入比控制在一定比例之内，其中的收入应该是指申请人自身的可支配收入，即单一申请为申请人本人可支配收入，共同申请为主申请人和共同申请人的可支配收入。但对于单一申请的贷款，如商业银行考虑将申请人配偶的收入计算在内，则应该先予以调查核实，同时对于已将配偶收入计算在内的贷款也应相应地把配偶的债务一并计入。

33.【答案】ABCDE

【解析】个人汽车贷款审批中需要注意的事项包括：①确保业务办理符合银行政策和制度；②确保贷款申请资料合规，资料审查流程严密；③确保贷款方案合理，对每笔借款申请的风险情况进行综合判断，保证审批质量；④确保符合转授权规定，对于单笔贷款越过经办行审批权限的，必须逐笔将贷款申请及经办行审批材料报上级行进行后续审批；⑤严格执行客户经理、业务主管、专职审批人和牵头审批人逐级审批的制度。

34.【答案】ABCDE

【解析】个人保证贷款是指银行以银行认可的，具有代位清偿债务能力的法人、其他经济组织或自然人作为保证人而向自然人发放的贷款。个人保证贷款手续简便，只要保证人愿意提供保证，银行经过核保认定保证人具有保证能力，签订保证合同即可，整个过程涉及银行、借款人和担保人三方，贷款办理时间短，环节少。如果贷款出现逾期，银行可按合同约定直接向保证人扣收贷款，出现纠纷可通过法律程序予以解决。

35.【答案】ABCDE

【解析】信用风险防范措施中，对借款人还款能力的甄别一般包括验证借款人的工资收入、租金收入、投资收入和经营收入四个方面。其中，验证工资收入的真实性可采取的做法有题中 ABCDE 五项。

36.【答案】BC

【解析】AD 两项，个人贷款的对象仅限于自然人，而不包括法人；E 项，个人贷款的借款人为具有完全民事行为能力的中华人民共和国公民或符合国家有关规定的境外自然人。

37.【答案】AC

【解析】等比累进还款法是指借款人每个时间段上以一定比例累进的金额(分期还款额)偿还贷款，其中，每个时间段归还的金额包括该时间段应还利息和本金，按还款间隔逐期归还，在贷款截止日期前全部还清本息。等比累进还款法又分为等比递增还款法和等比递减还款法。

38．【答案】ABCE

【解析】除ABCE四项外，贷款审批人还应对以下内容进行审查：①借款人提供的材料是否完整、合法、有效；②贷前调查人的调查意见、对借款人资信状况的评价分析以及提出的贷款建议是否准确、合理；③对报批贷款的主要风险点及其风险防范措施是否合规有效；④其他需要审查的事项。

39．【答案】ABCE

【解析】个人质押贷款的特点包括：①贷款风险较低，担保方式相对安全；②时间短、周转快，个人质押贷款一般是急用，要求效率较高，办理时间短，手续简便；③操作流程短，个人质押贷款一般在柜台办理，按照网点授权大小进行审批，同行开出的权利凭证办理质押贷款便于核实，效率较高；④质物范围广泛。

40．【答案】CDE

【解析】按照五级分类方式，不良个人住房贷款包括五级分类中的后三类贷款，即次级、可疑和损失类贷款。银行应按照银行监管部门的规定定期对不良个人住房贷款进行认定。

41．【答案】ABE

【解析】合同利率是指贷款银行根据法定贷款利率和中国人民银行规定的浮动幅度范围以及利率政策等，经与借款人共同商定，并在借款合同中载明的某一笔具体贷款的利率。

42．【答案】ABCD

【解析】公积金个人住房贷款是住房公积金使用的中心内容。公积金个人住房贷款实行"存贷结合、先存后贷、整借零还和贷款担保"的原则。

43．【答案】CDE

【解析】个人耐用消费品贷款是指银行向自然人发放的用于购买大额耐用消费品的人民币担保贷款。其中，耐用消费品通常是指价值较大、使用寿命相对较长的家用商品，包括除汽车、房屋以外的家用电器、电脑、家具、健身器材和乐器等。

44．【答案】BCDE

【解析】A项，在贷款期间，经贷款银行同意，借款人可根据实际情况变更贷款担保方式。

45．【答案】ABCDE

【解析】申请个人汽车贷款，借款人须提供一定的担保措施，包括质押、以贷款所购车辆作抵押、房地产抵押和第三方保证等，还可采取购买个人汽车贷款履约保证保险的方式。在实际操作中，各商业银行通常会根据具体情况对各种担保方式做出进一步的细化规定。

三、判断题(共15题，每小题1分，共15分，正确的选A，错误的选B；不选、错选均不得分。)

1．【答案】A

【解析】借款人申请个人汽车贷款，须具备贷款银行要求的下列条件：①中华人民共和国公民，或在中华人民共和国境内连续居住 1 年以上(含 1 年)的港、澳、台居民及外国人；②具有有效身份证明、固定和详细住址且具有完全民事行为能力；③具有稳定的合法收入或足够偿还贷款本息的个人合法资产；④个人信用良好；⑤能够支付贷款银行规定的首期付款；⑥贷款银行要求的其他条件。

2．【答案】A

【解析】个人一手房贷款和二手房贷款的期限由银行根据实际情况合理确定，最长期限都为 30 年。个人二手房贷款的期限不能超过所购住房的剩余使用年限。

3．【答案】B

【解析】我国目前个人住房贷款中的浮动利率制度，使借款人承担了相当大比率的利率风险，这就导致了借款人在利率上升周期中出现贷款违约的可能性加大。

4．【答案】A

【解析】对不同拖欠期限的不良个人贷款的催收，可采取不同的方式如电话催收、信函催收、上门催收、通过中介机构催收，以及采取法律手段，如律师函、司法催收等方式督促借款人按期偿还贷款本息，以最大限度降低贷款损失，有担保人的要向担保人通知催收。

5．【答案】A

【解析】借款人的申请通过公积金管理中心审批后，向受委托主办银行出具委托贷款通知书，明确贷款的对象、金额、期限、利率等内容，同时公积金管理中心将委托贷款基金划入银行的住房委托贷款基金账户。银行凭委托放款通知书与借款人签订借款合同和担保合同，办理抵押手续。

6．【答案】A

【解析】个人商用房贷款操作风险的防控措施之一是加强抵押物管理，进一步完善抵押物审查、评估、抵押登记等环节的管理，客观、公正估值，合法、有效落实抵押登记手续。对商业前景不明的期房及单独处置困难的产权式商铺等房产，原则上不得接受抵押。

7．【答案】A

【解析】贷款利率是借款人为取得货币资金的使用权而支付给银行的价格，利息是货币所有者因暂时让渡一定货币资金的使用权而从借款人那里取得的报酬，实际上就是借贷资金的"成本"。利息水平的高低是通过利率的大小表示的。

8．【答案】A

【解析】个人贷款档案是指银行在经办和管理个人住房贷款工作中形成的具有史料价值及参考利用价值的贷款管理专业技术材料的总称。贷款档案可以是原件，也可以是具有法律效力的复印件。

9．【答案】A

【解析】个人保证贷款是指银行以银行认可的，具有代位清偿债务能力的法人、其他经济组织或自然人作为保证人而向自然人发放的贷款。如果贷款出现逾期，银行可按合同约定直接向保证人扣收贷款，出现纠纷可通过法律程序予以解决。

10．【答案】B

【解析】贷款人应定期跟踪分析评估借款人履行借款合同约定内容的情况，并作为与借款人后续合作的信用评价基础。

11．【答案】B

【解析】拟接受超出范围的押品或超过相应最高抵质押率的押品办理授信业务的，需经一级分行分管相关业务的行领导确认确有必要，直接报送有权行审批部门在信贷审批时一并决策。

12．【答案】A

【解析】开展个人贷款业务，不但有利于银行增加收入和分散风险，而且有助于满足城乡居民的消费需求、繁荣金融行业、促进国民经济的健康发展。

13．【答案】B

【解析】个人住房贷款采用抵押担保方式的，抵押的财产必须符合《担保法》的法定条件。借款人以所购住房作抵押的，银行通常要求将住房价值全额用于贷款抵押；若以贷款银行认可的其他财产作抵押的，银行往往规定其贷款额度不得超过抵押物价值的一定比例。

14．【答案】A

【解析】经办银行在发放贷款后，于每季度结束后的10个工作日内，按照"中央部门所属高校国家助学贷款贴息资金汇总表"汇总已发放的国家助学贷款学生名单、贷款金额、利率、利息，经合作高校确认后上报总行。

15．【答案】A

【解析】个人汽车贷款实行"设定担保、分类管理、特定用途"的原则。其中，"设定担保"是指借款人申请个人汽车贷款需提供所购汽车抵押或其他有效担保；"分类管理"是指按照贷款所购车辆种类和用途的不同，对个人汽车贷款设定不同的贷款条件；"特定用途"是指个人汽车贷款专项用于借款人购买汽车，不允许挪作他用。

2016年上半年银行业专业人员职业资格考试《个人贷款(初级)》真题

一、单选题(共80题,每小题0.5分,共40分,下列选项中只有一项最符合题目要求,不选、错选均不得分。)

1. 下列各项中,( )不属于质押合同的内容。
   A. 被担保的主债权种类、数额
   B. 质押担保的范围
   C. 债务人住所
   D. 债务人履行债务的期限

2. 根据《担保法》的规定,下列财产不可以用于个人贷款抵押物的是( )。
   A. 抵押人依法有权处分的国有的机器、交通运输工具和其他财产
   B. 抵押人所有的机器、交通运输工具和其他财产
   C. 抵押人的集体土地使用权、房屋和其他地上定着物
   D. 抵押人所有的房屋和其他地上定着物

3. 根据最新监管政策,商业银行对个人住房贷款客户的贷款利率和首付款比例,应主要根据( )区别核定。
   A. 所购房屋为期房或现房
   B. 普通住房或非普通住房
   C. 首次购房或非首次购房
   D. 自住房或非自住房

4. 发放商业性个人贷款的商业银行应根据____原则,完善授权管理制度,规范审批操作流程,明确贷款审批权限,实行审贷分离和授权审批,确保贷款审批人员按照____审批贷款。( )
   A. 审慎性;授权独立
   B. 合规性;职务逐级
   C. 自主性;岗位自主
   D. 营利性;岗位职责

5. 下列关于个人贷款还款方式的表述,正确的是( )。
   A. 等额累进还款法是指借款人在每个时间段以一定比例累进的金额偿还贷款,按还款间隔逐期归还,在贷款截止日期前全部还清本息
   B. 等额本息还款法是指在贷款期内每月等额偿还贷款本金,贷款利息随本金逐月递减
   C. 等额本金还款法是指贷款期内每月以相等的额度平均偿还贷款本息
   D. 到期一次还本付息法是指借款人需在到期日还清贷款本息,利随本清

6. 所购商用房为商住两用房的,贷款额度不得超过所购商用房价值的( )。
   A. 60%   B. 55%   C. 50%   D. 45%

7. 对贷款进行分类时,要以评估借款人的还款能力为核心,把借款人的正常营业收入作为贷款的主要还款来源,贷款的担保作为( )还款来源。
   A. 必须   B. 直接   C. 第一   D. 第二

8. ( )是民事活动中最核心、最基本的原则。

  A．诚实信用原则   B．平等原则

  C．自愿原则   D．公平原则

9. 借款人无法按照计划偿还个人汽车贷款时，须提前( )天提出展期申请。

  A．30   B．45   C．60   D．90

10. 按照资金来源划分，个人住房贷款不包括( )。

  A．公积金个人住房贷款   B．个人住房组合贷款

  C．自营性个人住房贷款   D．新建房个人住房贷款

11. 按照《个人贷款管理暂行办法》有关贷款资金支付管理的规定，采用贷款人受托支付的，贷款人应( )。

  A．把贷款资金专户存储，借款人的交易对象在用款时向贷款人提出用款申请

  B．把贷款资金专户存储，借款人用款时向贷款人提出申请

  C．要求借款人在使用贷款时提出支付申请，并授权交易对象按合同约定方式提取资金

  D．要求借款人在使用贷款时提出支付申请，并授权贷款人按合同约定方式支付贷款资金

12. 为加强对个人隐私的保护，中国人民银行对个人征信系统的安全管理采取的措施中不包括( )。

  A．查询记录   B．限定用途   C．违规处罚   D．分级管理

13. 为应对个人经营贷款风险，银行应采取相应的防控措施，下列说法错误的是( )。

  A．贷款银行经办人员应直接参与抵押手续的办理，不可完全交由外部中介机构办理

  B．银行应在还款日前一定时间内，以书面或其他方式通知借款人安排还款资金

  C．谨慎受理产权、使用权不明确或当前管理不够规范的不动产抵押

  D．借款人采用抵押担保的，抵押物须产权明晰、价值稳定、变现能力强、易于转移

14. 贷款所购车辆为自用车的，贷款额度不得超过所购汽车价格的____；贷款所购车辆为商用车的，贷款额度不得超过所购汽车价格的____；贷款所购车辆为二手车的，贷款额度不得超过借款人所购汽车价格的____。( )

  A．70%；50%；40%   B．80%；70%；50%

  C．70%；60%；50%   D．80%；60%；50%

15. 商业银行应着重考核借款人还款能力。应将借款人住房贷款的月房产支出与收入比控制在____，月所有债务支出与收入比控制在____。( )

  A．50%以下(含)；55%以下(含)   B．50%以下(含)；60%以下(含)

  C．45%以下(含)；55%以下(含)   D．45%以下(含)；50%以下(含)

16. 在审查个人商用房贷款借款人所提交的材料是否真实、合法时，审查的内容不包括( )。

  A．审查借款人、保证人、抵押人、出质人的身份证件是否真实、有效

  B．审查抵(质)押物的权属证明材料是否真实，有无涂改现象

C．审查借款人户籍所在地是否在贷款银行所在地区

D．审查借款人提供的直接划拨账户是否是借款人本人的活期账户

17．对于个人汽车贷款，银行在与保险公司合作过程中可能存在的风险不包括(　　)。

A．保险公司依法解除保险合同，贷款银行的债权难以得到保障

B．保证保险的责任限制造成风险缺口

C．免责条款成为保险公司的"护身符"，贷款银行难以追究保险公司的保险责任

D．保险公司不具备代理资格

18．个人住房贷款对合作机构分析的要点不包括(　　)。

A．合作机构的注册地址　　　　　　　　　B．合作机构的历史信用记录

C．合作机构的领导层素质　　　　　　　　D．合作机构的经营成果

19．下列关于个人汽车贷款信用风险管理措施的表述中，错误的是(　　)。

A．在贷后管理工作中应及时了解客户的经济状况，积极发挥汽车经销商或保险公司在贷后管理方面的作用

B．如客户还有其他银行负债，应评价其总负债额在家庭总收入中的比例是否合理

C．严格审查客户信息资料的真实性

D．贷款期限在一年以上的，原则上应采取一次还本付息的还款方式

20．关于全国个人信用信息基础数据库系统，下列说法错误的是(　　)。

A．包含个人在商业银行的借款、抵押、担保数据及身份验证信息

B．向商业银行提供个人信用信息的查询服务

C．包含个人在保险、证券、工商等领域业务的信用信息

D．我国最大的个人征信数据库，为中国人民银行所建设并已投入使用

21．商业助学贷款的借款人可以申请(　　)。

A．减免利息　　　　B．财政贴息　　　　C．利息本金化　　　　D．本金利息化

22．张老突患中风昏迷，亟须 10 万元医疗费用，拟向银行申请个人医疗贷款，下列不能作为借款人的是(　　)。

A．张老在银行工作的儿子　　　　　　　　B．张老的配偶

C．张老本人　　　　　　　　　　　　　　D．张老在政府部门工作的女儿

23．下列不可以作为个人经营贷款申请材料中个人收入证明的是(　　)。

A．个人纳税证明　　　　　　　　　　　　B．在银行近 3 个月内的存款

C．个人在经营实体的分红证明　　　　　　D．工资薪金证明

24．个人住房贷款的质押担保主要是权利质押，还没有普遍作为质押担保物的是(　　)。

A．国债　　　　　　　B．保单　　　　　　C．股票　　　　　　　D．存单

25．国家助学贷款的担保方式采用的是(　　)方式。

A．信用　　　　　　　B．保证　　　　　　C．质押　　　　　　　D．抵押

26．(　　)是借款人为取得货币资金的使用权而支付给银行的价格。

A．固定利率　　　　B．贷款利率　　　　C．存款利率　　　　D．浮动利率

27．个人贷款原则上应当采用(　　)的方式向借款人交易对象支付。

A．贷款人自主支付　　　　　　　　　　　B．借款人自主支付

C．贷款人受托支付　　　　　　　　　　　D．借款人受托支付

28. 个人归还商业助学贷款是从其离校后次( )开始。

　　A. 年　　　　　　B. 季　　　　　　C. 日　　　　　　D. 月

29. 下列关于个人教育贷款的表述，错误的是( )。

　　A. 商业助学贷款实行"部分自筹、有效担保、专款专用和按期偿还"的原则

　　B. 借款人主要为在校学生，风险度相对较低

　　C. 具有社会公益性，政策参与程度较高

　　D. 国家助学贷款实行"财政贴息、风险补偿、信用发放、专款专用和按期偿还"的原则

30. 个人住房贷款业务中，在房屋未办妥正式抵押登记前，普遍采取的担保方式为( )。

　　A. 预抵押　　　　　　　　　　　　B. 抵押加阶段性保证

　　C. 阶段性保证　　　　　　　　　　D. 保证

31. 个人住房贷款可实行的担保方式是( )。

　　A. 抵押、信用、保证　　　　　　　B. 抵押、信用、质押

　　C. 抵押、质押、保证　　　　　　　D. 信用、质押、保证

32. 汽车贷款常用的还款方式不包括( )。

　　A. 等额本息还款法　　　　　　　　B. 等额本金还款法

　　C. 到期一次还本付息法　　　　　　D. 等比累进还款法

33. 个人经营贷款贷前调查应( )。

　　A. 实地调查为主、间接调查为辅　　B. 间接调查为主、实地调查为辅

　　C. 实地调查或间接调查　　　　　　D. 实地调查与间接调查并行

34. 银行要正确把握个人住房贷款借款人的第一还款来源，从而有效控制个人住房贷款业务的( )。

　　A. 操作风险　　　　B. 法律风险　　　　C. 合规风险　　　　D. 信用风险

35. 个人商用房贷款的贷款发放要遵循( )的原则，由独立的放款管理部门或岗位负责落实放款条件、发放满足约定条件的贷款。

　　A. 审放分离　　　　B. 协议承诺　　　　C. 诚信申贷　　　　D. 实贷实付

36. 办理国家助学金贷款的经办银行在发放贷款后，于每季度结束后的( )个工作日内，汇总已发放的国家助学贷款学生名单、贷款金额、利率、利息，经合作高校确认后上报总行。

　　A. 30　　　　　　B. 10　　　　　　C. 15　　　　　　D. 7

37. 商业银行先要和公积金管理中心签订( )，取得公积金个人住房贷款业务的承办权之后才能接受委托办理公积金个人住房贷款业务。

　　A. 委托贷款通知书　　　　　　　　B. 住房公积金贷款业务委托协议书

　　C. 委托放款协议书　　　　　　　　D. 住房公积金借款合同

38. 对个人经营贷款借款人的生产经营收入，应重点调查的内容不包括( )。

　　A. 未来收入预期的合理性　　　　　B. 经营收入的稳定性

　　C. 经营收入的合法性　　　　　　　D. 经营成本的稳定性

39. 公积金个人住房贷款实行"存贷结合、先存后贷、(　　)和贷款担保"的原则。
　　A. 整借零还　　　　　B. 整借整还　　　　C. 零借零还　　　　　D. 零借整还

40. 个人住房贷款业务合作中开发商一般需要与商业银行签订(　　)。
　　A.《商品房预售合作协议书》　　　　　B.《商品房售后合作协议书》
　　C.《商品房销售贷款合作协议书》　　　D.《公积金房销售合作协议书》

41. 一般情况下,公积金个人住房贷款资金必须以(　　)的方式交入售房人账户。
　　A. 现金　　　　　B. 回单　　　　　C. 网银　　　　　D. 转账

42. 下列对个人住房贷款调查的方式和要求的说法,错误的是(　　)。
　　A. 借款人及配偶本笔住房贷款月还款额与月收入之比应在50%(含)以下
　　B. 月所有债务支出(本笔贷款的月还款额+其他债务月均偿付额)与月收入之比应在60%(含)以下
　　C. 贷前调查人通过审查借款申请材料了解借款申请人的基本情况、借款所购(建)房屋情况、贷款担保情况等
　　D. 贷前调查人应通过面谈了解借款申请人的基本情况、借款所购(建)房屋情况以及贷前调查人认为应调查的其他内容

43. 自营性个人住房贷款的下限利率水平为相应期限档次贷款基准利率的(　　)倍,商业银行可根据具体情况自主确定利率水平和内部定价规则。
　　A. 0.85　　　　　B. 0.7　　　　　C. 0.9　　　　　D. 1.1

44. 公积金个人住房贷款是政策性贷款,实行(　　)的利率政策,带有较强的政策性。
　　A. 低进高出　　　　　B. 低进低出　　　　C. 高进高出　　　　D. 高进低出

45. 下列关于个人贷款尽职调查的方式和要求的说法,错误的是(　　)。
　　A. 应以实地调查为主、间接调查为辅,采取现场核实、电话查问以及信息咨询等途径和方法
　　B. 通过电子银行渠道发放低风险质押贷款的,贷款人应当采取有效措施确定借款人真实身份
　　C. 贷款人应建立并严格执行贷款面谈、面签和面访制度
　　D. 贷款人在不损害借款人合法权益和风险可控的前提下,可将贷款调查中的部分或全部事项审慎委托第三方代为完成

46. 个人住房贷款的信用风险通常是因借款人的____和____下降导致的。(　　)
　　A. 还款能力;担保品价值　　　　　B. 还款意愿;担保品价值
　　C. 还款能力;还款意愿　　　　　　D. 担保品价值;保证人实力

47. 在个人住房贷款中,合作机构的主要风险表现形式不包括(　　)。
　　A. 开发商的"假个贷"　　　　　B. 评估机构房产评估价值失实
　　C. 担保公司担保放大倍数过大　　D. 住房公积金管理中心贷款期限调整

48. 个人汽车贷款业务中,在仅提供(　　)的情况下提供巨额贷款的担保,若借款人违约,担保公司往往难以承担责任,即第三方保证担保方式存在风险隐患。
　　A. 足额保证金　　　　　B. 超额保证金
　　C. 少量保证金　　　　　D. 巨额保证金

49．国家助学贷款借款人自____起，下月 1 日(含 1 日)开始归还贷款利息，并可以选择在毕业后的____个月内的任何一个月开始偿还贷款本息。(   )

    A．取得毕业证书之日；12   B．正式工作之日；12

    C．正式工作之日；24   D．取得毕业证书之日；24

50．借款人可能因违规、违法等行为受到处罚，如被学校开除，或因学习成绩不好，未拿到毕业证，毕业找不到好工作等。这属于个人教育贷款信用风险中的(   )。

    A．还款意愿风险   B．操作风险

    C．欺诈风险   D．行为风险

51．小李在大学二年级时(2007 年 6 月 25 日)获得了商业助学贷款 5000 元，期限 6 年，他于 2009 年 6 月 24 日毕业，因为家庭困难，在校期间无力偿还贷款利息。按有关规定，他毕业时欠银行贷款本息是(   )元。(假设年利率为 7.47%)

    A．5774.9   B．5747   C．5000   D．4774.9

52．(   )是指银行向借款人提供的以货币计量的贷款产品数额。

    A．贷款本息   B．贷款余额   C．贷款价格   D．贷款额度

53．各商业银行的同一个人贷款产品有不同的还款方式供借款人选择，可以比较灵活地按照借款人的还款能力规划还款进度，满足个性化需求的还款方式是(   )。

    A．等额本息还款法   B．等额本金还款法

    C．组合还款法   D．等额累进还款法

54．按住房交易形态划分，个人住房贷款不包括(   )。

    A．个人二手房住房贷款   B．新建房个人住房贷款

    C．个人住房组合贷款   D．个人再交易住房贷款

55．下列不属于个人贷款合作单位的是(   )。

    A．开发商   B．担保机构   C．汽车经销商   D．房地产交易中心

56．个人住房装修贷款可以用于支付的款项不包括(   )。

    A．家用电器购买款   B．相关的装修材料和厨卫设备款

    C．家庭装潢款   D．维修工程的施工款

57．下列有关格式条款合同的表述不正确的是(   )。

    A．对格式条款有两种以上解释的，应当做出有利于提供格式条款一方的解释

    B．格式条款和非格式条款不一致的，应当采用非格式条款予以解释

    C．对格式条款发生争议的，应当按照通常理解予以解释

    D．格式条款是当事人为了重复使用而预先拟定，并在订立合同时未与对方协商的条款

58．经贷款人同意，个人贷款可以展期。1 年以内(含)的个人贷款，展期期限累计不得超过(   )。

    A．该贷款品种规定的最长贷款期限   B．原贷款期限

    C．半年   D．1 年

59．下列情形中，不可以采取借款人自主支付的是(   )。

    A．农户生产经营贷款且金额不超过 50 万元

    B．农户消费贷款且金额达到 40 万元

  C.用于农副产品收购等无法确定交易对象的

  D.借款人交易对象不具备有效使用非现金结算条件的

60.下列关于个人住房贷款的表述,错误的是( )。

  A.自营性个人住房贷款也称商业性个人住房贷款

  B.公积金个人住房贷款实行"低进低出"的利率政策

  C.个人住房组合贷款不追求营利,是一种政策性贷款

  D.个人住房贷款是指银行向自然人发放的用于购买、建造和大修理各类型住房的贷款

61.下列不能作为个人住房贷款借款人收入证明的是( )。

  A.借款人单位人事部门出具的收入证明

  B.借款人房屋出租的租金证明

  C.借款人个人纳税证明

  D.借款人出具的收入证明

62.个人贷款借款人的还款能力证明材料不包括( )。

  A.投资经营收入证明

  B.抵押物变现价值证明

  C.财产情况证明

  D.工资收入证明

63.借款人贷款本金为80万元,贷款期限为15年,采用按月等额本金还款法,月利率为3.465‰,借款人第一期的还款额为( )元。

  A.7989.62   B.7631.67   C.7216.44   D.7512.63

64.一般来说,经济尚未稳定而且是初次贷款购房的人会选择的还款方式是( )。

  A.等额本息还款法   B.等额本金还款法

  C.等比累进还款法   D.到期一次还本付息法

65.下列关于个人贷款借款合同的签订,表述错误的是( )。

  A.如果签约人委托他人代替签字,签字人必须出具委托人委托其签字并经公证的委托授权书

  B.对采取抵押担保方式的,应要求抵押物共有人在相关合同文本上签字

  C.借款人、保证人为自然人的,应当面核实签约人身份证明之后由签约人当场签字

  D.保证人为法人的,保证方签字人应为其高管人员

66.贷款期限在1年以内(含1年)的个人贷款的利率,在合同期内遇法定利率调整时,( )。

  A.实行合同利率   B.在合同期间按月调整

  C.在合同期间按年调整   D.可分段计息

67.市场细分的基础是( )。

  A.细分变量可衡量   B.细分市场可进入

  C.各细分市场具有明显差异性 D.细分市场营销成本合理

68. 根据《个人贷款管理暂行办法》的规定，1年以上的个人贷款，展期期限累计( )。

    A. 不得超过该贷款品种规定的最长贷款期限

    B. 与原贷款期限相加不得超过该贷款品种规定的最长贷款期限

    C. 最长不得超过 30 年

    D. 不得超过 10 年

69. 不良个人住房贷款的处置方式不包括( )。

    A. 通过拍卖行竞拍   B. 向法院提起诉讼

    C. 申请强制执行   D. 与借款人协商变卖

70. 根据《物权法》，下列不得作为个人质押贷款质押物的是( )。

    A. 国债   B. 提单

    C. 可以转让的基金份额   D. 应付账款

71. 银行业务部门应根据贷款审批人的审批意见，对未获批准的贷款申请，及时告知
( )，将有关材料退还，并做好解释工作，同时做好信贷拒贷记录存档。

    A. 调查人   B. 审查人   C. 贷款人   D. 借款人

72. 住房公积金贷款业务的信用风险，由( )承担。

    A. 住房公积金管理中心   B. 银行和住房公积金管理中心共同

    C. 银行   D. 借款人本人

73. 下列不属于个人住房贷款的是( )。

    A. 公积金个人住房贷款   B. 自营性个人住房贷款

    C. 个人住房组合贷款   D. 个人商用房贷款

74. 对于"直客式"个人贷款营销模式，下列说法错误的是( )。

    A. 有利于银行全面了解客户需求，做熟悉的客户，从而有效防止"假按揭"

    B. 网点的大堂经理和客户经理可以直接回答客户的问题，但不得受理客户的贷
       款申请

    C. 指利用银行网点和理财中心作为销售和服务的主渠道，直接营销客户，受理
       客户贷款需求

    D. 它的特点在于买房时享受一次性付款的优惠，主要包括房价折扣，保险、律师
       与公证的一站式服务

75. 商用房贷款审查和审批环节中的主要风险点不包括( )。

    A. 未按权限审批贷款   B. 合同制作不合格

    C. 对内容审查不严   D. 业务不合格

76. 个人教育贷款审查和审批中的操作风险不包括( )。

    A. 审批的业务风险和效益不匹配

    B. 由于审查不严而出现内外勾结骗贷的情况

    C. 不按权限审批贷款，使得贷款超授权发放

    D. 借款人家庭经济条件恶化，无法按计划偿还贷款

77. 国务院批准和授权中国人民银行制定的利率是( )。

    A. 公定利率   B. 固定利率

    C. 浮动利率   D. 法定利率

78. 贷款银行已要求借款人及有关责任人履行保证、保险责任、处理抵(质)押物,预计贷款可能发生一定损失,但损失金额尚不能确定,则该种贷款属于( )。

    A. 关注贷款   B. 可疑贷款

    C. 次级贷款   D. 损失贷款

79. 个人经营贷款期限一般不超过( )年。

    A. 10   B. 3   C. 5   D. 1

80. 银行在核实借款人提供的个人资信及收入状况材料时,下列说法不正确的是( )。

    A. 提供个人金融及非金融资产证明的,需提供相关权利凭证

    B. 提供经营性收入证明的,需提供营业执照、财务报表及纳税证明等

    C. 提供的个人工资性收入证明,需提供申请人所在单位加盖公章的收入证明及营业执照等

    D. 提供租赁收入证明的,需提供租赁合同、租赁物所有权证明文件及租金入账证明等

二、多选题(共 45 题,每小题 1 分,共 45 分,下列选项中有两项或两项以上符合题目的要求,多选、少选、错选均不得分。)

1. 加强对估值机构、地产经纪和律师事务所等合作机构的准入管理,要求银行在该类机构的选择上,应把握( )的总体原则。

    A. 具有合法、合规的经营资质

    B. 具备较强的经营能力和好的发展前景,在同业中处于领先地位

    C. 通过合作切实有利于商用房贷款业务的发展

    D. 内部管理机制科学完善

    E. 盈利能力极强

2. 目前,个人征信系统数据的直接使用者包括( )。

    A. 税务部门   B. 金融监督管理机构   C. 司法部门

    D. 数据主体本人   E. 商业银行

3. 商业银行作为格式条款的提供方,应当采取合理的方式提请借款人注意免除或限制其责任的条款,下列表述正确的有( )。

    A. 可在合同签订前办理公证

    B. 可在合同书中使用区别于其他条款内容的字体使之明显地标示

    C. 无论采用何种提示方式,均需易于借款人(担保人)充分理解格式条款

    D. 可在合同书正式条款的前面设置"敬请注意"内容

    E. 可安排律师对合同进行讲解

4. 下列关于个人商用房贷款业务的表述,正确的有( )。

    A. 申请商用房贷款,借款人需提供一定的担保措施,包括抵押、质押、保证和履约保证保险等

    B. 借款人具有良好的信用记录和还款意愿

    C. 对共同购房人作为共同借款人的,共同借款人仅限于配偶,子女和父母

    D. 贷款利率不得低于中国人民银行规定的同期同档次利率的 1.1 倍

E．目前主要是为了解决自然人购买用以生产经营用商铺资金需求的贷款

5．在个人经营贷款业务操作中，对抵押物的调查和审查要重点关注(　　)。

A．抵押文件资料的真实有效性　　　B．抵押物存续状况的完好性

C．抵押物的易变现性　　　　　　　D．抵押物的合法性

E．抵押物权属的完整性

6．个人经营贷款可采取的还款方式有(　　)。

A．期限在 1 年(含)以内的，必须采用到期一次性还本付息还款法

B．按月等额本金还款法

C．按月等额本息还款法

D．按周还本付息还款法

E．按年还本付息还款法

7．借款人申请个人经营贷款，需具备的条件有(　　)。

A．能提供贷款人认可的合法、有效、可靠的贷款担保

B．具有稳定的收入来源和按时足额偿还贷款本息的能力

C．借款人在银行开立个人结算账户

D．具有完全民事行为能力的自然人，年龄在 18(含)～60 周岁(不含)之间

E．具有合法有效的身份证明、户籍证明(或有效居住证明)

8．个人汽车贷款的贷后与档案管理是指贷款发放后到合同终止前对有关事宜的管理，具体包括(　　)。

A．贷款的回收　　　　　　　　　　B．贷后检查

C．合同变更　　　　　　　　　　　D．贷后档案管理

E．不良贷款管理

9．贷后检查中，抵押物的检查出现下列(　　)情况时，贷款人应限期要求借款人更换贷款银行认可的新的担保，对于借款人拒绝或无法更换贷款银行认可的担保的，应提前收回发放的贷款的本息，或解除合同。

A．抵押人未妥善保管抵押物或拒绝贷款银行对抵押物是否完好进行检查的

B．抵押物毁损、灭失、价值减少，足以影响贷款本息的清偿，抵押人已在一定期限内向贷款银行提供与减少的价值相当的担保的

C．抵押人经贷款银行同意转让抵押物，但所得价款未用于提前清偿所担保的债权的

D．因第三人的行为导致抵押物的价值减少，而抵押人未将损害赔偿金存入贷款银行指定账户的

E．抵押物被重复抵押的

10．个人商用房贷款业务中，对借款人进行贷后检查的主要内容包括(　　)。

A．借款人的住所有无变动

B．借款人购买商用房的首付款是否已经到位

C．借款人是否按期足额归还贷款

D．借款人工作单位是否发生变化

E．借款人的联系方式是否发生变化

11. 借款人申请国家助学贷款,须具备的条件有( )。

   A. 学习刻苦,能够正常完成学业

   B. 诚实守信、遵纪守法、无违法违纪行为

   C. 家庭经济确实困难,无法支付正常完成学业所需的基本费用

   D. 具有中华人民共和国国籍,并持有合法、有效的身份证件

   E. 未成年人申请国家助学贷款须由其法定监护人口头或书面同意

12. 商业助学贷款采取保证担保方式的,贷款银行在贷前调查中应( )。

   A. 查验自然人保证人所提供的资信证明材料是否真实有效

   B. 查验保证人是否具有保证意愿并确知其保证责任

   C. 调查法人保证人是否具有代偿能力

   D. 调查保证人与借款人的关系

   E. 调查法人保证人是否具备保证人资格

13. 下列关于国家助学贷款的表述,错误的有( )。

   A. 国家助学贷款采用国家担保方式

   B. 国家助学贷款学生在校期间贷款利息财政补贴一半,借款人承担一半

   C. 国家助学贷款必须在借款人毕业的 6 年内还清

   D. 国家助学贷款学生在校期间贷款利息全部财政补贴

   E. 国家助学贷款必须在借款人毕业后 3 年内还清

14. 下列关于下岗失业人员小额担保贷款的表述,正确的有( )。

   A. 贷款对象持有"再就业优惠证",同时具备一定的劳动技能,具有还款能力

   B. 非微利项目的小额担保贷款,享受部分财政贴息

   C. 微利项目小额担保贷款,由中央财政据实全额贴息(不含东部七省市)(含展期贴息)

   D. 合伙经营项目申请小额担保贷款的,每个申请人均由同一担保机构进行独立的担保

   E. 期限最长不超过 2 年,借款人提出延长期限,经担保机构同意继续提供担保的,可按中国人民银行规定延长还款期限一次

15. 下列情形中,抵押无效的有( )。

   A. 某公司老总以公司财产为自己购买汽车提供抵押担保

   B. 红星中学提出以学校教学操场为抵押,贷款 60 万元建新校舍

   C. 某幢房产在 2002 年的交易价格为 50 万元,银行按照 2009 年的评估价 50 万元核算贷款金额

   D. 张三以夫妻名下房产作为抵押申请汽车贷款,其配偶并不知情

   E. 李四以自家宅基地使用权作为抵押,贷款 10 万元装修住房

16. 根据贷款性质的不同,个人教育贷款可分为( )。

   A. 地方助学贷款　　　　B. 个人信用贷款　　　　C. 商业助学贷款

   D. 高校助学贷款　　　　E. 国家助学贷款

17. 个人经营贷款的信用风险包括( )。

   A. 贷款后档案管理不规范　　　　　　B. 借款人还款能力的变化

C. 借款人所控制企业经营情况发生变化　　　D. 抵押物价值发生变化

E. 保证人还款能力的变化

18. 在个人住房贷款业务的贷后检查中，对开发商和项目检查的要点包括(　　)。

A. 开发商的经营状况及财务状况　　　　B. 项目资金到位及使用情况

C. 履行担保责任情况　　　　　　　　　D. 项目工程形象进度

E. 土地使用及建设工程规划的许可

19. 对个人汽车贷款抵押担保情况的调查应包括(　　)。

A. 保证人是否符合《中华人民共和国担保法》及其司法解释的规定具备保证资格

B. 抵押物的合法性

C. 抵押物价值与存续状况

D. 抵押人对抵押物占有的合法性

E. 保证人与借款人的关系

20. 下列属于个人教育贷款流程中贷款的受理与调查环节的风险点的有(　　)。

A. 未通过账户分析、凭证查验或现场调查等方式，核查贷款支付是否符合约定用途

B. 借款申请人的主体资格是否符合银行个人教育贷款的相关规定

C. 未对合同签署人及签字(签章)进行核实

D. 借款申请人所提交材料的真实性

E. 未按权限审批贷款，使得贷款超越授权发放

21. 公积金个人住房贷款业务操作流程包括的主要环节有(　　)。

A. 审查和审批　　　　　　　　　　　　B. 受理和调查

C. 支付管理及贷后管理　　　　　　　　D. 开发企业的评估与授信

E. 签约和发放

22. 已婚购车人购买自用车，申请个人汽车贷款需提交的申请材料有(　　)。

A. 所购车辆合法运营的证明

B. 购车首付款证明

C. 配偶的居民身份证、户口本或其他有效身份证件

D. 居民身份证、户口本或其他有效身份证件

E. 收入证明和资产证明

23. 个人汽车贷款可用于购买的车辆有(　　)。

A. 用于出租的汽车　　　　　　　　　　B. 用于客运的汽车

C. 用于货运的汽车　　　　　　　　　　D. 个人或家庭消费用车

E. 用于日常经营需要的汽车

24. 有些银行将客户特征归纳为"5P"要素，包括(　　)。

A. 还款来源因素——Payment Factor　　B. 个人因素——Personal Factor

C. 前景因素——Perspective Factor　　　D. 债权保障因素——Protection Factor

E. 资金用途因素－Purpose Factor

25. 按照产品用途的不同，个人贷款产品包括(　　)。

A. 个人消费类贷款　　　　　　　　　　B. 个人保证贷款

C. 个人质押贷款　　　　　　　　　　D. 个人信用贷款

E. 个人经营类贷款

26. 下列关于个人住房贷款受理与调查阶段的表述，正确的有(　　)。

A. 个人住房贷款的借款人及配偶月所有债务支出(本笔贷款的月还款额+其他债务月均偿付额)与月收入之比应在50%(含)以下

B. 对个人住房贷款楼盘项目的审查包括对开发商资信的审查、项目本身的审查以及对项目的实地考察

C. 首付款尚未支付或者首付款未达到规定比例的，要提供用于购买住房的自筹资金的有关证明

D. 涉及抵押担保的，在一般操作模式下，须提供财产共有人同意抵押的声明书

E. 涉及保证担保的，需保证人出具同意提供担保的书面承诺，并提供能证明保证人保证能力的证明材料

27. 国家助学贷款的贷款对象是中华人民共和国境内的(不含香港特别行政区和澳门特别行政区、台湾地区)普通高等学校中经济确实困难的全日制(　　)。

A. 研究生　　　　　　　B. 高职生　　　　　　　C. 中专生

D. 本专科生　　　　　　E. 第二学士学位学生

28. 为控制借款人调查中的风险，对借款申请人的调查内容应包括(　　)。

A. 借款申请人提供的直接划款账户是否是借款人本人所有的活期储蓄账户

B. 借款申请人家庭资产负债比率是否合理

C. 借款申请人所提交资料是否真实、合法

D. 借款申请人的担保措施是否足额、有效

E. 借款申请人第一还款来源是否稳定、充足

29. 借款人具备下列(　　)条件方可申请个人住房贷款。

A. 足额首付款

B. 有贷款银行认可的担保

C. 合法有效的身份或居留证明

D. 有合法有效的购买、建造、修理普通住房的合同协议

E. 稳定的经济收入

30. 一般来说，银行在个人住房贷款业务中，对具有担保性质的合作机构的准入需要考虑的因素包括(　　)。

A. 资信状况　　　　　　　　　　B. 公司及主要经营者的信用记录

C. 人员配置　　　　　　　　　　D. 信贷担保经验

E. 注册资金的规模

31. 下列关于利率的表述，正确的有(　　)。

A. 如果中央银行改变浮动利率，直接会影响商业银行的借款成本的高低

B. 高于基准利率而低于最高幅度(含最高幅度)为利率上浮

C. 低于基准利率为利率下浮

D. 利率浮动有利率上浮和利率下浮两种情况

E. 以固定利率为中心在一定幅度内上下浮动的利率叫作浮动利率

32. 下列关于个人住房贷款的表述，不正确的有( )。

    A. 个人住房贷款的计息、结息方式，由银行确定

    B. 个人住房贷款实质是一种融资关系加上商品买卖关系

    C. 个人住房贷款的利率按商业性贷款利率执行，上限放开，实行下限管理

    D. 个人住房贷款利率可采用固定利率和浮动利率

    E. 个人住房贷款采取的担保方式以抵押担保为主

33. 个人住房贷款与其他个人贷款相比，具有的特点有( )。

    A. 以抵押为前提建立的借贷关系，转移对抵押财产的占有

    B. 贷款利率较高

    C. 开办时间较早

    D. 贷款业务办理时间长

    E. 贷款期限长

34. 下列关于贷款期限的表述，正确的有( )。

    A. 不同的个人贷款产品的贷款期限也各不相同

    B. 个人住房贷款的期限最长可达 20 年

    C. 贷款银行应根据借款人实际还款能力科学、合理地确定贷款期限

    D. 指从具体贷款产品发放到约定最后还款或清偿的期限

    E. 经贷款人同意，个人贷款可以展期

35. 个人住房贷款的借款人申请贷款期限调整时，须具备的前提条件有( )。

    A. 贷款无欠利息   B. 贷款本期本金已归还

    C. 贷款无拖欠本金   D. 贷款采用分期还款方式

    E. 贷款未到期

36. 关于抵押担保的表述，正确的有( )。

    A. 抵押担保包括动产抵押和权利抵押

    B. 一般需要到相关部门办理抵押登记

    C. 借款人不履行还款义务时，贷款银行有权依法以该财产折价或以拍卖、变卖财产的价款优先受偿

    D. 借款人或第三人不转移对法定财产的占有，将该财产作为贷款的担保

    E. 借款人或第三人转移对法定财产的占有，将该财产作为贷款的担保

37. 个人住房贷款业务中，对于具体经办客户经理来说，要注意检查( )，以避免"假按揭"。

    A. 各类证件真实性   B. 借款人职业真实性

    C. 借款人收入真实性   D. 借款人信用情况

    E. 申报价格的合理性

38. 公积金个人住房贷款和商业银行自营性个人住房贷款的区别有( )。

    A. 商业银行对前者不承担风险，而对后者要承担一定的风险

    B. 二者审批主体存在差异

    C. 前者的贷款对象比后者范围小

    D. 前者的资金来源于公积金管理部门归集的公积金，后者的贷款资金来自银行

E．后者的贷款利率更加优惠

39．个人贷款贷前咨询的主要内容包括(　　)。
A．申请个人贷款应具备的条件
B．申请个人贷款需提供的资料
C．获取个人贷款申请书、申请表格及有关信息的渠道
D．办理个人贷款的程序
E．个人贷款合同中的主要条款，如贷款利率、还款方式和还款额等

40．下列关于银行贷款合作单位的表述，正确的有(　　)。
A．银行在挑选房地产开发商和房地产经纪公司作为个人住房贷款合作单位时，必须要对其合法性以及其他资质进行严格的审查
B．银行在开展与提供消费服务的经销商合作的过程中，应保持与合作伙伴的密切联系，一旦有信贷需求，银行人员即提供上门服务
C．对于一手个人住房贷款，商业银行最主要的合作单位是房地产经纪公司
D．对于二手个人住房贷款，商业银行最主要的合作单位是房地产开发商
E．只有经银行内部审核批准合格的经销商，方可与其建立合作关系

41．个人商用房贷款贷前调查的内容主要包括(　　)。
A．保证人担保意愿、担保能力或抵(质)押物价值及变现能力
B．借款人还款来源、还款能力及还款方式
C．借款人基本情况
D．借款人收入情况
E．贷款用途

42．个人住房贷款的贷款审批人在贷款审批时应审查(　　)。
A．借款人资格、资信和条件
B．借款人提交的材料的完整、合法、有效性
C．贷前调查人调查意见的准确、合理
D．贷款的主要风险点及其风险防范措施合规有效
E．借款用途、金额、期限

43．根据我国《担保法》的规定，下列不能作为保证人的有(　　)。
A．国家机关　　　　　　　　　B．公立医院
C．公立学校　　　　　　　　　D．有法人授权的企业法人分支机构
E．企业法人的职能部门

44．个人贷款的贷前调查是控制贷款风险最重要的环节,贷前调查的方式主要有(　　)。
A．审查借款申请材料　　　　　B．与借款申请人面谈
C．电话调查　　　　　　　　　D．实地调查
E．登记台账

45．在个人汽车贷款业务的贷款审批中需要注意的事项有(　　)。
A．对于单笔贷款超过经办行审批权限的，必须逐笔将贷款申请及经办行审批材料报上级行进行后续审批
B．确保符合转授权规定

C．确保贷款方案合理

D．确保贷款申请资料合规，资料审查流程严密

E．确保业务办理符合银行政策和制度

三、判断题(共 15 题，每小题 1 分，共 15 分，正确的选 A，错误的选 B；不选、错选均不得分。)

1．申请商用房贷款，借款人可以使用的担保方式只能是抵押。　　　　　　　（　　）

    A．正确　　　　　　　　　　　B．错误

2．如果投保人因为疏忽大意或过失而未履行如实告知义务，保险人无权解除保险合同。

（　　）

    A．正确　　　　　　　　　　　B．错误

3．住房公积金贷款只能向处于公积金政策缴存状态的在职职工发放。　　　　（　　）

    A．正确　　　　　　　　　　　B．错误

4．银行一般选择资信度高、规模大、有较稳定二手房交易量的经纪公司作为二手个人住房贷款合作单位，并与其建立长期合作关系，两者之间其实是贷款产品的代理人与被代理人的关系。　　　　　　　　　　　　　　　　　　　　　　　　　　　　　　（　　）

    A．正确　　　　　　　　　　　B．错误

5．借款人申请商用房贷款，购买某知名品牌开发商商业用房，按银监会贷款支付管理规定，在未接到借款人支付申请和支付委托的情况下，不可直接将商用房贷款资金支付给房地产开发商。　　　　　　　　　　　　　　　　　　　　　　　　　　　　　（　　）

    A．正确　　　　　　　　　　　B．错误

6．商用房贷款回收的原则是先收息、后收本，全部到期、利随本清。　　　　（　　）

    A．正确　　　　　　　　　　　B．错误

7．个人信用贷款无须办理任何担保手续，风险成本相对高，但银行操作成本低，所以，银行在核定贷款利率时，通常较担保贷款利率低。　　　　　　　　　　　　　　　（　　）

    A．正确　　　　　　　　　　　B．错误

8．等额累进还款法是指借款人在每个时间段以一定比例累进的金额(分期还款额)偿还贷款，其中每个时间段归还的金额包括该时间段应还利息和本金，按还款间隔逐期归还，在贷款截止日期前全部还清本息。　　　　　　　　　　　　　　　　　　　　　（　　）

    A．正确　　　　　　　　　　　B．错误

9．国家助学贷款发放中，学费和住宿费按学年(期)划入借款人在贷款银行开立的活期储蓄账户。　　　　　　　　　　　　　　　　　　　　　　　　　　　　　　　（　　）

    A．正确　　　　　　　　　　　B．错误

10．贷款申报机构(部门)申请复议时，需针对前次审批提出的不同意理由补充相关资料，原信贷审批部门收到申请后应安排对该笔业务的复议。　　　　　　　　　　　（　　）

    A．正确　　　　　　　　　　　B．错误

11．在经济萧条、市场不景气的时期，银行若想控制风险，应减少发放信用贷款。

（　　）

    A．正确　　　　　　　　　　　B．错误

12．实践中，我国境内商业银行可以向外籍自然人发放个人住房贷款。 （ ）

    A．正确   B．错误

13．个人经营贷款是指银行向从事合法生产经营的个人发放的，用于满足个人控制的企业(不包括个体工商户)生产经营流动资金需求和其他合理资金需求的贷款。 （ ）

    A．正确   B．错误

14．某城市商业银行开展住房按揭贷款业务营销时遇到这样的情况：某房地产开发企业为加快资金回笼，对某在建景观商品房项目采取的销售方式是，承诺定期向买受人返还购房款或在一定期限内包租买受人所购商品房。开发商上述销售行为是合规的。 （ ）

    A．正确   B．错误

15．借款人办理个人汽车贷款业务，其还款能力主要依靠借款人及其家庭的收入来源。

                                        （ ）

    A．正确   B．错误

答案及详解

一、单选题(共 80 题，每小题 0.5 分，共 40 分，下列选项中只有一项最符合题目要求，不选、错选均不得分。)

1．【答案】C

【解析】根据《担保法》第六十五条，质押合同应当包括以下内容：①被担保的主债权种类、数额；②债务人履行债务的期限；③质物的名称、数量、质量、状况；④质押担保的范围；⑤质物移交的时间；⑥当事人认为需要约定的其他事项。

2．【答案】C

【解析】根据《担保法》第三十四条，下列财产可以抵押：①抵押人所有的房屋和其他地上定着物；②抵押人所有的机器、交通运输工具和其他财产；③抵押人依法有权处分的国有的土地使用权、房屋和其他地上定着物；④抵押人依法有权处分的国有的机器、交通运输工具和其他财产；⑤抵押人依法承包并经发包方同意抵押的荒山、荒沟、荒丘、荒滩等荒地的土地使用权；⑥依法可以抵押的其他财产。

3．【答案】C

【解析】根据《关于加强商业性房地产信贷管理的通知》的规定，对购买首套自住房且套型建筑面积在 90 平方米以下的,贷款首付款比例(包括本外币贷款,下同)不得低于 20%；对购买首套自住房且套型建筑面积在 90 平方米以上的，贷款首付款比例不得低于 30%；对已利用贷款购买住房、又申请购买第二套(含)以上住房的，贷款首付款比例不得低于 40%。

4．【答案】A

【解析】根据《个人贷款管理暂行办法》第二十条，贷款人应根据审慎性原则，完善授权管理制度，规范审批操作流程，明确贷款审批权限，实行审贷分离和授权审批，确保贷款审批人员按照授权独立审批贷款。

5．【答案】D

【解析】A 项是等比累进还款法的定义；B 项是等额本金还款法的定义；C 项是等额本

息还款法的定义。

6.　【答案】B

【解析】个人商用房贷款的贷款额度不得超过所购商用房价值的 50%，所购商用房为商住两用房的，贷款额度不得超过所购商用房价值的 55%。

7.　【答案】D

【解析】根据《贷款风险分类指引》第七条，对贷款进行分类时，要以评估借款人的还款能力为核心，把借款人的正常营业收入作为贷款的主要还款来源，贷款的担保作为次要还款来源。

8.　【答案】A

【解析】诚实信用原则是指民事活动中，民事主体应该诚实、守信用，正当行使权利和义务。诚实信用原则是民事活动中最核心、最基本的原则。

9.　【答案】A

【解析】借款人应按合同约定的计划按时还款，如果确实无法按照计划偿还贷款，可以申请展期。借款人须在贷款全部到期前 30 天提出展期申请。

10.　【答案】D

【解析】按照资金来源划分，个人住房贷款包括自营性个人住房贷款、公积金个人住房贷款和个人住房组合贷款。D 项，新建房个人住房贷款属于按照住房交易形态划分的种类。

11.　【答案】D

【解析】采用贷款人受托支付方式的，银行应明确受托支付的条件，规范受托支付的审核要件，要求借款人在使用贷款时提出支付申请，并授权贷款人按合同约定方式支付贷款资金。

12.　【答案】D

【解析】为了保证个人信用信息的合法使用，保护个人的合法权益，中国人民银行对个人征信系统的安全管理采取了授权查询、限定用途、保障安全、查询记录、违规处罚等措施，保护个人隐私和信息安全。

13.　【答案】D

【解析】D 项，借款人以自有或第三人的财产进行抵押，抵押物须产权明晰、价值稳定、变现能力强、易于处置。

14.　【答案】B

【解析】个人汽车贷款所购车辆为自用车的，贷款额度不得超过所购汽车价格的 80%；所购车辆为商用车的，贷款额度不得超过所购汽车价格的 70%；所购车辆为二手车的，贷款额度不得超过借款人所购汽车价格的 50%。汽车价格，对于新车是指汽车实际成交价格与汽车生产商公布价格中的低者；对于二手车是指汽车实际成交价格与贷款银行认可的评估价格中的低者。

15.　【答案】A

【解析】根据《商业银行房地产贷款风险管理指引》第三十六条，商业银行应着重考核借款人还款能力。应将借款人住房贷款的月房产支出与收入比控制在 50% 以下(含 50%)，月所有债务支出与收入比控制在 55% 以下(含 55%)。

16. 【答案】C

【解析】C 项属于"借款申请人的主体资格是否符合银行商用房贷款管理办法的相关规定"这一风险点的具体内容。

17. 【答案】D

【解析】除 ABC 三项外,银行在与保险公司的合作过程中还可能存在的风险有:银保合作协议的效力有待确认,银行降低风险的努力难以达到预期效果。

18. 【答案】A

【解析】个人住房贷款对合作机构分析的要点包括:①分析合作机构的领导层素质;②分析合作机构的业界声誉;③分析合作机构的历史信用记录;④分析合作机构的管理规范程度;⑤分析企业的经营成果;⑥分析合作机构的偿债能力。

19. 【答案】D

【解析】D 项,对于贷款期限在一年以上的,原则上应采取等额本金或等额本息还款方式。

20. 【答案】C

【解析】我国最大的个人征信数据库是中国人民银行建设并已投入使用的全国个人信用信息基础数据库系统,该基础数据库首先依法采集和保存全国银行信贷信用信息,其中主要包括个人在商业银行的借款、抵押、担保数据及身份验证信息。在此基础上,将逐步扩大到保险、证券、工商等领域,从而形成覆盖全国的基础信用信息服务网络。全国个人信用信息基础数据库系统首先向商业银行提供个人信用信息的查询服务,满足商业银行对信贷征信的需求;同时依法服务于其他部门的征信需要,并依法逐步向有合格资质的其他征信机构开放。

21. 【答案】C

【解析】商业助学贷款的利率按中国人民银行规定的利率政策执行,原则上不上浮。借款人可申请利息本金化,即在校年限内的贷款利息按年计入次年度借款本金。与国家助学贷款相比,商业助学贷款财政不贴息。

22. 【答案】C

【解析】个人医疗贷款的贷款对象须是具有完全民事行为能力的中华人民共和国公民。题干中,张老中风昏迷,不具有完全民事行为能力,不能作为个人医疗贷款的借款人。

23. 【答案】B

【解析】个人经营贷款申请材料中个人收入证明包括个人纳税证明、工资薪金证明、个人在经营实体的分红证明、租金收入、在银行近 6 个月内的存款、国债、基金等平均金融资产证明等。

24. 【答案】C

【解析】个人住房贷款的质押担保目前主要是权利质押,较多的是存单、保单、国债和收费权质押。

25. 【答案】A

【解析】国家助学贷款是信用贷款,学生不需要办理贷款担保或抵押,但需要承诺按期还款,并承担相关法律责任。

26．【答案】B

【解析】贷款利率是借款人为取得货币资金的使用权而支付给银行的价格，利息是货币所有者因暂时让渡一定货币资金的使用权而从借款人那里取得的报酬，实际上就是借贷资金的"成本"。

27．【答案】C

【解析】个人贷款原则上应当采用贷款人受托支付的方式向借款人交易对象支付。个别情形下，经贷款人同意可以采取借款人自主支付方式。

28．【答案】D

【解析】商业助学贷款的还款在借款人离校后次月开始，贷款可按月、按季或按年分次偿还，利随本清，也可在贷款到期时一次性偿还。

29．【答案】B

【解析】B项，个人教育贷款的借款人多为在校学生，而学生属于暂时无收入的群体，没有现成的资产可作为申请贷款的担保，因而个人教育贷款多为信用贷款，如国家助学贷款。同时，个人教育贷款的偿还主要依靠学生毕业后的工作收入，加之学生信用水平的不确定性，其风险度相对较高。

30．【答案】B

【解析】在个人住房贷款业务中，采取的担保方式以抵押担保为主，在未实现抵押登记前，普遍采取抵押加阶段性保证的方式。

31．【答案】C

【解析】个人住房贷款可实行抵押、质押和保证三种担保方式。贷款银行可根据借款人的具体情况，采用一种或同时采用几种贷款担保方式。

32．【答案】D

【解析】个人汽车贷款的还款方式主要包括等额本息还款法、等额本金还款法、一次还本付息法和按月还息任意还本法等多种还款方式，具体方式根据各商业银行的规定执行。

33．【答案】A

【解析】个人经营贷款的贷前调查应以实地调查为主、间接调查为辅，采取现场核实、电话查问以及信息咨询等途径和方法。

34．【答案】D

【解析】银行应该进一步严格个人住房贷款的调查和审查，尤其是关注和评估借款人的还款能力，准确把握第一还款来源，从而有效控制个人住房贷款业务的信用风险。

35．【答案】A

【解析】个人商用房贷款的贷款发放要遵循审贷与放贷分离的原则，设立独立的放款管理部门或岗位，负责落实放款条件，发放满足约定条件的贷款，对贷款资金的支付进行严格管理与控制。

36．【答案】B

【解析】经办银行在发放贷款后，于每季度结束后的10个工作日内，按照"中央部门所属高校国家助学贷款贴息资金汇总表"汇总已发放的国家助学贷款学生名单、贷款金额、利率、利息，经合作高校确认后上报总行。

37．【答案】B

【解析】银行要先和公积金管理中心签订《住房公积金贷款业务委托协议书》，取得公积金个人住房贷款业务的承办权之后才能接受委托办理公积金个人住房贷款业务。根据委托协议及公积金管理中心的具体要求,接受当地公积金管理中心委托,承办银行受托办理公积金借款咨询和申请,经办人员会告知借款人必须符合当地公积金管理中心规定的住房公积金贷款条件。

38.【答案】D

【解析】对借款人的生产经营收入,应重点调查其经营收入的稳定性、合法性和未来收入预期的合理性。

39.【答案】A

【解析】公积金个人住房贷款是住房公积金使用的中心内容,实行"存贷结合、先存后贷、整借零还和贷款担保"的原则。

40.【答案】C

【解析】开发商提供的项目经过银行有关部门核批后,凡银行同意为该项目提供商品房销售贷款的,在受理该项目购房人的个人住房贷款前,银行可以与开发商签订商品房销售贷款合作协议书,以明确双方合作事宜、职责等,也可以不签订协议,以其他方式确定合作意向。

41.【答案】D

【解析】除当地公积金管理中心有特殊规定外,公积金个人住房贷款必须采用委托支付的支付管理方式,即贷款资金必须由贷款银行以转账的方式划入售房人账户,不得由借款人提取现金。

42.【答案】B

【解析】B 项,月所有债务支出(本笔贷款的月还款额+其他债务月均偿付额)与月收入之比应在55%(含)以下。

43.【答案】B

【解析】个人住房贷款的利率按商业性贷款利率执行,上限放开,实行下限管理。根据现行规定,个人住房贷款利率浮动区间的下限为基准利率的 0.7 倍。

44.【答案】B

【解析】公积金个人住房贷款不以营利为目的,实行"低进低出"的利率政策,带有较强的政策性,贷款额度受到限制。因此,它是一种政策性个人住房贷款。

45.【答案】D

【解析】D 项,贷款人在不损害借款人合法权益和风险可控的前提下,可将贷款调查中的部分特定事项审慎委托第三方代为办理,但必须明确第三方的资质条件。贷款人不得将贷款调查的全部事项委托第三方完成。

46.【答案】C

【解析】个人住房贷款的信用风险通常是因借款人的还款能力和还款意愿的下降而导致的。因此,防范个人住房贷款的信用风险,就要求个人住房贷款的经办人员通过细致的工作,把握好借款人的还款能力和还款意愿。

47.【答案】D

【解析】个人住房贷款中,合作机构风险的表现形式主要有:①房地产开发商和中介机构的欺诈风险,主要表现为"假个贷";②担保公司的担保风险,主要的表现是"担保放大倍数"过大；③其他合作机构的风险，在二手房贷款业务中，往往涉及多个社会中介机构，如房屋中介机构、评估机构及律师事务所等，可能在社会中介机构环节出现风险。

48.【答案】C

【解析】第三方保证担保主要包括汽车经销商保证担保和专业担保公司保证担保。这一担保方式存在的主要风险在于保证人往往缺乏足够的风险承担能力，在仅提供少量保证金的情况下提供巨额贷款担保，一旦借款人违约，担保公司往往难以承担保证责任，造成风险隐患。

49.【答案】D

【解析】国家助学贷款管理办法规定借款学生在校期间的贷款利息全部由财政补贴，借款学生自取得毕业证书之日(以毕业证书签发日期为准)起，下月1日(含1日)开始归还贷款利息，并可以选择在毕业后的24个月内的任何一个月开始偿还贷款本息，但原则上不得延长贷款期限。

50.【答案】D

【解析】个人教育贷款的信用风险包括借款人的还款能力风险、还款意愿风险、欺诈风险和行为风险。其中，借款人的行为风险是指借款人可能因违规、违法等行为受到处罚，如被学校开除，或因学习成绩不好，未能拿到毕业证书或学位证书，毕业后找不到工作等。

51.【答案】A

【解析】根据《商业助学贷款管理办法》的规定，商业助学贷款的利率按中国人民银行规定的利率政策执行，原则上不上浮。借款人可申请利息本金化，即在校年限内的贷款利息按年计入次年度借款本金。小李因家庭困难，在校期间无力偿还贷款利息，可申请利息本金化。因此，小李毕业时总共欠银行贷款本息为：$5000 \times (1+7.47\%)^2 \approx 5774.9$(元)。

52.【答案】D

【解析】贷款额度是指银行向借款人提供的以货币计量的贷款数额。除了中国人民银行、银监会或国家其他有关部门有明确规定外，个人贷款的额度可以根据申请人所购财产价值提供的抵押担保、质押担保和保证担保的额度以及资信等情况确定。

53.【答案】C

【解析】组合还款法是一种将贷款本金分段偿还，根据资金的实际占用时间计算利息的还款方式。这种方法可以比较灵活地按照借款人的还款能力规划还款进度，真正满足个性化需求。

54.【答案】C

【解析】按照住房交易形态划分，个人住房贷款可分为新建房个人住房贷款、个人二手房住房贷款，其中个人二手房住房贷款也称为个人再交易住房贷款。C项，个人住房组合贷款是按照资金来源划分的个人住房贷款类型。

55.【答案】D

【解析】公积金个人住房贷款、个人汽车贷款等贷款种类中均涉及与担保机构的合作。对于一手个人住房贷款，商业银行最主要的合作单位是房地产开发商。在消费场所开展营销，典型做法是与经销商合作，与其签署合作协议，由其向银行提供客户信息或推荐客户。

56.【答案】A

【解析】个人住房装修贷款是指银行向个人发放的、用于装修自用住房的人民币担保贷款。个人住房装修贷款可以用于支付家庭装潢和维修工程的施工款、相关的装修材料和厨卫设备款等。

57.【答案】A

【解析】A 项，对格式条款有两种以上解释的，应当做出不利于提供格式条款一方的解释。

58.【答案】B

【解析】经贷款人同意，个人贷款可以展期。1 年以内(含)的个人贷款，展期期限累计不得超过原贷款期限；1 年以上的个人贷款，展期期限累计与原贷款期限相加，不得超过该贷款品种规定的最长贷款期限。

59.【答案】B

【解析】B 项，农户消费贷款且金额不超过 30 万元，经农村金融机构同意可以采取借款人自主支付。

60.【答案】C

【解析】C 项，公积金个人住房贷款实行"低进低出"的利率政策，是一种政策性个人住房贷款。个人住房组合贷款是指按时足额缴存住房公积金的职工在购买、建造或大修住房时，可以同时申请公积金个人住房贷款和自营性个人住房贷款，从而形成特定的个人住房贷款组合。

61.【答案】D

【解析】在审核个人住房贷款申请时，必须对借款人的收入证明严格把关，尤其是自雇人士或自由职业者。除了向借款人的工作单位、工商管理部门、税务部门以及征信机构等独立的第三方进行查证外，还应审查其纳税证明、资产证明、财务报表、银行账单等，确保第一还款来源真实、准确、充足。可采取的措施包括验证借款人的工资收入、租金收入、投资收入和经营收入的真实性等。

62.【答案】B

【解析】借款申请人的偿还能力证明材料主要包括：①稳定的工资收入证明，如至少过去 3 个月的工资单、银行卡对账单、存折对账单等；②投资经营收入证明，如验资报告、公司章程、股东分红决议、纳税证明等；③财产情况证明，如房产证、存单、股票、债券等；④其他收入证明材料。

63.【答案】C

【解析】等额本金还款法下，每月还款额计算公式为：每月还款额=贷款本金/还款期数+(贷款本金-已归还贷款本金累计额)×月利率，本题中第一期的还款额=800 000/(12×15)+800 000×3.465‰≈7216.44(元)。

64.【答案】A

【解析】等额本息还款法和等额本金还款法是常用的个人住房贷款还款方法。在最初贷款购买房屋时，等额本金还款法的负担比等额本息还款法重，一般来说，对于经济尚未稳定而且是初次贷款购房的人来说是不利的，因此，大多数借款人采用等额本息还款法还款。

65.【答案】D

【解析】D 项，对保证人为法人的，保证方签字人应为其法定代表人或其授权代理人，授权代理人必须提供有效的书面授权文件。

66. 【答案】A

【解析】一般来说，贷款期限在1年以内(含)的实行合同利率，遇法定利率调整不分段计息，执行原合同利率。

67. 【答案】A

【解析】在进行市场细分时，要坚持可衡量性、可进入性、差异性和经济性四个原则，其中，可衡量性是指银行所选择的细分变量必须是能用一定的指标或方法度量的，各考核指标可以量化，这是市场细分的基础。

68. 【答案】B

【解析】经贷款人同意，个人贷款可以展期。1年以内(含)的个人贷款，展期期限累计不得超过原贷款期限；1年以上的个人贷款，展期期限累计与原贷款期限相加，不得超过该贷款品种规定的最长贷款期限。

69. 【答案】A

【解析】不良贷款的抵押物处置可采取与借款人协商变卖、向法院提起诉讼或申请强制执行依法处分。

70. 【答案】D

【解析】D项，应付账款属于负债，不能作为个人质押贷款质押物。

71. 【答案】D

【解析】业务部门对未获批准的贷款申请，应及时告知借款人，将有关材料退还，并做好解释工作，同时做好信贷拒批记录存档；对需要补充材料的，应按要求及时补充材料后重新履行审查、审批程序。

72. 【答案】A

【解析】公积金管理中心基本职责有：制定公积金信贷政策、负责信贷审批和承担公积金信贷风险。

73. 【答案】D

【解析】按照资金来源划分，个人住房贷款包括自营性个人住房贷款、公积金个人住房贷款和个人住房组合贷款。

74. 【答案】B

【解析】B项，网点的大堂经理和客户经理可以直接回答客户的问题，受理客户的贷款申请。

75. 【答案】B

【解析】商用房贷款审查和审批环节的主要风险点包括：①业务不合规，业务风险与效益不匹配；②未按权限审批贷款，使得贷款超授权发放；③审批人员对应审查的内容审查不严，导致向不具备贷款发放条件的借款人发放贷款；④将贷款调查的全部事项委托第三方完成。B项，合同制作不合格属于贷款签约和发放环节中的风险。

76. 【答案】D

【解析】D项属于信用风险。

77. 【答案】D

【解析】法定利率是由政府金融管理部门或中央银行确定的利率，也称官方利率，是国家对经济进行宏观调控的一种政策工具。A项，公定利率是非政府的民间金融组织，如银行业协会等所确定的利率；B 项，固定利率是指存贷款利率在贷款合同存续期间或存单存期内，执行的固定不变的利率，不依市场利率的变化而调整；C 项，浮动利率是指银行等金融机构规定的以基准利率为中心，在一定幅度内上下浮动的利率。

78．【答案】B

【解析】贷款形态分正常、关注、次级、可疑和损失五类。其中，可疑贷款是指贷款银行已要求借款人及有关责任人履行保证、保险责任，处理抵(质)押物，预计贷款可能发生一定损失，但损失金额尚不能确定的贷款。

79．【答案】C

【解析】个人经营贷款期限一般不超过 5 年，采用保证担保方式的不得超过 1 年。贷款人应根据借款人经营活动及借款人还款能力确定贷款期限。

80．【答案】C

【解析】C 项，借款申请人提供的个人工资性收入证明，应由申请人所在单位确认收入证明，并加盖公章；提供经营性收入证明的，需提供营业执照、财务报表及纳税证明等。

二、多选题(共 45 题，每小题 1 分，共 45 分，下列选项中有两项或两项以上符合题目的要求，多选、少选、错选均不得分。)

1．【答案】ABCD

【解析】在估值机构、地产经纪和律师事务所等合作机构的选择上，银行应把握以下几条总体原则：①具有合法、合规的经营资质；②具备较强的经营能力和好的发展前景，在同业中处于领先地位；③内部管理机制科学完善，包括高素质的高管人员、有明确合理的发展规划、业务人员配备充足和有完善的业务办理流程等；④通过合作切实有利于商用房贷款业务的发展，包括可以拓展客户营销渠道、提高业务办理效率和客户服务质量、降低操作成本等。

2．【答案】BCDE

【解析】目前，个人征信系统数据的直接使用者包括商业银行、数据主体本人、金融监督管理机构，以及司法部门等其他政府机构，但其影响力已涉及税务、教育、电信等部门。

3．【答案】ABCDE

【解析】商业银行用以提请借款人注意免除或限制其责任的条款的合理方式包括：可以依据不同的格式条款(合同)确定，或是在合同书中使用区别于其他条款内容的字体，如大字、斜体字等使之明显地标示出来，或是在合同书正式条款的前面设置"敬请注意"内容，或是在合同签订前办理公证、安排律师对合同进行讲解等。无论采用何种提示方式，均需易于借款人(担保人)充分理解格式条款。

4．【答案】ABDE

【解析】C 项，两个以上的借款人共同申请借款的，共同借款人限于配偶、子女和父母；对共同购房人作为共同借款人的，不受上述规定限制。

5．【答案】ABCDE

【解析】个人经营贷款中，借款人以自有或第三人的财产进行抵押，抵押物须产权明晰、价值稳定、变现能力强、易于处置。银行在实际操作中要注意抵押文件资料的真实有效性、抵押物的合法性、抵押物权属的完整性、抵押物存续状况的完好性等。

6．【答案】BCD

【解析】个人经营贷款可采用按月等额本息还款法、按月等额本金还款法、按周还本付息还款法。贷款期限在 1 年(含)以内的，可采用按月付息、到期一次性还本的还款方式。采用低风险质押担保方式且贷款期限在 1 年以内的，可采用到期一次性还本付息的还款方式。

7．【答案】ABCDE

【解析】借款人申请个人经营贷款，需具备银行要求的条件除 ABCDE 五项外，还包括：①借款人具有合法的经营资格，能提供个体工商户营业执照；②具有良好的信用记录和还款意愿，借款人及其经营实体在银行及其他已查知的金融机构无不良信用记录；③贷款人规定的其他条件。

8．【答案】ABCDE

【解析】个人汽车贷款贷后与档案管理包括：①贷后检查；②合同变更；③贷款的回收；④贷款风险分类与不良贷款管理；⑤贷后档案管理。

9．【答案】ACDE

【解析】除 ACDE 四项外，当抵押物的检查出现下列情况时，贷款人应限期要求借款人更换贷款银行认可的新的担保，对于借款人拒绝或无法更换贷款银行认可的担保的，应提前收回发放的贷款的本息，或解除合同：①抵押物毁损、灭失、价值减少，足以影响贷款本息的清偿，抵押人未在一定期限内向贷款银行提供与减少的价值相当的担保的；②未经贷款银行书面同意，抵押人转让、出租、再抵押或以其他方式处分抵押物的。

10．【答案】ACDE

【解析】B 项属于贷前调查的内容。

11．【答案】ABCD

【解析】E 项，借款人申请国家助学贷款，须具有完全民事行为能力，未成年人申请国家助学贷款需由其法定监护人书面同意。

12．【答案】ABCDE

【解析】除 ABCDE 五项外，商业助学贷款采取保证担保方式的，在贷前调查中还应调查保证人是否符合《担保法》及其司法解释规定，具备保证资格。

13．【答案】ABCE

【解析】A 项，国家助学贷款采用信用贷款的方式；B 项，学生在校期间的贷款利息全部由财政补贴，在校期间的贷款本金由学生本人在毕业后自行偿还；CE 两项，国家助学贷款期限为学制加 13 年，最长不超过 20 年。

14．【答案】ADE

【解析】B 项，非微利项目的小额担保贷款，不享受财政贴息；C 项，微利项目小额担保贷款，由中央财政据实全额贴息(不含东部七省市)，展期不贴息。

15．【答案】ABDE

【解析】根据《担保法》的规定，学校、医院等公益性事业单位公益财产，所有权不明、有争议的以及宅基地使用权不得设定抵押，共有财产的抵押须取得共有人的同意，公司董事、经理不得以公司财产为个人提供抵押担保。

16．【答案】CE

【解析】个人教育贷款是银行向借款人本人或其直系亲属、法定监护人发放的用于满足其就学资金需求的贷款。根据贷款性质的不同，个人教育贷款可以分为国家助学贷款和商业助学贷款。

17.【答案】BCDE

【解析】个人经营贷款信用风险的主要内容有：①借款人还款能力发生变化；②借款人所控制企业经营情况发生变化；③保证人还款能力发生变化；④抵押物价值发生变化，主要是指由于抵押物价格降低、抵押物折旧、毁损、功能落后等原因导致价值下跌，不能足额抵偿借款人所欠银行贷款本息的情况。

18.【答案】ABCD

【解析】个人住房贷款业务中，对开发商及项目贷后检查的要点除题中 ABCD 四项外，还包括：①项目销售情况及资金回笼情况；②产权证办理的情况；③开发商履行商品房销售贷款合作协议的情况；④合作机构的资信情况、经营情况及财务情况等；⑤其他可能影响借款人按时、足额归还贷款的因素。E 项，土地使用及建设工程规划的许可属于贷前调查内容。

19.【答案】BCD

【解析】个人汽车贷款采取抵押担保方式的应调查：①抵押物的合法性；②抵押人对抵押物占有的合法性；③抵押物价值与存续状况。AE 两项是采取保证担保方式应调查的内容。

20.【答案】BD

【解析】个人教育贷款的受理与调查环节的风险点主要在于以下几个方面：①借款申请人的主体资格是否符合银行个人教育贷款的相关规定；②借款申请人所提交材料的真实性；③对于商业助学贷款而言，借款申请人的担保措施是否足额、有效；④未按规定建立、执行贷款面谈、借款合同面签制度；⑤授意借款人虚构情节获得贷款。

21.【答案】ABCE

【解析】公积金个人住房贷款流程为：①贷款的受理与调查；②贷款的审查与审批；③贷款的签约与发放；④支付管理；⑤贷后管理。

22.【答案】BCDE

【解析】申请个人汽车贷款需提交的申请材料包括：①合法有效的身份证件，包括居民身份证、户口本或其他有效身份证件，借款人已婚的还需要提供配偶的身份证明材料；②贷款银行认可的借款人还款能力证明材料，包括收入证明材料和有关资产证明等；③购车首付款证明材料等；④如借款所购车辆为商用车，还需提供所购车辆可合法用于运营的证明，如车辆挂靠运输车队的挂靠协议和租赁协议等。

23.【答案】ABCDE

【解析】个人汽车贷款所购车辆按用途可以划分为自用车和商用车。自用车是指借款人申请汽车贷款购买的、不以营利为目的的汽车；商用车是指借款人申请汽车贷款购买的、以营利为目的的汽车。

24.【答案】ABCDE

【解析】有些银行将客户的特征归纳为"5P"要素，包括：①个人因素(Personal Factor)；②资金用途因素(Purpose Factor)；③还款来源因素(Payment Factor)；④债权保障因素(Protection Factor)；⑤前景因素(Perspective Factor)。类似地，还有"5W"因素分析法，即借款人(Who)、借款用途(Why)、还款期限(When)、担保物(What)及如何还款(How)。

25.【答案】AE

【解析】个人贷款产品的种类有三种划分方法：①根据产品用途不同，个人贷款产品分为个人消费类贷款和个人经营类贷款等；②根据有无担保，个人贷款产品可以分为有担保贷款和无担保贷款，其中有担保贷款包括个人抵押贷款、个人质押贷款和个人保证贷款，无担保贷款即个人信用贷款；③根据贷款是否可循环，个人贷款分为个人单笔贷款、个人不可循环授信额度和个人可循环授信额度。

26.【答案】BCE

【解析】A项，借款人及配偶月所有债务支出(本笔贷款的月还款额+其他债务月均偿付额)与月收入之比应在55%(含)以下；D项，涉及抵押担保的，在一般操作模式下，财产共有人在借款(抵押)合同上直接签字，可无书面声明。

27.【答案】ABDE

【解析】国家助学贷款的贷款对象是中华人民共和国境内的(不含香港特别行政区和澳门特别行政区、台湾地区)普通高等学校中经济确实困难的全日制本专科生(含高职生)、研究生和第二学士学位学生。

28.【答案】ABCDE

【解析】对借款申请人的调查主要包括三项内容：①借款申请人所提交资料是否真实、合法；②借款申请人第一还款来源是否稳定、充足；③借款申请人的担保措施是否足额、有效。A项属于①的内容；B项属于②的内容。

29.【答案】ABCDE

【解析】个人住房贷款的对象应是具有完全民事行为能力的中华人民共和国公民或符合国家有关规定的境外自然人。申请人还须满足贷款银行的其他要求：①合法有效的身份或居留证明；②有稳定的经济收入，信用状况良好，有偿还贷款本息的能力；③有合法有效的购买(建造、大修)住房的合同、协议、符合规定的首付款证明材料及贷款银行要求提供的其他证明文件；④有贷款银行认可的资产进行抵押或质押，或有足够代偿能力的法人、其他经济组织或自然人作为保证人；⑤贷款银行规定的其他条件。

30.【答案】ABCDE

【解析】一般来说，对具有担保性质的合作机构的准入需要考虑以下几个方面：①注册资金是否达到一定规模；②是否具有一定的信贷担保经验；③资信状况是否达到银行规定的要求；④是否具备符合担保业务要求的人员配置、业务流程和系统支持；⑤公司及主要经营者是否存在不良信用记录、违法涉案行为等。

31.【答案】BD

【解析】A项，如果中央银行改变基准利率，直接会影响商业银行借款成本的高低，从而对信贷起着限制或鼓励的作用，并同时影响其他金融市场的利率水平；C项，低于基准利率而高于最低幅度(含最低幅度)为利率下浮；E项，以基准利率为中心，在一定幅度内上下浮动的利率为浮动利率。

32.【答案】AB

【解析】A项，个人住房贷款的计息、结息方式，由借贷双方协商确定；B项，从融通资金的方式来说，个人住房贷款是以抵押物的抵押为前提而建立起来的一种借贷关系。

33．【答案】CE

【解析】个人住房贷款在各国个人贷款业务中都是最主要的个人贷款产品，在我国也是最早开办、规模最大的个人贷款产品。个人住房贷款与其他个人贷款相比，具有以下特点：①贷款期限长；②大多以抵押为前提建立借贷关系，不转移对抵押财产的占有；③风险具有系统性特点。

34．【答案】ACDE

【解析】B项，个人住房贷款的期限最长可达30年。

35．【答案】ABCE

【解析】借款人需要调整借款期限，应向银行提交期限调整申请书，并必须具备以下前提条件：①贷款未到期；②无欠息；③无拖欠本金；④本期本金已归还。期限调整后，银行将重新为借款人计算分期还款额。

36．【答案】BCD

【解析】A项，质押担保分为动产质押和权利质押两类；E项，抵押担保是指债务人或者第三人不转移对法定财产的占有，将该财产作为贷款的担保。

37．【答案】ABCDE

【解析】在"假个贷"的风险防范上，一线经办人员必须严格执行贷款准入条件，从源头上降低"假个贷"风险。在具体的操作上，要注意检查以下四个方面的内容：①借款人身份的真实性，个人住房贷款申请人必须有稳定的职业和收入，信用良好，有偿还贷款本息的能力；②借款人信用情况；③各类证件的真实性；④申报价格的合理性。

38．【答案】ABCD

【解析】E项，公积金个人住房贷款的利率比自营性个人住房贷款利率低。

39．【答案】ABCDE

【解析】除 ABCDE 五项外，个人贷款贷前咨询的主要内容还包括：①个人贷款品种介绍；②个人贷款经办机构的地址及联系电话；③其他相关内容。

40．【答案】ABE

【解析】C项，对于一手个人住房贷款，商业银行最主要的合作单位是房地产开发商；D项，对于二手个人住房贷款，商业银行最主要的合作单位是房地产经纪公司。

41．【答案】ABCDE

【解析】贷款调查包括但不限于以下内容：借款人基本情况；借款人收入情况；借款用途；借款人还款来源、还款能力及还款方式；保证人担保意愿、担保能力或抵(质)押物价值及变现能力。

42．【答案】ABCDE

【解析】除 ABCDE 五项外，贷款审批人还应对以下内容进行审查：①贷前调查人对借款人资信状况的评价分析以及提出的贷款建议是否准确、合理；②其他需要审查的事项。

43．【答案】ABCE

【解析】根据《担保法》的规定，下列单位或组织不能担任保证人：①国家机关；②学校、幼儿园、医院等以公益为目的的事业单位、社会团体；③企业法人的分支机构、职能部门，但如果有法人授权的，其分支机构可以在授权的范围内提供保证。

44．【答案】ABCD

【解析】贷前调查应以实地调查为主、间接调查为辅，采取现场核实、电话查问以及信息咨询等途径和方法。调查的方式包括：审查借款申请材料、与借款申请人面谈、实地调查等。

45．【答案】ABCDE

【解析】贷款审批中需要注意的事项除ABCDE五项外，还包括：严格执行客户经理、业务主管、专职审批人和牵头审批人逐级审批的制度。

三、判断题(共15题，每小题1分，共15分，正确的选A，错误的选B；不选、错选均不得分。)

1．【答案】B

【解析】申请商用房贷款，借款人需提供一定的担保措施，包括抵押、质押和保证等，还可以采取履约保证保险的方式。

2．【答案】B

【解析】《保险法》赋予保险公司解除保险合同的权利，即如果投保人故意或过失不履行如实告知义务，足以影响保险人决定是否同意承保或提高保险费率的，保险人有权解除保险合同。

3．【答案】B

【解析】公积金个人住房贷款可向住房公积金缴存人以及在职期间缴存住房公积金的离退休职工发放。

4．【答案】A

【解析】对于二手个人住房贷款，商业银行最主要的合作单位是房地产经纪公司，两者之间其实是贷款产品的代理人与被代理人的关系。一般来说，资信度高、规模大的经纪公司具备稳定的二手房成交量，经手的房贷业务量也相应较大，往往能与银行建立起固定的合作关系。

5．【答案】A

【解析】个人商用房贷款支付管理中应防范的操作风险包括，未接到借款人支付申请和支付委托的情况下，直接将贷款资金支付给房地产开发商。

6．【答案】A

【解析】贷款的回收是指借款人按借款合同约定的还款计划和还款方式，及时、足额地偿还贷款本息。贷款回收的原则是先收息、后收本，全部到期、利随本清。

7．【答案】B

【解析】银行对个人信用贷款的借款人一般有严格的规定，需要经过严格审查。此外，由于个人信用记录和个人信用评级时刻都在变化，因此还需要时时跟踪个人的信用变化状况，银行操作成本并不低。

8．【答案】B

【解析】题干描述的是等比累进还款法的含义。等额累进还款法与等比累进还款法类似，不同之处就是将在每个时间段上约定还款的"固定比例"改为"固定额度"。

9．【答案】B

【解析】国家助学贷款实行借款人一次申请、贷款银行一次审批、单户核算、分次发放的方式。其中，学费和住宿费贷款按学年(期)发放，直接划入借款人所在学校在贷款银行开立的账户上；生活费贷款(每年的2月和8月不发放生活费贷款)，根据合同约定定期划入有关账户。

10. 【答案】B

【解析】对于决策意见为"否决"的业务，申报机构(部门)认为有充分的理由时，可提请重新审议(称为复议)，但申请复议时申报机构(部门)需针对前次审批提出的不同意理由补充相关资料，原信贷审批部门有权决定是否安排对该笔业务的复议。

11. 【答案】A

【解析】在经济萧条、市场不景气的时期，企业预期投资收益下降，个人消费能力下降，使得贷款需求减少。此时，银行应该减少发放信用贷款来控制风险。

12. 【答案】A

【解析】个人住房贷款的对象应是具有完全民事行为能力的中华人民共和国公民或符合国家有关规定的境外自然人。

13. 【答案】B

【解析】个人经营类贷款是指银行向从事合法生产经营的自然人发放的，用于定向购买商用房以及用于满足个人控制的企业(包括个体工商户)生产经营流动资金需求和其他合理资金需求的贷款。

14. 【答案】B

【解析】题中房地产开发商的销售方式有"假个贷"的嫌疑。"假个贷"的普遍路径为：房地产开发商将未卖出的楼盘过户给有关联关系的房地产中介公司或个人，房地产中介公司和个人再以购房者的名义以房子为抵押向银行申请个人住房贷款。在支付好处费后，中介和个人申请来的银行贷款转到了房地产开发商手中，房地产开发商达到了套取银行资金的目的。题中房地产开发商承诺定期向买受人返还购房款或在一定期限内包租买受人所购商品房相当于支付给买受人的"好处费"，银行应予以警惕。

15. 【答案】A

【解析】借款人的还款能力是个人汽车贷款资金安全的根本保证。借款人能否按时足额偿还贷款本息，根本上要依靠借款人及其家庭的收入来源，或者其他的再融资渠道。

第四部分

考前预测及详解

银行业专业人员职业资格考试
《个人贷款(初级)》考前预测(一)

一、单选题(共 80 题,每小题 0.5 分,共 40 分,下列选项中只有一项最符合题目要求,不选、错选均不得分。)

1. 下列关于个人消费类贷款的表述,错误的是( )。
   A. 国家助学贷款是由国家指定的商业银行面向公办高等学校经济确实困难的本专科学生(含高职学生)、研究生以及第二学士学位学生发放的贷款
   B. 个人耐用消费品贷款是指银行向自然人发放的、用于购买大额耐用消费品的人民币担保贷款
   C. 个人教育贷款是银行向在读学生或其直系亲属,法定监护人发放的用于满足其就学资金需求的贷款
   D. 个人汽车贷款所购车辆按用途可以划分为自用车和商用车

2. 下列关于个人贷款还款方式的表述,正确的是( )。
   A. 等额累进还款法是指借款人在每个时间段以一定比例累进的金额偿还贷款,按还款间隔逐期归还,在贷款截止日期前全部还清本息
   B. 等额本息还款法是指在贷款期内每月等额偿还贷款本金,贷款利息随本金逐月递减
   C. 等额本金还款法是指贷款期内每月以相等的额度平均偿还贷款本息
   D. 到期一次还本付息法是指借款人需在到期日还清贷款本息,利随本清

3. 国务院批准和授权中国人民银行制定的利率是( )。
   A. 公定利率　　B. 固定利率　　C. 浮动利率　　D. 法定利率

4. 下列关于信用风险识别的表述,错误的是( )。
   A. 通过对信用风险进行识别、评估,才能在此基础上回避、缓释或保留吸收风险,这是信用风险管理的关键环节
   B. 抵御、防范信用风险的核心是信用风险的衡量
   C. 信用风险识别是指在信用风险发生之后,商业银行对业务经营活动中可能发生的信用风险的生成原因进行分析、判断
   D. 风险识别准确与否,直接关系到能否有效地防范和控制风险损失

5. 个人住房贷款业务中,在房屋未办妥正式抵押登记前,普遍采取的担保方式为( )。
   A. 保证
   B. 抵押加阶段性保证
   C. 阶段性保证
   D. 预抵押

6. 个人住房贷款可实行的担保方式是( )。
   A. 抵押、信用、质押
   B. 抵押、信用、保证
   C. 抵押、质押、保证
   D. 信用、质押、保证

7. 银行要正确把握个人住房贷款借款人的第一还款来源，从而有效控制个人住房贷款业务的(   )。

    A. 操作风险   B. 合规风险   C. 法律风险   D. 信用风险

8. 下列不属于个人住房贷款的是(   )。

    A. 个人商用房贷款   B. 公积金个人住房贷款

    C. 自营性个人住房贷款   D. 个人住房组合贷款

9. 应收账款可用于申请(   )。

    A. 抵押贷款   B. 质押贷款   C. 保证贷款   D. 信用贷款

10. 借款人贷款本金为 80 万元，贷款期限为 15 年，采用按月等额本金还款法，月利率为 3.465‰，借款人第一期的还款额为(   )元。

    A. 7989.62   B. 7512.63   C. 7216.44   D. 7631.67

11. 个人住房贷款中，对于银行来说，还本速度比较快，风险又相对较小的常用还款方式是(   )。

    A. 等额本息还款法   B. 等比递增还款法

    C. 到期一次还本付息法   D. 等额本金还款法

12. 某支行给某客户发放个人商用房贷款 60 万元，期限 10 年，还款方式为按月等额本金还款，基准利率为年利率 5.94%，合同约定利率为基准利率上浮 10%，则第 10 期归还本息为(   )(不考虑贷款期内基准利率的调整)元。

    A. 8021.98   B. 7021.98   C. 9021.98   D. 6021.98

13. 当银行只有一种或很少几种产品，或者银行产品的营业方式大致相同，或者银行把业务职能当作市场营销的主要功能时，采取(   )营销组织模式最为有效。

    A. 职能型   B. 产品型   C. 市场型   D. 区域型

14. 银行在审核个人住房贷款申请时，必须对借款人的收入证明严格把关，验证收入的真实性，下列不属于验证范围的是(   )。

    A. 融资收入的真实性   B. 经营收入的真实性

    C. 租金收入的真实性   D. 工资收入的真实性

15. 个人住房贷款业务中，下列不属于"假个贷"防控措施的是(   )。

    A. 加强一线人员建设，严把贷款准入关

    B. 进一步完善风险保证金制度

    C. 准确把握借款人的还款能力

    D. 积极利用法律手段，追究当事人刑事责任

16. 公积金个人住房贷款的还款方式不包括(   )。

    A. 一次还本付息法   B. 等额本金还款法

    C. 等比累进还款法   D. 等额本息还款法

17. 个人汽车贷款业务中，在仅提供(   )的情况下提供巨额贷款的担保，若借款人违约，担保公司往往难以承担责任，即第三方保证担保方式存在风险隐患。

    A. 超额保证金   B. 足额保证金

    C. 少量保证金   D. 巨额保证金

18. 下列关于个人教育贷款的表述，错误的是(　　)。

   A. 商业助学贷款实行"部分自筹、有效担保、专款专用和按期偿还"的原则

   B. 借款人主要为在校学生，风险度相对较低

   C. 国家助学贷款实行"财政贴息、风险补偿、信用发放、专款专用和按期偿还"的原则

   D. 具有社会公益性，政策参与程度较高

19. (　　)是指营销者通过市场调研，根据整体市场上顾客需求的差异性，以影响顾客需求的某些因素为依据，将市场整体划分为若干个消费者群体。

   A. 市场环境分析　　　　　　　　B. 市场选择

   C. 市场细分　　　　　　　　　　D. 市场定位

20. 按照银行个人贷款产品的市场规模、产品类型和技术手段等因素的不同，可将市场定位方式分为三种，其中不包括(　　)。

   A. 追随式定位　　　　　　　　　B. 主导式定位

   C. 补缺式定位　　　　　　　　　D. 策略式定位

21. 下列不属于按客户定位分类的网点机构营销渠道的是(　　)。

   A. 专业性网点营销渠道　　　　　B. 直客式网点营销渠道

   C. 全方位网点营销渠道　　　　　D. 高端化网点营销渠道

22. 商业银行主要采用 SWOT 分析方法对其内外部环境进行综合分析，下列表述正确的是(　　)。

   A. S 表示劣势　　　　　　　　　B. O 表示机遇

   C. W 表示希望　　　　　　　　　D. T 表示挑战

23. 银行进行市场细分的过程是(　　)。

   A. 设计产品→将银行产品和服务放到适合位置→依据产品将市场和客户分成若干区域、群体

   B. 设计产品→将产品和服务放到适合位置

   C. 把市场和客户分成若干区域和群体→一对一地把银行产品和服务投放到适合位置

   D. 一对一地把银行产品和服务投放到适合位置→把市场和客户分成若干群体

24. 银行因某细分市场规模和容量太小，无法实现利润而放弃该市场的行为是遵循了(　　)。

   A. 可衡量性原则　　　　　　　　B. 可进入性原则

   C. 差异性原则　　　　　　　　　D. 经济性原则

25. 增加交叉式服务、提供更多个性化服务和关联服务是(　　)的良方。

   A. 传播品牌　　　　　　　　　　B. 为品牌制造影响力和崇高感

   C. 整合品牌资源　　　　　　　　D. 建立品牌工作室

26. 办理个人教育贷款时，签约环节面临的操作风险不包括(　　)。

   A. 未对合同签署人及签字进行核实

   B. 合同凭证预签无效

   C. 未按规定保管借款合同

   D. 合同填写不规范

27. 张老突患中风昏迷，亟须 10 万元医疗费用，拟向银行申请个人医疗贷款，下列不能作为借款人的是( )。

    A. 张老的配偶
                B. 张老在银行工作的儿子

    C. 张老本人
                    D. 张老在政府部门工作的女儿

28. 商用房贷款审查和审批环节中的主要风险点不包括( )。

    A. 业务不合格
                B. 合同制作不合格

    C. 对内容审查不严
             D. 未按权限审批贷款

29. 按照中国银行业监督管理委员会《贷款风险分类指引》规定，( )三类贷款称为不良贷款。

    A. 次级类、关注类和损失类
      B. 关注类、可疑类和损失类

    C. 次级类、可疑类和损失类
      D. 关注类、可疑类和次级类

30. 不良个人住房贷款的处置方式不包括( )。

    A. 通过拍卖行竞拍
             B. 申请强制执行

    C. 向法院提起诉讼
             D. 与借款人协商变卖

31. 个人贷款采取抵押担保方式的，不属于调查内容的是( )。

    A. 抵押物价值与存续状况
      B. 保证担保是否有效

    C. 抵押物的合法性
            D. 交易价格是否合理

32. 在个人贷款业务中，下列主体可能具有担保资格的是( )。

    A. 与借款人有关系的自然人

    B. 不具有代偿能力的法人

    C. 有重大违法行为损害银行利益的法人

    D. 三年内连续亏损的法人

33. 下列不属于贷款调查可以采取的途径和方法的是( )。

    A. 申报资料研究
             B. 电话查问

    C. 现场核实
              D. 信息咨询

34. 根据《个人贷款管理暂行办法》的规定，贷款人应按照借款合同约定，收回贷款本息。对于未按照借款合同约定偿还的贷款，贷款人应采取措施进行清收，或者( )。

    A. 协议重组
    B. 催收
    C. 核销
    D. 起诉

35. 下列不是评分卡所包含内容的是( )

    A. 风险排序
             B. 自动化的审批决策

    C. 人工审批贷款的风险点提示
    D. 个人业务管理水平

36. 通过预测客户未来可能还款金额的多少计算信贷的预期损失水平的模型是( )。

    A. 违约概率模型
             B. 损失程度模型

    C. 客户盈利分析模型
        D. 催收响应模型

37. 下列关于押品种类的说法，正确的是( )。

    A. 银行的存量押品分为金融质押品、应收账款、商用房地产和居住用房地产三大类

    B. 应收账款包括交易类应收账款和应收租金两种

    C. 金融质押品包括现金及其等价物、贵金属、债券、股票/基金、保单、保本型理财产品等

    D. 商用房地产和居住用房地产大类中不包括房地产类在建工程

38. 商业性个人住房贷款期限最长不得超过(　　)年。
  A. 30　　　　　　　B. 20　　　　　　　C. 10　　　　　　　D. 50

39. 下列不可以作为个人经营贷款申请材料中个人收入证明的是(　　)。
  A. 个人纳税证明　　　　　　　　　B. 在银行近 3 个月内的存款
  C. 工资薪金证明　　　　　　　　　D. 个人在经营实体的分红证明

40. 下列关于下岗失业人员小额担保贷款的表述，正确的是(　　)。
  A. 贷款额度起点一般为人民币 3000 元
  B. 利率参照中国人民银行规定的同期贷款利率，银行不得上浮利率
  C. 贷款期限最长不超过 3 年
  D. 贷款必须专款专用

41. 一般来说，经济尚未稳定而且是初次贷款购房的人会选择的还款方式是(　　)。
  A. 等额本息还款法　　　　　　　　B. 等比累进还款法
  C. 等额本金还款法　　　　　　　　D. 到期一次还本付息法

42. 银行营销策略中的(　　)，是指针对每一个客户的个体需求而设计不同的产品和服务，有条件地满足单个客户的需要。
  A. 产品差异策略　　　　　　　　　B. 单一营销策略
  C. 低成本策略　　　　　　　　　　D. 专业化策略

43. 下列关于保证的表述，错误的是(　　)。
  A. 人民法院受理债务人破产案件中，中止执行程序的，保证人不得行使先诉抗辩权
  B. 连带保证以主债务的成立和存续为其存在的必要条件
  C. 连带保证具有一般保证的属性
  D. 当事人在保证合同中约定，债务人不能履行债务时，由保证人承担保证责任的，为连带保证

44. 个人贷款审查人审查完毕后，应对贷前调查人提出的调查意见和贷款建议是否合理、合规等在(　　)上签署审查意见。
  A. 个人住房贷款调查审查表　　　　B. 个人住房贷款面谈记录
  C. 个人住房贷款申请书　　　　　　D. 个人住房贷款合同

45. 我国规模最大的个人贷款产品为(　　)。
  A. 个人经营性贷款　　　　　　　　B. 个人教育贷款
  C. 个人住房贷款　　　　　　　　　D. 个人汽车贷款

46. 个人住房贷款对合作机构分析的要点不包括(　　)。
  A. 合作机构的注册地址　　　　　　B. 合作机构的历史信用记录
  C. 合作机构的经营成果　　　　　　D. 合作机构的领导层素质

47. 个人住房贷款的质押担保主要是权利质押，还没有普遍作为质押担保物的是(　　)。
  A. 保单　　　　　B. 国债　　　　　C. 股票　　　　　D. 存单

48. 在个人住房贷款业务中，担保公司的"担保放大倍数"是指(　　)。
  A. 担保公司向银行的贷款与自身实收资本的倍数
  B. 担保公司提供给借款者的贷款与自身实收资本的倍数
  C. 担保公司对外提供担保的余额与自身实收资本的倍数
  D. 担保公司的营业利润与自身实收资本的倍数

49．下列关于个人住房贷款合同有效性风险的表述，正确的是(　　)。

    A．依据《合同法》规定，格式条款与非格式条款不一致的，应当采用格式条款

    B．依据《合同法》规定，对格式条款有两种以上解释的，应当做出有利于提供格式条款一方的解释

    C．依据《合同法》规定，商业银行作为格式条款的提供方，应当采取合理的方式提请借款人注意免除或限制其责任的条款

    D．依据《合同法》规定，提请借款人注意必须在借款合同签订前做出，但若贷款银行没有履行这一法定义务，这些条款对当事人具有约束力

50．对于贷款期限在 1 年以上的个人住房贷款，合同期内遇法定利率调整时，实践中银行多是于(　　)起，按相应的利率档次执行新的利率规定。

    A．当日　　　　　　　　　　　　B．下一工作日

    C．次月 1 日　　　　　　　　　　D．次年 1 月 1 日

51．根据《担保法》的规定，下列财产不可以用于个人贷款抵押物的是(　　)。

    A．抵押人依法有权处分的国有的机器、交通运输工具和其他财产

    B．抵押人所有的房屋和其他地上定着物

    C．抵押人的集体土地使用权、房屋和其他地上定着物

    D．抵押人所有的机器、交通运输工具和其他财产

52．根据《贷款通则》，下列关于贷款展期的表述，错误的是(　　)。

    A．中期贷款展期累计不得超过原贷款期限的一半

    B．短期贷款展期期限累计不得超过原贷款期限

    C．借款人未申请展期或申请展期未得到批准，其贷款从到期日次日起，转入逾期贷款账户

    D．是否展期由贷款人与借款人共同协商决定

53．根据《商业银行房地产贷款风险管理指引》的规定，商业银行应将借款人住房贷款的月房产支出与收入比控制在_____，月所有债务支出与收入比控制在_____。(　　)

    A．55%以下(含 55%)；55%以下(含 55%)

    B．50%以下(含 50%)；55%以下(含 55%)

    C．60%以下(含 60%)；65%以下(含 65%)

    D．45%以下(含 45%)；50%以下(含 50%)

54．某客户本次贷款的月还本付息额 2350 元，所购房产的月物业管理费预计 150 元，其他债务月均偿付额 300 元，借款人月均收入 5000 元，依据《商业银行房地产贷款风险管理指引》，审查其房产支出与收入比、所有债务与收入比两项指标，下列说法正确的是(　　)。

    A．两项指标均未达到条件

    B．两项指标均达到条件

    C．房产支出与收入比达到条件、所有债务与收入比未达到条件

    D．房产支出与收入比未达到条件、所有债务与收入比达到条件

55．银行可通过现场咨询、(　　)、电话银行、网上银行、客户服务中心、业务宣传手册等渠道和方式向拟申请个人汽车贷款的个人提供有关信息咨询服务。

    A．汽车经销商咨询　　　　　　　　B．汽车生产商咨询

C. 中介机构咨询　　　　　　　　　　D. 窗口咨询

56. 个人汽车贷款发放的具体流程不包括(　　)。

　　A. 出账前审核

　　B. 银行将放款通知书、个人贷款信息卡等一并交借款人作回单

　　C. 开户放款

　　D. 建立"贷款台账"

57. 个人住房装修贷款是银行向个人发放的,用于装修(　　)的人民币担保贷款。

　　A. 厂房　　　　　　B. 办公用房　　　　　　C. 商用房　　　　　　D. 自用住房

58. 下列关于个人旅游消费贷款的表述,错误的是(　　)。

　　A. 是指银行向个人发放的、用于借款人个人及其家庭成员参加任意旅行社(公司)
组织的国内、外旅游所需费用的贷款

　　B. 贷款对象要有当地常住户口或有效居留身份

　　C. 个人旅游贷款通常要求借款人先支付一定比例的首期付款

　　D. 各银行对个人旅游消费贷款的贷款期限的规定有所区别

59. 在个人汽车贷款中,为有效防控信用风险,贷款的调查环节中贷款调查人必须坚持做到(　　)。

　　A. 上门核实　　　　　　　　　　　　B. 与借款人面谈

　　C. 全权委托保险公司进行核实　　　　D. 电话核实

60. 国家助学贷款中财政贴息是指(　　)。

　　A. 国家以承担全部利息的方式,对学生办理国家助学贷款进行补贴

　　B. 国家以承担部分利息的方式,对学生办理国家助学贷款进行补贴

　　C. 国家以承担部分利息的方式,对银行办理国家助学贷款进行补贴

　　D. 国家以承担全部利息的方式,对银行办理国家助学贷款进行补贴

61. 某客户购买一辆家庭自用的新轿车,成交价为20万元,缴纳增值税、消费税、购置附加税、车船使用税等4万元,车检费、保险费、年审费、养路费等2万元。该客户申请办理个人汽车贷款,则贷款额度最高为(　　)万元。

　　A. 20　　　　　　B. 16　　　　　　C. 18　　　　　　D. 14

62. 商业助学贷款业务中,每笔贷款可展期(　　)次。

　　A. 4　　　　　　B. 1　　　　　　C. 2　　　　　　D. 3

63. 贷款的回收是指借款人按借款合同约定的还款计划、还款方式及时、足额地偿还(　　)。

　　A. 贷款本息　　　　　　　　　　　　B. 贷款利息

　　C. 贷款违约金　　　　　　　　　　　D. 贷款本金

64. 个人住房贷款中,借款人的收入是指申请人自身的可支配收入,即单一申请为申请人本人的可支配收入,共同申请为(　　)的可支配收入。

　　A. 主申请人或共同申请人　　　　　　B. 主申请人

　　C. 共同申请人　　　　　　　　　　　D. 主申请人和共同申请人

65. 对以"商住两用房"名义申请贷款的,首付款比例不得低于(　　),贷款期限和利率水平按照商业性用房贷款管理规定执行。

A．80%　　　　　B．30%　　　　　C．45%　　　　D．70%

66．某大学生在校期间申请到了一笔国家助学贷款,毕业时共形成 1000 元利息。毕业后由于工作未落实,不能归还贷款,又形成 500 元利息。根据国家有关规定,应由财政贴息的金额为(　　)元。

A．500　　　　　B．1000　　　　C．1500　　　　D．750

67．在审查个人商用房贷款借款人所提交的材料是否真实、合法时,审查的内容不包括(　　)。

A．审查借款人、保证人、抵押人、出质人的身份证件是否真实、有效

B．审查借款人提供的直接划拨账户是否是借款人本人的活期账户

C．审查借款人户籍所在地是否在贷款银行所在地区

D．审查抵(质)押物的权属证明材料是否真实,有无涂改现象

68．个人经营性贷款一般面向从事合法生产经营的自然人,包括(　　)。

A．法人企业　　　　　　　　　　B．股份有限公司

C．有限责任公司　　　　　　　　D．个体工商户

69．个人贷款越权发放属于(　　)。

A．信用风险　　B．系统风险　　　C．操作风险　　D．法律风险

70．某客户向某金融机构申请商住两用房贷款,但不以所购商住两用房作为抵押,而是以现有自住房作为抵押,所购商住两用房成交价格为 100 万元,银行认可的自住房评估价格为 90 万元,则该金融机构最高可发放的贷款额度为(　　)。

A．45 万元　　B．55 万元　　　　C．50 万元　　　D．49.5 万元

71．在商用房贷款保证期间,保证人发生的下列情况中,一般不会引起信用风险的是(　　)。

A．保证人招聘新员工

B．保证人陷入重大诉讼,可能影响其履约保证责任

C．保证人有恶意破产倾向

D．保证人有低价转让有效资产等行为

72．关于商用房贷款的担保,下列说法错误的是(　　)。

A．采用抵押方式申请商用房贷款的,借款双方必须签订书面抵押合同

B．采用质押方式申请商用房贷款的,借款人提供的质物必须符合《担保法》的规定

C．采用第三方保证方式申请商用房贷款的,借款人应至少提供第三方一般责任担保

D．采用履约保证保险申请商用房贷款的,在保险有效期内,借款人不得以任何理由中断保险

73．个人商用房贷款借款人需满足的条件之一为:已支付所购商用房市场价值(　　)(含)以上的首付款(商住两用房首付款比例须在 45%及其以上),并提供首付款银行进账单或售房人开具的首付款发票或收据。

A．50%　　　　　B．55%　　　　C．60%　　　　D．65%

74．个人经营贷款的贷款受理人应要求个人经营贷款申请人填写借款申请书,以(　　)形式提出个人贷款申请,并按银行要求提交相关申请材料。

A．书面　　　　　B．口头　　　　C．邮件　　　　D．短信

75．农户贷款采取自主支付方式发放时，必须将款项转入指定的借款人结算账户，严禁以(　　)方式发放贷款，确保资金发放给真实借款人。

    A．汇款　　　　　　B．ATM 支付　　　C．现金　　　　　D．网银支付

76．农村金融机构应当要求借款人当面签订借款合同及其他相关文件，需担保的应当(　　)签订担保合同。

    A．当面　　　　　　B．之后　　　　　　C．同时　　　　　D．提前

77．根据《关于进一步完善国家助学贷款工作的若干意见》，对国家助学贷款的理解，错误的是(　　)。

    A．普通高校每年的借款总额原则上按全日制普通本专科学生(含高职学生)、研究生以及第二学士学位在校生总数 20%的比例、每人每年 6000 元的标准计算确定

    B．国家助学贷款风险补偿专项资金由财政和普通高校各承担 50%

    C．为鼓励银行积极开展国家助学贷款业务，按照"风险分担"原则，建立国家助学贷款风险补偿机制

    D．自学生毕业之日起即开始偿还贷款本金、4 年内还清

78．个人征信查询系统中，(　　)涵盖了信用卡与贷款的明细等情况。

    A．个人身份信息　　　　　　　　　B．居住信息

    C．信贷信息　　　　　　　　　　　D．个人质押信息

79．我国个人信用数据库的个人信息更新频率为(　　)。

    A．不定期更新　　　　　　　　　　B．每月更新

    C．实时更新　　　　　　　　　　　D．每日更新

80．关于个人征信系统的授权管理，下列说法错误的是(　　)。

    A．对已发放的个人贷款进行贷后风险管理时，商业银行查询个人信用报告无须取得被查询人的书面授权

    B．书面授权可以通过在贷款、贷记卡、准贷记卡以及担保申请书中增加相应条款取得

    C．商业银行应制定贷后风险管理查询个人信用报告的内部授权制度和查询管理程序

    D．商业银行可以根据个人申请有偿提供其本人的信用报告，但必须核实申请人身份

二、多选题(共 45 题，每小题 1 分，共 45 分，下列选项中有两项或两项以上符合题目的要求，多选、少选、错选均不得分。)

1．关于抵押担保的表述，正确的有(　　)。

    A．抵押担保包括动产抵押和权利抵押

    B．借款人或第三人不转移对法定财产的占有，将该财产作为贷款的担保

    C．借款人不履行还款义务时，贷款银行有权依法以该财产折价或以拍卖、变卖财产的价款优先受偿

    D．一般需要到相关部门办理抵押登记

    E．借款人或第三人转移对法定财产的占有，将该财产作为贷款的担保

2. 商业银行作为格式条款的提供方，应当采取合理的方式提请借款人注意免除或限制其责任的条款，下列表述正确的有(　　)。

    A. 可在合同签订前办理公证

    B. 可在合同书中使用区别于其他条款内容的字体使之明显地标示

    C. 无论采用何种提示方式，均需易于借款人(担保人)充分理解格式条款

    D. 可安排律师对合同进行讲解

    E. 可在合同书正式条款的前面设置"敬请注意"内容

3. 个人经营贷款中，银行贷款审查应对(　　)进行全面审查。

    A. 贷前调查人提交的个人经营贷款调查审查审批表

    B. 贷款调查内容的合法性

    C. 贷款调查内容的合理性

    D. 贷款调查内容的准确性

    E. 贷款调查内容的可靠性

4. 下列选项中，属于个人贷款产品要素的有(　　)。

    A. 还款方式　　　　　　B. 贷款条件　　　　　　C. 贷款额度

    D. 贷款期限　　　　　　E. 贷款对象

5. 下列关于按产品用途划分的各类个人贷款，说法错误的有(　　)。

    A. 按时足额缴存住房公积金的职工在购买住房时，可同时申请公积金个人住房贷款和自营性个人住房贷款，从而形成个人住房组合贷款

    B. 根据产品用途的不同，个人贷款产品可分为个人住房贷款、个人汽车贷款、个人教育贷款等

    C. 国家助学贷款实行"部分自筹、有效担保、专款专用和按期偿还"的原则

    D. 公积金个人住房贷款是一种政策性个人住房贷款

    E. 申请个人旅游消费贷款的借款人必须选择银行认可的重信誉、资质等级高的旅游公司

6. 下列关于个人住房贷款的说法，正确的有(　　)。

    A. 公积金个人住房贷款带有较强的政策性

    B. 商业性住房贷款不属于个人住房贷款的范畴

    C. 公积金个人住房贷款不以营利为目的

    D. 公积金个人住房贷款实行"低进高出"的利率政策

    E. 已经申请公积金个人住房贷款的借款人，不能再申请自营性个人住房贷款

7. 国家助学贷款和商业助学贷款均要坚持的原则有(　　)。

    A. 财政贴息　　　　　　B. 信用发放　　　　　　C. 有效担保

    D. 专款专用　　　　　　E. 按期偿还

8. 贷款行与借款人确定贷款合同利率时必须参考的因素有(　　)。

    A. 法定利率　　　　　　B. 伦敦同业拆借利率　　C. 国内同业拆借利率

    D. 借款人意见　　　　　E. 央行制定的浮动幅度

9. 银行市场环境分析的主要任务有(　　)。

    A. 实行市场定位　　　　B. 规避操作风险　　　　C. 分析购买行为

D. 进行市场细分　　　　　E. 选择目标市场

10. 在银行与客户定向交流阶段中，属于一对一精确定位营销的步骤有(　　)。

A. 感觉　　　　　　　　B. 认知　　　　　　　　C. 获得

D. 发展　　　　　　　　E. 保留

11. 个人商用房贷款的贷款审查应重点关注调查人的尽职情况和借款人的(　　)。

A. 偿还能力　　　　　　B. 诚信状况　　　　　　C. 担保情况

D. 抵(质)押比率　　　　E. 贷款风险因素

12. 个人贷款的贷前调查是控制贷款风险最重要的环节,贷前调查的方式主要有(　　)。

A. 与借款申请人面谈　　B. 审查借款申请材料　　C. 电话调查

D. 实地调查　　　　　　E. 登记台账

13. 商业银行在办理商用房贷款时,对采取保证担保方式的,应调查的内容有(　　)。

A. 核实保证人保证责任的落实

B. 保证人与借款人的关系

C. 保证人是否具有保证资格

D. 保证人为自然人的,应要求保证人提交相关材料,要查验贷款保证人提供的材料是否真实有效

E. 保证人为法人的,要调查保证人是否具有保证人资格及代偿能力

14. 个人住房贷款的借款人申请贷款期限调整时,须具备的前提条件有(　　)。

A. 贷款无积欠利息　　　B. 贷款未到期　　　　　C. 贷款无积欠本金

D. 贷款采用分期还款方式　E. 贷款本期本金已归还

15. 下列关于专家判断法中的"5C"要素分析法的表述,正确的有(　　)。

A. "5C"是指借款人道德品质(Character)、能力(Capacity)、资本(Capital)、担保(Collateral)、环境(Condition)

B. 对于个人经营性贷款,环境往往是衡量财务状况的决定性因素

C. 如果发生违约,债权人对于借款人抵押的物品不拥有要求权

D. 环境是决定信用风险损失的一项重要因素

E. 宏观经济环境、行业发展趋势等对个人借款人的收入来源和偿债能力会产生直接或间接影响

16. 对行为评分影响最大的是客户的还款与拖欠行为,(　　)的客户必然意味着更高的信用风险。

A. 正在拖欠　　　　　　B. 近期有拖欠情况　　　C. 拖欠次数多

D. 长期不按时还款　　　E. 拖欠时间长

17. 下列授信业务项下的押品中,可采用直接评估方式的有(　　)。

A. 首次交易住房做抵押的个人住房贷款(贷款金额在 1000 万元以下)

B. 低信用风险信贷业务

C. 保证金、存单的质押授信业务

D. 个人助业贷款

E. 个人消费贷款

18. 押品的日常管理与监控包括(　　)。

    A. 台账制度　　　　　　　B. 权证核对　　　　　　　C. 岗位制约

    D. 随机抽查　　　　　　　E. 日常监控

19. 巴塞尔委员会规定的可能造成实质性损失的操作风险事件类型包括(　　)。

    A. 内部欺诈　　　　　　　B. 经营中断和系统瘫痪　　C. 外部欺诈

    D. 国家政策变动　　　　　E. 实物资产的损毁

20. 质押担保的法律风险主要有(　　)。

    A. 非为被监护人利益以其所有权利进行质押

    B. 质押物价值不足值或质押率偏高

    C. 质押物不合法

    D. 对于无处分权的权利进行质押

    E. 以非法所得、不当得利所得的权利进行质押

21. 借款人具备下列(　　)条件方可申请个人住房贷款。

    A. 足额首付款

    B. 有贷款银行认可的担保

    C. 合法有效的身份或居留证明

    D. 稳定的经济收入

    E. 有合法有效的购买、建造、修理普通住房的合同协议

22. 下列商业银行对借款人收入来源审查的侧重点不适当的有(　　)。

    A. 张三经营一家私人石材厂,银行经办人员侧重考察生产、经营净现金流是否可靠、稳定、足额

    B. 李四是一家外企职工,银行经办人员侧重考察李四的职务,所在公司收入的稳定性等

    C. 王五是一家效益不好企业的员工,其名下有诸多房产用于出租,银行经办人员主要考察王五的工资收入

    D. 方明是一家股份有限公司的中层领导,且有权在股东大会召开一日前提出临时提案并书面提交董事会,银行经办人员只考虑其工资收入

    E. 小杨是机械厂技工,同时大量投资于基金,银行经办人员综合考察其工资收入和基金净值总额

23. 下列选项中,既属于一宗土地,又属于建筑的有(　　)。

    A. 坐落　　　　　　　　　B. 面积　　　　　　　　　C. 产权状况

    D. 结构　　　　　　　　　E. 地势

24. 房地产估价的原则包括(　　)。

    A. 合法原则　　　　　　　B. 公平原则　　　　　　　C. 谨慎原则

    D. 最高最佳使用原则　　　E. 替代原则

25. 为控制借款人调查中的风险,对借款申请人的调查内容应包括(　　)。

    A. 借款申请人提供的直接划款账户是否是借款人本人所有的活期储蓄账户

    B. 借款申请人家庭资产负债比率是否合理

    C. 借款申请人所提交的资料是否真实、合法

D．借款申请人第一还款来源是否稳定、充足

E．借款申请人的担保措施是否足额、有效

26．申请二手房公积金个人住房贷款的借款人须提供的材料有(　　)。

A．买方身份证、户口簿复印件

B．房产证原件和复印件

C．由公积金管理中心认可的评估机构出具的评估报告

D．公积金管理中心认可的中介机构与买卖双方签订的三方协议

E．由区级以上房产交易部门进行抵押登记

27．下列属于个人住房贷款贷后管理风险的有(　　)。

A．逾期贷款催收不及时，不良贷款处置不力，造成贷款损失

B．房屋他项权证办理不及时

C．只关注借款人按月还款情况，在正常还款的情况下，未对其经营情况及抵押物价值、用途等变动情况跟踪检测

D．未建立贷后监控检查制度，未对重点贷款使用情况进行跟踪检查

E．按照规定保管借款合同、担保合同等重要贷款档案资料

28．个人贷款的贷后与档案管理内容包括(　　)。

A．贷款风险分类与不良贷款管理　　　　　　B．贷后检查

C．贷款本息回收　　　　　　　　　　　　　D．贷款档案管理

E．合同变更

29．下列属于个人教育贷款流程中贷款的受理与调查环节的风险点的有(　　)。

A．未通过账户分析、凭证查验或现场调查等方式，核查贷款支付是否符合约定用途

B．借款申请人所提交材料的真实性

C．未对合同签署人及签字(签章)进行核实

D．借款申请人的主体资格是否符合银行个人教育贷款的相关规定

E．未按权限审批贷款，使得贷款超越授权发放

30．个人汽车贷款可以采取的担保措施包括(　　)。

A．购买履约保证保险

B．第三方保证

C．房地产抵押

D．以贷款所购车辆作抵押

E．质押

31．在个人汽车贷款业务中，汽车经销商的欺诈行为有(　　)。

A．虚报车价　　　　　　B．一车多贷　　　　　　C．冒名顶替

D．甲贷乙用　　　　　　E．虚假车行

32．下列关于出国留学贷款说法，正确的有(　　)。

A．需要提供一定的担保措施

B．贷款对象为留学人员或其直系亲属

C．贷款期限一般为1～6年

D. 贷款到期日时借款人的实际年龄不得超过 60 周岁

E. 贷款的偿还遵循"贷人民币还人民币"和"贷外汇还外汇"的原则

33. 个人购买( )，可以申请个人耐用消费品贷款。

A. 汽车　　　　　　　　　B. 电脑　　　　　　　　　C. 家用电器

D. 家具　　　　　　　　　E. 房屋

34. 根据《汽车贷款管理办法》的规定，可以申请汽车贷款的有( )。

A. 在中国境内有固定住所的中国公民

B. 国内机构借款人

C. 在中国境内累计居住 2 年的外国人

D. 在中国境内累计居住 6 个月的港、澳、台居民

E. 国内汽车经销商

35. 下列关于商业助学贷款担保方式的说法，正确的有( )。

A. 可以采用抵押、质押、保证或其组合，或借款人投保相关保险

B. 以资产作抵押的，借款人应根据贷款银行的要求办理抵押物保险

C. 以质押方式申请商业助学贷款的，需办理质物或其权利凭证转移占有手续及相关出质登记

D. 以第三方保证方式申请贷款的，第三方提供的保证为一般责任保证

E. 因为同学之间互相了解情况，贷款银行应允许同学之间互保

36. 签订个人保证贷款合同时，涉及的当事人包括( )。

A. 代理人　　　　　　　　B. 介绍人　　　　　　　　C. 担保人

D. 银行　　　　　　　　　E. 借款人

37. 在保险公司为个人汽车贷款提供履约保证保险的过程中，银行可能面临的风险包括( )。

A. 保险公司依法解除保险合同

B. 免责条款使贷款银行难以追究保险公司的保险责任

C. 保证保险的责任仅限于贷款本金和利息

D. 保证担保的责任仅限于贷款本金和利息

E. 银保合作协议的法律效力不确定

38. 下列选项中，属于个人经营类贷款的有( )。

A. 下岗失业小额担保贷款　　　　　　　B. 个人商用房贷款

C. 个人住房装饰贷款　　　　　　　　　D. 个人医疗贷款

E. 农户贷款

39. 商用房贷款合作机构的风险主要包括( )。

A. 评估机构、地产经纪和律师事务所等联合借款人欺诈银行骗贷

B. 未按权限审批贷款

C. 开发商不具备房地产开发的主体资格

D. 开发项目"五证"虚假或不全

E. 开发商同时开发多个项目

40. 贷款经办行对个人商用房贷款的贷后管理包括( )。

　　A．客户关系维护　　　　　　B．押品管理　　　　　　C．违约贷款催收

　　D．贷后检查　　　　　　　　E．贷后监测

41．以质押方式申请个人经营贷款时，可作为质物的有(　　)。

　　A．定期储蓄存单　　　　　　　B．凭证式国债(电子记账)

　　C．记账式国债　　　　　　　　D．拥有土地使用权证的出让性质的土地

　　E．应收账款

42．个人经营贷款发放后，贷款人要按照(　　)的原则要求进行贷后检查。

　　A．主动　　　　　　　　　B．动态　　　　　　　　C．持续

　　D．静态　　　　　　　　　E．被动

43．为加强对个人经营贷款借款人所控制企业经营情况的调查和分析，商业银行应
(　　)。

　　A．检查经营的合法、合规性　　　　B．检查经营的商誉情况

　　C．检查经营的盈利能力和稳定性　　D．要求借款人恢复抵押物价值

　　E．更换为其他足值抵押物

44．下列关于个人征信安全管理的说法，正确的有(　　)。

　　A．个人信息由于是计算机自动处理，所以非常安全

　　B．商业银行查询个人信用报告时应当取得被查询人的书面授权

　　C．咨询人的查询记录需要备案存档

　　D．商业银行可在任意条件下查询个人的信用报告

　　E．对于查询的结果用于规定范围之外的用途的，将被罚款甚至判刑

45．个人信用报告有异议时，当事人可以采取的措施有(　　)。

　　A．向所在地的中国人民银行分支行征信管理部门提出异议申请

　　B．向与其发生信贷融资的商业银行总行提出异议申请

　　C．向与其发生信贷融资的商业银行经办机构的直接上级机构反映

　　D．向与其发生信贷融资的商业银行经办机构反映

　　E．向中国人民银行征信中心提出异议申请

三、判断题(共 15 题，每小题 1 分，共 15 分，正确的选 A，错误的选 B；不选、错选均不得分。)

1．个人抵押授信贷款没有明确指定使用用途，因此贷款不需要提供用途证明。(　　)

　　A．正确　　　　　　　　　　B．错误

2．客户可以通过个人贷款业务服务中心、声讯电话、网上银行和电话银行办理个人贷款业务。　　　　　　　　　　　　　　　　　　　　　　　　(　　)

　　A．正确　　　　　　　　　　B．错误

3．对于强增信基础类客户，应更多考虑发放场景化个人贷款。　　　　(　　)

　　A．正确　　　　　　　　　　B．错误

4．当前个人住房贷款的申请者主要是收入水平波动较小的、收入市场化程度较低的工薪阶层。　　　　　　　　　　　　　　　　　　　　　　　　(　　)

　　A．正确　　　　　　　　　　B．错误

5. 品牌是银行的核心竞争力。 （ ）
    A．正确   B．错误

6. 住房公积金贷款只能向处于公积金政策缴存状态的在职职工发放。 （ ）
    A．正确   B．错误

7. 个人汽车贷款展期之后全部贷款期限不得超过贷款银行规定的最长期限，同时对展期的贷款应重新落实担保。 （ ）
    A．正确   B．错误

8. 个人汽车贷款中，借款人的信用欺诈和恶意逃债行为是对贷款资金安全威胁很大的信用风险。 （ ）
    A．正确   B．错误

9. 公积金个人住房贷款资金一般不得由借款人提取现金。 （ ）
    A．正确   B．错误

10. 个人商用房贷款的贷款行一般不接受商业前景不明的期房及单独处置困难的产权式商铺抵押。 （ ）
    A．正确   B．错误

11. 通常个人经营贷款单笔金额较大，借款人还本付息资金主要来源于其经营收入或利润。所以，无论贷款长短，银行鼓励借款人用一次利随本清还款方式，这样银行管理成本和风险成本都低。 （ ）
    A．正确   B．错误

12. 申请商用房贷款，借款人可以使用的担保方式只能是抵押。 （ ）
    A．正确   B．错误

13. 贷款调查与审批中，审批人员可以将贷款调查的全部事项委托有资信的第三方完成。 （ ）
    A．正确   B．错误

14. 如果个人认为自己的信用报告中反映的个人住房公积金信息与实际情况不符，可以持本人身份证件到开立个人结算账户的金融机构核实情况和更改信息，也可以到当地中国人民银行征信管理部门申请异议处理。 （ ）
    A．正确   B．错误

15. 商业银行各查询用户的用户名及密码除本人使用外，还可以授权他人使用。 （ ）
    A．正确   B．错误

答案及详解

一、单选题(共 80 题，每小题 0.5 分，共 40 分，下列选项中只有一项最符合题目要求，不选、错选均不得分。)

1. 【答案】A
【解析】A 项，国家助学贷款是由政府主导、财政贴息、财政和高校共同给予银行一定风险补偿金，银行、教育行政部门与高校共同操作的，帮助高校家庭经济困难学生支付在校学习期间所需的学费、住宿费及生活费的银行贷款。

2.【答案】D

【解析】A项是等比累进还款法的定义；B项是等额本金还款法的定义；C项是等额本息还款法的定义。

3.【答案】D

【解析】法定利率是由政府金融管理部门或中央银行确定的利率，也称官方利率，是国家对经济进行宏观调控的一种政策工具。A项，公定利率是非政府的民间金融组织，如银行业协会等所确定的利率；B项，固定利率是指存贷款利率在贷款合同存续期间或存单存期内，执行的固定不变的利率，不依市场利率的变化而调整；C项，浮动利率是指银行等金融机构规定的以基准利率为中心，在一定幅度内上下浮动的利率。

4.【答案】C

【解析】C项，信用风险识别是指在各种风险发生之前，商业银行对业务经营活动中可能发生的风险种类、生成原因进行分析、判断，这是商业银行风险管理的基础。

5.【答案】B

【解析】在个人住房贷款业务中，采取的担保方式以抵押担保为主，在未实现抵押登记前，普遍采取抵押加阶段性保证的方式。

6.【答案】C

【解析】个人住房贷款可实行抵押、质押和保证三种担保方式。贷款银行可根据借款人的具体情况，采用一种或同时采用几种贷款担保方式。

7.【答案】D

【解析】银行应该进一步严格个人住房贷款的调查和审查，尤其是关注和评估借款人的还款能力，准确把握第一还款来源，从而有效控制个人住房贷款业务的信用风险。

8.【答案】A

【解析】个人住房贷款是指向借款人发放的用于购买、建造和大修理各类型住房的贷款。按照资金来源划分，个人住房贷款包括自营性个人住房贷款、公积金个人住房贷款和个人住房组合贷款。A项属于个人经营类贷款。

9.【答案】B

【解析】根据《物权法》第二百二十三条，可作为个人质押贷款的质物主要有：汇票、支票、本票；债券、存款单；仓单、提单；可以转让的基金份额、股权；可以转让的注册商标专用权、专利权、著作权等知识产权中的财产权；应收账款；法律、行政法规规定可以出质的其他财产权利。

10.【答案】C

【解析】月等额本金还款法下，每月还款额计算公式为：每月还款额=贷款本金/还款期数+(贷款本金-已归还贷款本金累计额)×月利率，本题中第一期的还款额=800 000÷(12×15)+800 000×3.465‰≈7216.44(元)。

11.【答案】D

【解析】个人住房贷款可采取多种还款方式进行还款。其中，以等额本息还款法和等额本金还款法最为常用。从每月还款的角度讲，等额本息还款法是固定的，而等额本金还款法在还款初期高于等额本息还款法。这就意味着等额本金还款法的贷款门槛要高于等额本息还款法。从银行的角度来讲，等额本金还款法的还本速度比较快，风险比等额本息还款法小。

12.【答案】A

【解析】该贷款采用等额本金还款法，则每月偿还本金额=60÷(12×10)=0.5(万元)，第10期应支付贷款利息=(60-0.5×9)×[5.94%×(1+10%)÷12]≈0.302 198(万元)，则客户第10期应偿还本息=0.5+0.302 198=0.802 198(万元)，即8021.98元。

13.【答案】A

【解析】B项，产品型营销组织适用于具有多种产品且产品差异很大的银行；C项，市场型营销组织适用于面临的产品市场可加以划分，即每个不同分市场有不同偏好的消费群体的银行；D项，区域型营销组织适用于在全国范围内的市场上开展业务的银行。

14.【答案】A

【解析】在审核个人住房贷款申请时，必须对借款人的收入证明严格把关，在验证借款人收入的真实性时，应主要验证借款人的工资收入、租金收入、投资收入和经营收入四个方面。

15.【答案】C

【解析】"假个贷"的防控措施包括：①加强一线人员建设，严把贷款准入关；②进一步完善个人住房贷款风险保证金制度；③要积极利用法律手段，追究当事人刑事责任，加大"假个贷"的实施成本。

16.【答案】C

【解析】公积金个人住房贷款的还款方式包括等额本息还款法、等额本金还款法和一次还本付息法。一般而言，贷款期限在1年以内(含1年)的实行到期一次还本付息；贷款期限在1年以上的，借款人从发放贷款的次月起偿还贷款本息，一般采取等额本息还款法或等额本金还款法。

17.【答案】C

【解析】第三方保证担保主要包括汽车经销商保证担保和专业担保公司保证担保。这一担保方式存在的主要风险在于保证人往往缺乏足够的风险承担能力，在仅提供少量保证金的情况下提供巨额贷款担保，一旦借款人违约，担保公司往往难以承担保证责任，造成风险隐患。

18.【答案】B

【解析】B项，个人教育贷款的借款人多为在校学生，而学生属于暂时无收入的群体，没有现成的资产可作为申请贷款的担保，因而个人教育贷款多为信用贷款，如国家助学贷款。同时，个人教育贷款的偿还主要依靠学生毕业后的工作收入，加之学生信用水平的不确定性，其风险度相对较高。

19.【答案】C

【解析】市场细分是指营销者通过市场调研，根据整体市场上客户需求的差异性，以影响客户需求和欲望的某些因素为依据，把某一产品的市场整体划分为若干个消费者群的市场分类过程。每一个需求特点相似的消费者群就是一个细分市场，亦称"子市场"或"亚市场"。

20. 【答案】D

【解析】按照市场规模、产品类型和技术手段等因素的不同，银行个人贷款产品可以定位为三种方式：主导式定位、追随式定位和补缺式定位。

21. 【答案】B

【解析】网点机构随着对客户定位的不同而各有差异，主要有：①全方位网点机构营销渠道；②专业性网点机构营销渠道；③高端化网点机构营销渠道；④零售型网点机构营销渠道。

22. 【答案】B

【解析】银行主要采用 SWOT 分析方法对其内外部环境进行综合分析。各字母的含义如下：S(Strength)表示优势，W(Weak)表示劣势，O(Opportunity)表示机遇，T(Threat)表示威胁。

23. 【答案】C

【解析】对于银行来说，由于市场具有不确定性，不同的金融产品也有不同的服务对象，这就要求银行必须把市场和客户再分成若干区域和群体，一对一地把银行产品和服务投放到适合的位置。此过程就是银行市场细分，所分出的市场称为细分市场。

24. 【答案】D

【解析】经济性原则是指所选定的细分市场的营销成本是经济的，市场规模是合理的，并且商业银行在这一市场是有利可图、可以盈利的。如果细分市场的规模过小、市场容量太小、获利少，银行应放弃该市场。

25. 【答案】B

【解析】银行要利用各种方式为品牌创造更多的附加值，以扩大品牌的影响力和崇高感。让银行产品增加附加值的方式很多，例如，增加交叉式服务、提供更多个性服务和关联服务等都是银行提高品牌影响力和崇高感的良方。

26. 【答案】C

【解析】C 项属于贷后与档案管理中的风险。

27. 【答案】C

【解析】个人医疗贷款的贷款对象须是具有完全民事行为能力的中华人民共和国公民。题干中，张老中风昏迷，不具有完全民事行为能力，不能作为个人医疗贷款的借款人。

28. 【答案】B

【解析】商用房贷款审查和审批环节的主要风险点包括：①业务不合规，业务风险与效益不匹配；②未按权限审批贷款，使得贷款超授权发放；③审批人员对应审查的内容审查不严，导致向不具备贷款发放条件的借款人发放贷款；④将贷款调查的全部事项委托第三方完成。B 项，合同制作不合格属于贷款签约和发放环节中的风险。

29. 【答案】C

【解析】按照五级分类方式，不良个人贷款包括五级分类中的后三类贷款，即次级、可疑和损失类贷款。

30. 【答案】A

【解析】不良贷款的抵押物处置可采取与借款人协商变卖、向法院提起诉讼或申请强制执行依法处分。

31．【答案】B

【解析】采取抵押担保方式的，应调查以下内容：①抵押物的合法性，包括调查抵押物是否属于《担保法》和《物权法》及其司法解释规定且银行认可的抵押财产范围；②抵押人对抵押物占有的合法性，包括抵押物已设定抵押权属情况，抵押物权属情况是否符合设定抵押的条件，借款申请人提供的抵押物是否为抵押人所拥有，财产共有人是否同意抵押，抵押物所有权是否完整；③抵押物价值与存续状况，包括抵押物是否真实存在、存续状态，交易价格或评估价格是否合理。

32．【答案】A

【解析】在个人贷款中，保证人为法人的要具备保证人资格和代偿能力。如果保证人三年内连续亏损、在银行黑名单之列或有重大违法行为损害银行利益的，均不得作为保证人。与借款人有关系的自然人如果具备保证人资格和代偿能力，可以担当保证人。

33．【答案】A

【解析】贷款调查应以实地调查为主、间接调查为辅，采取现场核实、电话查问以及信息咨询等途径和方法。贷款人在不损害借款人合法权益和风险可控的前提下，可将贷款调查中的部分特定事项审慎委托第三方代为办理。

34．【答案】A

【解析】根据《个人贷款管理暂行办法》第四十条的规定，贷款人应按照借款合同约定，收回贷款本息。对于未按照借款合同约定偿还的贷款，贷款人应采取措施进行清收，或者协议重组。

35．【答案】D

【解析】评分卡给用户提供的不仅仅是一个分数，而是包含了以下内容：①不同客户的风险排序；②自动化的审批决策；③对每一笔未自动审批贷款的各种风险点提示。

36．【答案】B

【解析】损失程度模型根据客户的历史行为，预测客户未来可能还款金额的多少，从而计算信贷的预期损失水平，该模型应用范围较广，可以用于90天以上的已违约客户。

37．【答案】C

【解析】A项，银行的存量押品分为金融质押品、应收账款、商用房地产和居住用房地产、其他押品四大类；B项，除交易类应收账款和应收租金外，应收账款还包括公路收费权、学校收费权等；D项，商用房地产和居住用房地产包括商用房地产、居住用房地产、商用建设用地使用权和居住用建设用地使用权、房地产类在建工程等。

38．【答案】C

【解析】个人商用房贷款期限最短为1年(含)，最长不超过10年。

39．【答案】B

【解析】个人经营贷款申请材料中个人收入证明包括个人纳税证明、工资薪金证明、个人在经营实体的分红证明、租金收入、在银行近6个月内的存款、国债、基金等平均金融资产证明等。

40．【答案】D

【解析】A项，下岗失业人员小额担保贷款额度起点一般为人民币2000元；B项，自2008年1月1日起，小额担保贷款经办金融机构对个人新发放的小额担保贷款，其贷款利率可在中国人民银行公布的贷款基准利率的基础上上浮 3 个百分点；C 项，贷款期限最长不超过 2 年。

41．【答案】A

【解析】等额本息还款法和等额本金还款法是常用的个人住房贷款还款方法。在最初贷款购买房屋时，等额本金还款法的负担比等额本息还款法重，一般来说，对于经济尚未稳定而且是初次贷款购房的人来说是不利的，因此大多数借款人采用等额本息还款法还款。

42．【答案】B

【解析】单一营销策略，又称一对一的营销，它是针对每一个客户的个体需求而设计不同的产品或服务，有条件地满足单个客户的需要。

43．【答案】D

【解析】D 项，当事人在保证合同中约定，债务人不能履行债务时，由保证人承担保证责任的，为一般保证。连带保证是指保证人与债务人对主债务承担连带责任的保证。

44．【答案】A

【解析】贷款审查人审查完毕后，应对贷前调查人提出的调查意见和贷款建议是否合理、合规等在个人住房贷款调查审查表上签署审查意见，连同申请材料、面谈记录等一并送交贷款审批人进行审批。

45．【答案】C

【解析】个人住房贷款是指向借款人发放的用于购买、建造和大修理各类型住房的贷款。个人住房贷款在各国个人贷款业务中都是最主要的产品，在我国也是最早开办、规模最大的个人贷款产品。

46．【答案】A

【解析】个人住房贷款对合作机构分析的要点包括：①分析合作机构领导层素质；②分析合作机构的业界声誉；③分析合作机构的历史信用记录；④分析合作机构的管理规范程度；⑤分析企业的经营成果；⑥分析合作机构的偿债能力。

47．【答案】C

【解析】个人住房贷款的质押担保目前主要是权利质押，较多的是存单、保单、国债、收费权质押。

48．【答案】C

【解析】"担保放大倍数"即担保公司对外提供担保的余额与自身实收资本的倍数，倍数过大会造成过度担保而导致最终无力代偿。

49．【答案】C

【解析】A 项，《合同法》第四十一条规定，格式条款和非格式条款不一致的，应当采用非格式条款；B 项，《合同法》第四十一条规定，对格式条款有两种以上解释的，应当做出不利于提供格式条款一方的解释；D 项，提请借款人注意必须在借款合同签订前做出，若贷款银行没有履行这一法定义务，这些条款对当事人不产生约束力。

50．【答案】D

【解析】贷款期限在 1 年以上的个人住房贷款，合同期内遇法定利率调整时，可由借贷双方按商业原则确定，可在合同期间按月、按季、按年调整，也可采用固定利率的确定方式。但实践中，银行多是于次年 1 月 1 日起按相应的利率档次执行新的利率规定。

51. 【答案】C

【解析】根据《担保法》第三十四条，除 ABD 三项外，可以抵押的财产还包括：①抵押人依法有权处分的国有土地使用权、房屋和其他地上定着物；②抵押人依法承包并经发包方同意抵押的荒山、荒沟、荒丘、荒滩等荒地的土地使用权；③依法可以抵押的其他财产。

52. 【答案】D

【解析】D 项，根据《贷款通则》第十二条，不能按期归还贷款的，借款人应当在贷款到期日之前，向贷款人申请贷款展期，是否展期由贷款人决定。

53. 【答案】B

【解析】根据《商业银行房地产贷款风险管理指引》第三十六条，商业银行应将借款人住房贷款的月房产支出与收入比控制在 50%以下(含 50%)，月所有债务支出与收入比控制在 55%以下(含 55%)。

54. 【答案】C

【解析】根据《商业银行房地产贷款风险管理指引》第三十六条，商业银行应将借款人住房贷款的月房产支出与收入比控制在 50%以下(含 50%)，月所有债务支出与收入比控制在 55%以下(含 55%)。本题中，月房产支出与收入比=(本次贷款的月还款额+月物业管理费)/月均收入=(2350+150)/5000=50%；所有债务与收入比=(本次贷款的月还款额+月物业管理费+其他债务月均偿付额)/月均收入=(2350+150+300)/5000=56%。

55. 【答案】D

【解析】个人汽车贷款的受理是指从客户向银行提交借款申请书、银行受理到上报审核的全过程。银行可通过现场咨询、窗口咨询、电话银行、网上银行、客户服务中心、业务宣传手册等渠道和方式向拟申请个人汽车贷款的个人提供有关信息咨询服务。

56. 【答案】D

【解析】个人汽车贷款发放的具体流程如下：①出账前审核，审核放款通知；②开户放款，业务部门在确定有关审核无误后，进行开户放款；③放款通知，当开户放款完成后，银行应将放款通知书、个人贷款信息卡等一并交借款人作回单。

57. 【答案】D

【解析】个人住房装修贷款是指银行向自然人发放的、用于装修自用住房的人民币担保贷款。个人住房装修贷款可以用于支付家庭装潢和维修工程的施工款、相关的装修材料和厨卫设备款等。

58. 【答案】A

【解析】个人旅游消费贷款是指银行向个人发放的、用于借款人个人及其家庭成员(包括借款申请人的配偶、子女及其父母)参加银行认可的各类旅行社(公司)组织的国内、外旅游所需费用的贷款。

59. 【答案】B

【解析】经办机构应指定专人负责个人汽车贷款的贷前调查工作，贷前调查人应对客户信息资料的真实性负责；必须面谈客户了解信息；不得将贷前调查工作全权委托给保险公司和汽车经销商进行。

60.【答案】B

【解析】国家助学贷款采取"借款人一次申请、贷款银行一次审批、单户核算、分次发放"的方式，实行"财政贴息、风险补偿、信用发放、专款专用和按期偿还"的原则。其中，财政贴息是指国家以承担部分利息的方式，对学生办理国家助学贷款进行补贴。

61.【答案】B

【解析】对于个人汽车贷款，如所购车辆为自用车的，贷款额度不得超过所购汽车价格的 80%。汽车价格，对于新车是指汽车实际成交价格与汽车生产商公布价格中的低者，上述成交价格均不得含有各类附加税费及保费等。本题所购汽车为新车，且为家庭自用，因而最高贷款额=成交价(不含各类附加税费)×80%=20×80%=16(万元)。

62.【答案】B

【解析】商业助学贷款业务中，每笔贷款只可以展期一次，展期的原则按贷款通则规定执行。贷款期限在一年以内(含)的，展期期限累计不得超过原贷款期限；贷款期限在一年以上的，展期期限累计与原贷款期限相加，最长不得超过 6 年。

63.【答案】A

【解析】贷款的回收是指借款人按借款合同约定的还款计划、还款方式及时、足额地偿还贷款本息。贷款回收的原则是先收息、后收本，全部到期、利随本清。

64.【答案】D

【解析】根据《商业银行房地产贷款风险管理指引》第三十六条，个人住房贷款借款人的收入是指申请人自身的可支配收入，即单一申请为申请人本人的可支配收入，共同申请为主申请人和共同申请人的可支配收入。

65.【答案】C

【解析】商业用房购房贷款首付款比例不得低于 50%，期限不得超过 10 年，贷款利率不得低于中国人民银行公布的同期同档次利率的 1.1 倍，具体的首付款比例、贷款期限和利率水平由商业银行根据贷款风险管理相关原则自主确定；对以"商住两用房"名义申请贷款的，首付款比例不得低于 45%，贷款期限和利率水平按照商业性用房贷款管理规定执行。

66.【答案】B

【解析】国家助学贷款实行借款学生在校期间的贷款利息全部由财政补贴，毕业后全部自付的办法，借款学生毕业后开始计付利息。

67.【答案】C

【解析】C 项属于"借款申请人的主体资格是否符合银行商用房贷款管理办法的相关规定"这一风险点的具体内容。

68.【答案】D

【解析】个人经营性贷款是指银行向从事合法生产经营的自然人发放的，用于定向购买商用房，以及用于满足个人控制的企业(包括个体工商户)生产经营流动资金需求和其他合理资金需求的贷款。

69.【答案】C

【解析】未按规定的贷款额度、贷款期限、担保方式、结息方式、计息方式、还款方式、适用利率、利率调整方式和发放方式等发放贷款，导致错误发放贷款和贷款错误核算属于操作风险。

70. 【答案】B

【解析】根据规定，商用房贷款额度不得超过所购商用房价值的 50%，所购商用房为商住两用房的，贷款额度不得超过所购商用房价值的 55%。因此，本题最高贷款额=100×55%=55(万元)。

71. 【答案】A

【解析】A 项属正常的企业经营，一般不会引发信用风险。

72. 【答案】C

【解析】采用第三方保证方式申请商用房贷款的，借款人应提供贷款银行可接受的第三方连带责任保证。

73. 【答案】A

【解析】商用房包括商铺、住宅小区的商业配套房、办公用房(写字楼)。个人商用房贷款借款人需满足的条件之一为：已支付所购商用房市场价值 50%(含)以上的首付款(商住两用房首付款比例须在 45%及其以上)，并提供首付款银行进账单或售房人开具的首付款发票或收据。

74. 【答案】A

【解析】个人经营贷款的贷款受理人应要求个人经营贷款申请人填写借款申请书，以书面形式提出个人贷款申请，并按银行要求提交相关申请材料。对于有共同申请人的，应同时要求共同申请人提交有关申请材料。

75. 【答案】C

【解析】借款合同生效后，农村金融机构应当按合同约定及时发放贷款。贷款采取自主支付方式发放时，必须将款项转入指定的借款人结算账户，严禁以现金方式发放贷款，确保资金发放给真实借款人。

76. 【答案】A

【解析】农村金融机构应当要求借款人当面签订借款合同及其他相关文件，需担保的应当当面签订担保合同。采取指纹识别、密码等措施，确认借款人与指定账户真实性，防范顶冒名贷款问题。

77. 【答案】D

【解析】D 项，根据《关于进一步完善国家助学贷款工作的若干意见》，对国家助学贷款实行延长还贷年限的政策，改变目前自学生毕业之日起即开始偿还贷款本金、4 年内还清的做法，实行借款学生毕业后视就业情况，在 1 至 2 年后开始还贷、6 年内还清的做法。

78. 【答案】C

【解析】个人征信系统所搜集的个人信用信息包括个人基本信息、信贷信息、非银行信息、客户本人声明等各类信息。信用卡与贷款的明细等情况属于信贷信息。

79. 【答案】B

【解析】在我国，考虑到商业银行结算周期多以月为单位，相应地，个人信用数据库是每月更新一次信息，因此，最新的信用信息一般要间隔一个月以后才会在个人信用报告中展示出来。

80. 【答案】D

【解析】D 项，征信服务中心可以根据个人申请有偿提供其本人的信用报告，但必须核实申请人身份。

二、多选题(共 45 题，每小题 1 分，共 45 分，下列选项中有两项或两项以上符合题目的要求，多选、少选、错选均不得分。)

1．【答案】BCD

【解析】A 项，质押担保分为动产质押和权利质押两类；E 项，抵押担保是指债务人或者第三人不转移对法定财产的占有，将该财产作为贷款的担保。

2．【答案】ABCDE

【解析】商业银行用以提请借款人注意免除或限制其责任的条款的合理方式包括：可以依据不同的格式条款(合同)确定，或是在合同书中使用区别于其他条款内容的字体，如大字、斜体字等使之明显地标示出来，或是在合同书正式条款的前面设置"敬请注意"内容，或是在合同签订前办理公证、安排律师对合同进行讲解等。无论采用何种提示方式，均需易于借款人(担保人)充分理解格式条款。

3．【答案】ABCD

【解析】贷款审查应对贷前调查人提交的个人经营贷款调查审查审批表、贷款调查内容的合法性、合理性、准确性进行全面审查，重点关注调查人的尽职情况和借款人的偿还能力、诚信状况、担保情况、抵(质)押比率、风险程度等，分析贷款风险因素和风险程度，调查意见是否客观，并签署审批意见。

4．【答案】ACDE

【解析】个人贷款产品的要素主要包括贷款对象、贷款利率、贷款期限、还款方式、担保方式和贷款额度。它们是贷款产品的基本组成部分，不同贷款要素的设定赋予了个人贷款产品千差万别的特点。

5．【答案】BC

【解析】B 项，根据产品用途的不同，个人贷款产品可以分为个人消费类贷款和个人经营类贷款等；C 项，国家助学贷款实行"财政贴息、风险补偿、信用发放、专款专用和按期偿还"的原则。

6．【答案】AC

【解析】B 项，商业性住房贷款也称为自营性个人住房贷款，属于个人住房贷款的一种；D 项，公积金个人住房贷款实行"低进低出"的利率政策，贷款额度受到限制；E 项，按时足额缴存住房公积金的职工在购买、建造或大修住房时，可以同时申请公积金个人住房贷款和自营性个人住房贷款，从而形成特定的个人住房贷款组合。

7．【答案】DE

【解析】国家助学贷款实行"财政贴息、风险补偿、信用发放、专款专用和按期偿还"的原则；商业助学贷款实行"部分自筹、有效担保、专款专用和按期偿还"的原则。可见，二者均要坚持"专款专用、按期偿还"的原则。

8．【答案】ADE

【解析】合同利率是指贷款银行根据法定贷款利率和中国人民银行规定的浮动幅度范围以及利率政策等，经与借款人共同商定，并在借款合同中载明的某一笔具体贷款的利率。

9．【答案】ACDE

【解析】银行市场环境分析的主要任务有：①分析购买行为；②进行市场细分；③选择目标市场；④实行市场定位。

10. 【答案】CDE

【解析】在与客户交流阶段，通常会涉及几个步骤，分别是感觉、认知、获得、发展和保留。前两点很容易做到，通常作为大众式营销的基本手段，以广告形式最为常见，以建立品牌效应为主要目的；而后三个步骤，就是一对一的精确定位营销，以销售为最终目的。

11. 【答案】ABCDE

【解析】贷款审查应对贷款调查内容的合法性、合理性、准确性进行全面审查，重点关注调查人的尽职情况和借款人的偿还能力、诚信状况、担保情况、抵(质)押比率、贷款风险因素和风险程度等。

12. 【答案】ABCD

【解析】贷前调查应以实地调查为主、间接调查为辅，采取现场核实、电话查问以及信息咨询等途径和方法。调查的方式包括：审查借款申请材料、与借款申请人面谈和实地调查等。

13. 【答案】ABCDE

【解析】商用房贷款采取保证担保方式的，应调查：①保证人是否符合《担保法》及其司法解释规定，具备保证资格；②保证人为法人的，要调查保证人是否具备保证人资格、是否具有代偿能力；③保证人为自然人的，应要求保证人提交相关材料，应查验贷款保证人提供的资信证明材料是否真实有效；④保证人与借款人的关系；⑤核实保证人保证责任的落实，查验保证人是否具有保证意愿并确知其保证责任。

14. 【答案】ABCE

【解析】借款人需要调整借款期限，应向银行提交期限调整申请书，并必须具备以下前提条件：①贷款未到期；②无欠息；③无拖欠本金；④本期本金已归还。期限调整后，银行将重新为借款人计算分期还款额。

15. 【答案】ADE

【解析】B项，对于个人经营性贷款，资本往往是衡量财务状况的决定性因素；C项，担保指借款人用其资产对其所承诺的付款进行的担保，如果发生违约，债权人对于借款人抵押的物品拥有要求权。

16. 【答案】CDE

【解析】对行为评分影响最大的就是客户的还款与拖欠行为。经常拖欠、拖欠时间长的客户必然意味着更高的信用风险，而长期按时还款的客户自然是优质的客户。行为评分并不仅仅参考客户当前的逾期状况，而是综合考虑客户过去一年甚至更长时间的还款情况。

17. 【答案】ABCDE

【解析】直接评估方式是指参考公开市场价格、历史平均价格或最近成交价格，按照审慎原则直接确定拟接受押品的评估价值。对下列授信业务项下的押品，可采用直接评估方式：①低信用风险信贷业务；②保证金、存单等的质押授信业务；③首次交易住房做抵押的个人住房贷款(贷款金额在1000万元以下)；④对优质客户发放的以住房做抵押、申请贷款成数低于50%的个人再交易住房贷款(贷款金额在1000万元以下)、个人消费贷款和个人助业贷款。

18．【答案】ABCE

【解析】押品的日常管理与监控包括：①岗位制约；②台账制度；③权证核对；④定期检查；⑤日常监控。

19．【答案】ABCE

【解析】巴塞尔委员会规定的可能造成实质性损失的操作风险事件类型包括：①内部欺诈；②外部欺诈；③员工行为和工作场所问题；④客户、产品和经营行为；⑤实物资产的损毁；⑥经营的中断和系统的瘫痪；⑦执行、交货和流程管理。

20．【答案】ACDE

【解析】质押担保目前主要是权利质押，较多的是存单、保单、国债和收费权质押。主要风险在于：①质押物的合法性；②对于无处分权的权利进行质押；③非为被监护人利益以其所有权利进行质押；④非法所得、不当得利所得的权利进行质押等。

21．【答案】ABCDE

【解析】个人住房贷款的对象应是具有完全民事行为能力的中华人民共和国公民或符合国家有关规定的境外自然人。申请人还须满足贷款银行的其他要求：①合法有效的身份或居留证明；②有稳定的经济收入，信用状况良好，有偿还贷款本息的能力；③有合法有效的购买(建造、大修)住房的合同、协议、符合规定的首付款证明材料及贷款银行要求提供的其他证明文件；④有贷款银行认可的资产进行抵押或质押，或有足够代偿能力的法人、其他经济组织或自然人作为保证人；⑤贷款银行规定的其他条件。

22．【答案】CD

【解析】C 项，王五主要靠租金还款，银行应侧重分析其收入来源的合法性、稳定性和可靠性；D 项，方明在股份有限公司为领导且为公司的股东，银行除考虑其工资收入外，还应考虑其职务、身份和所在公司收入的稳定性等。

23．【答案】ABC

【解析】一宗土地包括：坐落、面积、形状、四至、地势、周围环境和景观，利用现状和景观，产权状况、地质水文状况、基础设施完备程度和土地半整程度、土地使用管制等。建筑包括：坐落、面积、层数和高度、结构、设备、装修、平面格局、竣工时间、维修养护及完损程度、利用现状、产权状况、外观、公共服务设施设备程度、通风采光、隔声隔热、层高和物业管理等。

24．【答案】ABDE

【解析】房地产估价原则包括：①合法原则；②最高最佳使用原则；③估价时点原则；④替代原则；⑤公平原则。

25．【答案】ABCDE

【解析】为控制借款人调查中的风险，对借款申请人的调查主要包括以下三项内容：①借款申请人所提交资料是否真实、合法；②借款申请人第一还款来源是否稳定、充足；③借款申请人的担保措施是否足额、有效。A 项属于①的内容；B 项属于②的内容。

26．【答案】BCDE

【解析】A 项，借款人须提供卖方身份证、户口簿复印件。

27．【答案】ABCD

【解析】除 ABCD 四项外，个人住房贷款贷后管理的风险还包括：未按规定保管借款合同、担保合同等重要贷款档案资料，造成合同损毁；他项权利证书未按规定进行保管，造成他项权证遗失，他项权利灭失。

28．【答案】ABCDE

【解析】个人贷款的贷后与档案管理是指贷款发放后到合同终止期间对有关事宜的管理，包括贷后检查、合同变更、本息回收、贷款的风险分类与不良贷款管理以及贷款档案管理等工作。

29．【答案】BD

【解析】贷款的受理与调查环节的风险点主要在于以下几个方面：①借款申请人的主体资格是否符合银行个人教育贷款的相关规定；②借款申请人所提交材料的真实性；③对于商业助学贷款而言，借款申请人的担保措施是否足额、有效；④未按规定建立、执行贷款面谈、借款合同面签制度；⑤授意借款人虚构情节获得贷款。

30．【答案】ABCDE

【解析】申请个人汽车贷款，借款人须提供一定的担保措施，包括质押、以贷款所购车辆作抵押、房地产抵押和第三方保证等，还可采取购买个人汽车贷款履约保证保险的方式。在实际操作中，各商业银行通常会根据具体情况对各种担保方式做出进一步的细化规定。

31．【答案】ABCDE

【解析】汽车经销商的欺诈行为主要包括：①一车多贷；②甲贷乙用；③虚报车价；④冒名顶替；⑤全部造假；⑥虚假车行。

32．【答案】ABCE

【解析】D项，借款人在贷款到期日的实际年龄不得超过55周岁。

33．【答案】BCD

【解析】耐用消费品通常是指价值较大、使用寿命相对较长的家用商品，包括除汽车、住房外的家用电器、电脑、家具、健身器材和乐器等。个人购买上述耐用消费品时，可以申请个人耐用消费品贷款。

34．【答案】ABCE

【解析】为便于对汽车贷款进行风险管理，《汽车贷款管理办法》将借款人细分为个人、汽车经销商和机构借款人，并首次明确除中国公民以外，在中国境内连续居住1年以上(含1年)的港、澳、台居民以及外国人均可申请个人汽车贷款。

35．【答案】ABC

【解析】D项，以第三方保证方式申请商业助学贷款的，保证人和贷款银行之间应签订"保证合同"，第三方提供的保证为不可撤销的连带责任保证；E项，对于采用保证方式的，保证人应具备品质良好、有合法稳定的收入来源及与借款人同城户籍等条件，原则上不允许同学之间互保。

36．【答案】CDE

【解析】个人保证贷款手续简便，只要保证人愿意提供保证，银行经过核保认定保证人具有保证能力，签订保证合同即可，整个过程涉及银行、借款人和担保人三方，贷款办理时间短，环节少。

37．【答案】ABCE

【解析】D 项，保证担保的责任范围包括贷款本金及利息、违约金、损害赔偿金和实现债权的费用等。

38. 【答案】ABE

【解析】个人经营类贷款包括个人商用房贷款、个人经营贷款、农户贷款和下岗失业小额担保贷款，部分银行还设有农户小额信用贷款和农户联保贷款，它们是农户贷款的两种不同形式。

39. 【答案】ACD

【解析】商用房贷款合作机构的风险主要包括：①开发商不具备房地产开发的主体资格、开发项目"五证"虚假或不全("五证"是指国有土地使用证、建设用地规划许可证、建设工程规划许可证、建筑工程施工许可证和商品房预售许可证)；②估值机构、地产经纪和律师事务所等联合借款人欺诈银行骗贷。

40. 【答案】ABCD

【解析】个人商用房贷款贷后管理的相关工作由贷款经办行及信贷管理部门共同负责。贷款经办行贷后管理内容包括客户关系维护、押品管理、违约贷款催收及相应的贷后检查等工作。信贷管理部门负责贷后监测、检查及对贷款经办行贷后管理工作的组织和督导。

41. 【答案】ABC

【解析】个人经营贷款采用质押担保的，可接受自然人(含第三人)名下的各家银行存单及国债作为质物，相关规定按照个人质押贷款管理办法相关规定执行。

42. 【答案】ABC

【解析】个人经营贷款发放后，贷款人要按照主动、动态、持续的原则要求进行贷后检查，通过实地现场检查和非现场监测方式，对借款人有关情况真实性、收入变化情况，以及其他影响个人经营贷款资产质量的因素进行持续跟踪调查、分析，并采取相应补救措施。

43. 【答案】ABC

【解析】DE 两项是银行为了有效规避抵押物价值变化而带来的信用风险，可以采取的措施。

44. 【答案】ABCE

【解析】D 项，《个人信用信息基础数据库管理暂行办法》明确规定，除了本人以外，商业银行只有在办理贷款、信用卡、担保等业务时，或贷后管理、发放信用卡时才能查看个人的信用报告。

45. 【答案】ADE

【解析】个人对信用报告有异议时，可以向所在地的中国人民银行分支行征信管理部门或直接向中国人民银行征信中心提出个人信用报告的异议申请，个人需出示本人身份证原件、提交身份证复印件。个人客户也可持本人身份证向与其发生信贷融资的商业银行经办机构反映。

三、判断题(共 15 题，每小题 1 分，共 15 分，正确的选 A，错误的选 B；不选、错选均不得分。)

1. 【答案】B

【解析】个人抵押授信贷款没有明确指定使用用途，其使用用途比较综合，个人只要能够提供贷款使用用途证明即可。

2. 【答案】B

【解析】客户可以通过银行营业网点的个人贷款服务中心、网上银行、电话银行等多种方式了解、咨询银行的个人贷款业务；客户可以在银行所辖营业网点、网上银行、个人贷款服务中心、金融超市等办理个人贷款业务。

3. 【答案】B

【解析】对于非强增信基础类客户，应更多考虑发放场景化个人贷款；对于强增信基础的客户，可以适当放宽条件。

4. 【答案】B

【解析】当前个人住房贷款的申请者主要是收入水平波动较大的、收入市场化程度较高的工薪阶层。

5. 【答案】A

【解析】品牌是银行的核心竞争力，是让一家银行在同业中卓尔不群的标志，有了该标志，即使品牌经理离去，甚至银行行长变更，对银行品牌的影响也不大。

6. 【答案】B

【解析】公积金个人住房贷款可向住房公积金缴存人以及在职期间缴存住房公积金的离退休职工发放。

7. 【答案】A

【解析】每笔个人汽车贷款只可以展期一次，展期期限不得超过 1 年，展期之后全部贷款期限不得超过贷款银行规定的最长期限，同时对展期的贷款应重新落实担保。

8. 【答案】A

【解析】个人汽车贷款的信用风险主要表现为借款人还款能力的降低和还款意愿的变化。此外，借款人的信用欺诈和恶意逃债行为也是对贷款资金安全威胁很大的信用风险。

9. 【答案】A

【解析】除当地公积金管理中心有特殊规定外，公积金个人住房贷款资金必须以转账的方式划入售房人账户，不得由借款人提取现金。

10. 【答案】A

【解析】个人商用房贷款操作风险的防控措施之一是加强抵押物管理，进一步完善抵押物审查、评估、抵押登记等环节的管理，客观、公正估值，合法、有效落实抵押登记手续。对商业前景不明的期房及单独处置困难的产权式商铺等房产，原则上不得接受抵押。

11. 【答案】B

【解析】个人经营贷款可采用按月等额本息还款法、按月等额本金还款法、按周还本付息还款法。贷款期限在 1 年(含)以内的，可采用按月付息、到期一次性还本的还款方式。采用低风险质押担保方式且贷款期限在 1 年以内的，可采用到期一次性还本付息的还款方式。

12. 【答案】B

【解析】申请商用房贷款，借款人需提供一定的担保措施，包括抵押、质押和保证等，还可以采取履约保证保险的方式。

13. 【答案】B

【解析】审批人员将贷款调查的全部事项委托第三方完成是贷款审查与审批中的主要

风险点之一。其他风险点还包括：①业务不合规，业务风险与效益不匹配；②未按权限审批贷款，使得贷款超授权发放；③审批人员对应审查的内容审查不严，导致向不具备贷款发放条件的借款人发放贷款。

14．【答案】B

【解析】如果个人认为自己的信用报告中反映的个人养老保险金信息或住房公积金信息与实际情况不符，可以直接向当地社保经办机构或当地住房公积金管理中心核实情况和更改信息，也可以向当地中国人民银行征信管理部门提出书面异议申请。

15．【答案】B

【解析】商业银行各查询用户的用户名及密码仅限本人使用，严禁他人使用或将密码告知他人。

银行业专业人员职业资格考试
《个人贷款(初级)》考前预测(二)

一、单选题(共 80 题,每小题 0.5 分,共 40 分,下列选项中只有一项最符合题目要求,不选、错选均不得分。)

1. 下列能做质押担保权利质物的是( )。
    A. 纪念币和邮票   B. 债券   C. 名人字画   D. 发票

2. 我国利率体系的核心是( )。
    A. 固定利率   B. 浮动利率   C. 基准利率   D. 市场利率

3. 银行业务部门应根据贷款审批人的审批意见,对未获批准的贷款申请,及时告知( ),将有关材料退还,并做好解释工作,同时做好信贷拒贷记录存档。
    A. 调查人   B. 贷款人   C. 审查人   D. 借款人

4. 个人住房贷款最常用的还款方式是( )。
    A. 等额本息还款法和等额累进还款法   B. 等额本息还款法和等额本金还款法
    C. 一次还本付息法和等额本金还款法   D. 等比累进还款法和等额累进还款法

5. 自 2008 年 10 月 27 日始,中国人民银行调整了个人住房贷款可执行下限利率水平,新的下限利率水平为( )。
    A. 相应期限档次贷款基准利率的 0.7 倍
    B. 相应期限档次贷款基准利率
    C. 相应期限档次贷款基准利率的 1.1 倍
    D. 相应期限档次贷款基准利率的 0.85 倍

6. 个人质押贷款风险控制的重点是关注质物的真实性、合法性和( )。
    A. 价值稳定性   B. 收益可预期性
    C. 权利排他性   D. 可变现性

7. 根据《担保法》的规定,下列财产不可以用于个人贷款抵押物的是( )。
    A. 抵押人依法有权处分的国有的机器、交通运输工具和其他财产
    B. 抵押人所有的房屋和其他地上定着物
    C. 抵押人的集体土地使用权、房屋和其他地上定着物
    D. 抵押人所有的机器、交通运输工具和其他财产

8. 根据《物权法》的规定,下列不得作为个人质押贷款质押物的是( )。
    A. 国债   B. 提单
    C. 可以转让的基金份额   D. 应付账款

9. 下列关于个人贷款担保方式的表述,正确的是( )。
    A. 中国人民银行可以担任其员工个人贷款的保证人

B. 保证担保主要是指保证人和借款人之间的一种约定

C. 个人贷款的借款人违约时,贷款银行有权依法以抵质押财产或权利凭证折价或者以拍卖、变卖财产的价款优先受偿

D. 抵押担保方式中,当借款人不履行还款义务时,由保证人承担还款责任

10. 个人住房装修贷款可以用于支付的款项不包括(　　)。

A. 家用电器购买款　　　　　　　B. 相关的装修材料和厨卫设备款

C. 家庭装潢款　　　　　　　　　D. 维修工程的施工款

11. 下列关于等额本息还款法和等额本金还款法两种还款方式的表述,错误的是(　　)。

A. 采用等额本金还款法比等额本息还款法合算

B. 等额本息还款法是每月以相等的额度偿还贷款本息

C. 等额本金还款法是指在贷款期内每月等额偿还贷款本金,贷款利息逐月递减

D. 从银行的角度来讲,等额本金还款法的还本速度比较快,风险比等额本息还款法小

12. 贷款额度是指(　　)。

A. 借款人每月需要偿还的金额　　B. 银行想给借款人的额度

C. 贷款抵押物的评估价值　　　　D. 银行向借款人提供的以货币计量的贷款数额

13. 贷款 20 万元,贷款年利率 6%,期限 10 年,采用等额本息法和等额本金法,在第一个月供款时利息支出额分别为(　　)。

A. 1000 元、1000 元　　　　　　B. 833 元、1000 元

C. 1200 元、1200 元　　　　　　D. 1000 元、833 元

14. 防范个人住房贷款违约风险需特别重视把握(　　)。

A. 借款人的还款能力　　　　　　B. 抵(质)押物的价值

C. 保证人的保证能力　　　　　　D. 借款人的第二还款来源

15. 市场细分的策略分为集中策略和差异性策略,其中,集中策略通常适用于(　　)。

A. 大型股份制商业银行　　　　　B. 资源不多的中小银行

C. 尚未上市的大型商业银行　　　D. 资源丰富的中型银行

16. 银行市场细分的作用不包括(　　)。

A. 有利于开拓新市场　　　　　　B. 有利于增加银行的市场份额

C. 有利于提高银行的经济效益　　D. 有利于选择目标市场

17. 下列不属于个人贷款合作单位的是(　　)。

A. 担保机构　　　B. 开发商　　　C. 汽车经销商　　　D. 房地产交易中心

18. 下列关于商业银行品牌的理解,错误的是(　　)。

A. 商业银行品牌很容易受到内部人事调动的影响

B. 品牌是一种无形资产

C. 品牌是商业银行的核心竞争力

D. 品牌是商业银行保持竞争力的强大工具

19. 对于二手个人住房贷款,银行最主要的合作单位是(　　)。

A. 房地产开发商　　　　　　　　B. 房地产经纪公司

C. 房产局　　　　　　　　　　　D. 住房置业担保公司

20. 电子银行不具备的特点是(　　)。

    A．运行环境开放　　　　　　　　B．电子虚拟服务方式

    C．提高了银行成本　　　　　　　　D．模糊的业务时空界限

21. 银行营销组织通常有多种模式，当产品的市场可以划分，即每个不同细分市场有不同偏好的消费群体时，最适宜采用的营销组织模式为(　　)结构。

    A．产品型营销组织　　　　　　　　B．职能型营销组织

    C．区域型营销组织　　　　　　　　D．市场型营销组织

22. 下列不属于银行市场定位原则的是(　　)。

    A．可衡量性原则　　　　　　　　B．围绕目标原则

    C．发挥优势原则　　　　　　　　D．突出特色原则

23. 下列不属于 SWOT 分析方法内容的是(　　)。

    A．客户　　　　　B．机遇　　　　　C．劣势　　　　　D．优势

24. 银行在与开发商签订《商品房销售贷款合作协议》前，要对房地产开发商及其所开发的项目进行全面审查，审查内容不包括(　　)。

    A．项目自有资金到位情况　　　　B．开发商行业排名

    C．项目开发和销售　　　　　　　　D．开发商资信及经营状况

25. 某银行在市场上占有极大的市场份额，控制和影响其他商业银行的行为，同时可以凭借资金充足、反应速度快和网点广泛的优势保持领先地位。这家银行适合采用的市场定位是(　　)。

    A．产品式定位　　B．补缺式定位　　C．追随式定位　　　　D．主导式定位

26. 下列情形中，最不可能引起社会存款增加的是(　　)。

    A．存款利率上升　　　　　　　　B．发生通货膨胀

    C．收入水平上升　　　　　　　　D．证券投资风险增大

27. 在个人住房贷款中，合作机构的主要风险表现形式不包括(　　)。

    A．担保公司担保放大倍数过大　　B．评估机构房产评估价值失实

    C．开发商的"假个贷"　　　　　　D．住房公积金管理中心贷款期限调整

28. 关于个人贷款还款方式变更，下列说法正确的是(　　)。

    A．借款人可通过电话或书面方式提出还款方式变更申请

    B．各种还款方式之间可以随意相互变更

    C．借款人贷款账户中应没有拖欠本息及其他费用

    D．借款人可在变更还款方式后归还当期贷款本息

29. 个人贷款的贷前调查应以(　　)为主。

    A．间接调查　　B．委托调查　　C．实地调查　　　　D．网上调查

30. 下列关于个人贷款合同文本填写的表述，错误的是(　　)。

    A．填写合同时，必须做到标准、规范、要素齐全

    B．填写合同时，必须做到不错漏、不潦草

    C．填写合同时，必须做到数字正确、字迹清晰

    D．填写合同时，贷款金额和贷款期限经双方协商可涂改，并加盖双方印章

31. 根据《个人贷款管理暂行办法》的规定,以保证方式担保的个人贷款,贷款人应( )完成。

    A. 由不少于1名专职信贷人员   B. 由信贷人员和审查人员共同

    C. 由2名以上(不含2名)信贷人员   D. 由不少于2名信贷人员

32. 个人贷款发放以后,还要进行贷后管理,下列不属于贷后检查范畴的是( )。

    A. 对借款人的检查   B. 对保证人的检查

    C. 对抵押物、质押权利的检查   D. 对借款企业公司治理的检查

33. 借款人委托其他自然人代办个人贷款的划付时,代理人需要持有的证件或材料不包括( )。

    A. 本人身份证件   B. 借款人身份证件

    C. 借款人授权委托书   D. 个人住房贷款审批表

34. 申请评分模块是整个信贷审批流程中的一个环节,以下关于评分环节说法正确的是( )。

    A. 评分环节是在贷款调查和审核之后,人工审批和贷款发放之前

    B. 评分环节是在人工审批和贷款调查之后,审核和贷款发放之前

    C. 评分环节是在贷款调查和审核之后,自动审批和贷款发放之前

    D. 评分环节是在自动审批和贷款调查之后,审核和贷款发放之前

35. 对客户进行行为评分时,所依据的关键信息不包括( )。

    A. 还款与拖欠行为   B. 账户使用记录

    C. 额度信息   D. 客户关系信息

36. 挑选政策被划分为高分挑选政策和低分挑选政策,其中,高分挑选政策主要用于( )。

    A. 挑选具有某些良好特征的高分客户,进行人工审批

    B. 随机挑选一定比例的高分客户,进行人工审批

    C. 挑选有瑕疵的高分申请,不允许其直接通过

    D. 挑选评分相对较低的申请,不允许其直接通过

37. 在实际应用催收评分时,对于不同的客户情况,下面说法错误的是( )。

    A. 行为模型以客户的历史行为信息为预测变量

    B. 对于"新开户即逾期"的客户,不能使用违约概率模型

    C. 对于有催收历史的客户,可以根据以往的催收历史应用催收响应模型

    D. 对于首次逾期的客户,需要根据其他的行为特征应用催收响应模型

38. 关于催收策略的优化,以下说法正确的是( )。

    A. 策略制定好之后一般不轻易改变

    B. 策略制定好之后并不是一成不变的,但是最优的策略一般不轻易调整

    C. 策略制定好之后并不是一成不变的,即便是最优的策略,也要随时间的推移不断调整与优化

    D. 策略制定好之后,最优策略一般会维持较长时间,而其他策略则随时间的推移不断调整与优化

39．下列选项中，不属于押品价值评估的主要方法的是(　　)。

    A．市场法　　　　　　B．收益法　　　　　C．成本法　　　　　　D．对比法

40．个人住房贷款业务合作中开发商一般需要与商业银行签订(　　)。

    A．《商品房预售合作协议书》　　　　　　B．《商品房售后合作协议书》

    C．《商品房销售贷款合作协议书》　　　　D．《公积金房销售合作协议书》

41．下列关于住房公积金贷款合同签约的表述，错误的是(　　)。

    A．只需受委托的承办银行与借款人双方在担保借款合同上签字、盖章

    B．承办银行按照公积金管理中心委托放款通知书制作借款合同

    C．由承办银行经办人员录入并检查修改系统中的信息

    D．合同上应加盖专用章和有权签字人个人名章

42．个人汽车贷款的借款人向贷款银行申请借款期限调整的条件中不包括(　　)。

    A．贷款未到期　　　　　　　　　　B．银行计收违约金

    C．本期本金已偿还　　　　　　　　D．无拖欠利息、本金

43．下列不属于个人汽车贷款信用风险防控措施的是(　　)。

    A．严格审查客户信息资料的真实性

    B．熟练掌握个人汽车贷款业务的规章制度

    C．科学合理地确定客户还款的方式

    D．详细调查客户还款能力

44．银行向大学生发放的国家助学贷款，用于(　　)部分，应当采用贷款人受托支付方式向借款人所在学校支付，按学年(期)发放，直接划入借款人所在学校在贷款银行开立的账户。

    A．学费和生活费　　　　　　　　　B．生活费

    C．住宿费和生活费　　　　　　　　D．学费和住宿费

45．个人住房装修贷款用途不包括(　　)。

    A．支付房屋维修工程款　　　　　　B．购买健身器材

    C．支付家庭装潢施工款　　　　　　D．购买厨卫设备

46．个人住房贷款的信用风险通常是因借款人的_____和_____下降导致的。(　　)

    A．担保品价值；保证人实力　　　　B．还款意愿；担保品价值

    C．还款能力；还款意愿　　　　　　D．还款能力；担保品价值

47．个人住房贷款签约环节是风险防控的主要环节，以下不属于签约环节风险点的是(　　)。

    A．合同中存在不规范行为，例如数字书写不规范，签字不齐全，签字使用不规范简体等

    B．未对合同签署人及签字(签章)进行核实，例如借款相关人员及其配偶应到场而未到场，或是伪造授权书等

    C．未签订合同或是签订无效合同，例如"先放款，后签约"，或是银行单方面先签署合同后由借款人签约的情况，以及由非银行人员代为签约等

    D．贷款担保手续不齐备，例如抵押担保合同所列抵押物与实际不符，应办理的抵押登记未办理等

48. 贷款中，单笔贷款的审查不包括( )。

   A. 审查借款申请人提交材料的合规性

   B. 审查贷前调查内容的完整性

   C. 审查开发商的债权债务和为其他债权人提供担保的情况

   D. 审查贷前调查人提交的《个人住房贷款调查审批表》和面谈记录

49. 目前我国个人住房贷款中的( )制度，使借款人承担了一定的利率风险，导致了借款人在利率上升周期中出现违约的可能性加大。

   A. 固定利率　　　B. 市场利率　　　C. 浮动利率　　　D. 法定利率

50. 公积金个人住房贷款最长期限为( )年。

   A. 10　　　　　B. 30　　　　　C. 20　　　　　D. 35

51. 个人住房贷款的期限在1年以内(含1年)的，实行合同利率，遇法定利率调整( )计息。

   A. 按季调整　　　B. 不分段　　　C. 按年调整　　　D. 按月调整

52. 下列关于个人住房贷款贷前调查的表述，错误的是( )。

   A. 对项目的调查主要调查项目资料的完整性、真实性、有效性、合法性、项目工程进度、项目资金到位情况等

   B. 贷前调查是对开发商、住房楼盘项目和借款人提供资料的调查和评估

   C. 为有效竞争市场，节省营销时间，在对开发商的有效证书审查后，就可办理单笔贷款业务

   D. 对开发商的调查主要是查资质、资信、营业执照、税务登记证、会计报表、债权债务等

53. 商用房贷款的贷款人应开展风险评价工作，以分析借款人的( )为基础，采取定性和定量分析方法，全面动态地进行贷款审查和风险评估。

   A. 资产规模　　　B. 负债规模　　　C. 现金支出　　　D. 现金收入

54. 根据银行业监督管理委员会规定，当前各商业银行须执行的个人商用房贷款最低利率水平是( )。

   A. 基准利率上浮10%　　　　　　　B. 基准利率下浮15%

   C. 基准利率下浮30%　　　　　　　D. 基准利率

55. 以抵押担保方式申请个人经营贷款，银行除调查抵押物的合法性，抵押人对抵押物占有的合法性外，还应重点调查( )。

   A. 抵押物的剩余使用年限　　　　　B. 抵押物的地理位置

   C. 抵押物的成新度　　　　　　　　D. 抵押物的市场价值

56. 个人经营贷款利率同时符合中国人民银行和商业银行总行对相关产品的风险定价政策，并符合商业银行总行利率授权管理规定，个人经营贷款可在( )的基础上上浮或者适当下浮。

   A. 实际利率　　　B. 公定利率　　　C. 基准利率　　　D. 固定利率

57. 商业助学贷款的贷后管理不包括( )。

   A. 贷款的偿还管理　　　　　　　　B. 贷后档案管理

   C. 贷后贴息管理　　　　　　　　　D. 不良贷款管理

58. 下列关于个人教育贷款的表述，错误的是(　　)。

　　A. 商业助学贷款财政需要贴息，各商业银行、城市信用社和农村信用社等金融机构均可开办

　　B. 个人教育贷款分为国家助学贷款和商业助学贷款

　　C. 商业助学贷款是指银行按商业原则自主向个人发放的用于支持境内高等院校困难学生学费、住宿费和就读期间基本生活费的商业贷款

　　D. 国家助学贷款帮助高校家庭经济困难学生支付在校学习期间所需的学费、住宿费及生活费

59. 个人汽车贷款的受理是指从客户向银行提交(　　)、银行受理到上报审核的全过程。

　　A. 借款申请书　　　　　　　　　　B. 身份证

　　C. 贷款合同　　　　　　　　　　　D. 户口簿

60. 下列关于个人汽车贷款贷前调查的说法，错误的是(　　)。

　　A. 贷前调查人应通过面谈了解借款申请人的基本情况、贷款用途和贷款担保等情况

　　B. 贷前调查人以电话调查为主要方式了解申请人抵押物状况

　　C. 贷前调查应以实地调查为主、间接调查为辅

　　D. 可通过审查借款申请材料、面谈借款申请人、查询个人信用等方式进行

61. 出国留学贷款的最短期限是(　　)。

　　A. 12个月　　　　B. 6个月　　　　C. 9个月　　　　D. 3个月

62. 办理国家助学金贷款的经办银行在发放贷款后，于每季度结束后的(　　)个工作日内，汇总已发放的国家助学贷款学生名单、贷款金额、利率、利息，经合作高校确认后上报总行。

　　A. 30　　　　　　B. 10　　　　　　C. 7　　　　　　D. 15

63. 借款合同签订以后，如果(　　)，则允许变更借款合同。

　　A. 借款人不履行借款合同，贷款难以收回

　　B. 借款人已经申请破产，进入清算程序

　　C. 借款人因不可抗拒的意外事故致使合同无法履行

　　D. 经借贷双方协商同意

64. 下列不属于个人汽车贷款特征的是(　　)。

　　A. 一般不需要采取受托支付的方式

　　B. 风险管理难度相对较大

　　C. 与汽车市场的多种行业机构具有密切关系

　　D. 是汽车金融服务领域的主要内容之一

65. (　　)是民事活动中最核心、最基本的原则。

　　A. 诚实信用原则　　　　　　　　　B. 平等原则

　　C. 自愿原则　　　　　　　　　　　D. 公平原则

66. 一般保证的保证人与债权人未约定保证期间的，保证期间为主债务履行期届满之日起(　　)。

　　A. 1年　　　　　　B. 4年　　　　　　C. 2年　　　　　　D. 6个月

67. 下列各项中，(　　)不属于质押合同的内容。
    A．债务人履行债务的期限　　　　B．质押担保的范围
    C．债务人住所　　　　　　　　　D．被担保的主债权种类、数额

68. 下列各项中，不属于借款人权利的是(　　)。
    A．在征得贷款人同意后，有权向第三人转让债务
    B．有权按合同约定提取和使用全部贷款
    C．可以自主向主办银行或者其他银行的经办机构申请贷款并依条件取得贷款
    D．按借款合同约定及时清偿贷款本息

69. 根据《商业银行房地产贷款风险管理指引》规定，房地产开发企业开发项目的资本金比例不得低于(　　)。
    A．10%　　　　　B．20%　　　　　C．35%　　　　　D．50%

70. 不可以作为个人经营贷款还款能力证明的是(　　)。
    A．借款人或其自有经营实体近期连续一段时间所得税税票
    B．借款人教育对象的存款证明
    C．借款人的收入证明
    D．借款人的资产状况证明

71. 个人商用房贷款的贷款发放要遵循(　　)的原则，由独立的放款管理部门或岗位负责落实放款条件、发放满足约定条件的贷款。
    A．审放分离　　　B．诚信申贷　　　C．协议承诺　　　D．实贷实付

72. 对于商用房贷款抵押物，以下说法错误的是(　　)。
    A．用于抵押的财产需要估价的，必须由贷款银行进行评估
    B．不具有独立产权的商业用房，存在处置风险
    C．以财产作抵押的，借款人应根据贷款银行的要求办理抵押物保险
    D．对商业前景不明的期房，原则上不得接受抵押

73. 个人商用房贷款的还款来源主要是(　　)。
    A．商用房的租金收入和借款人的其他经营收入
    B．借款人的投资收益
    C．个人商用房的资产增值
    D．借款人的工资薪金收入

74. 对个人经营贷款借款人的生产经营收入，应重点调查的内容不包括(　　)。
    A．经营收入的合法性　　　　　　B．经营收入的稳定性
    C．未来收入预期的合理性　　　　D．经营成本的稳定性

75. 商用房贷款主要面临的是开发商带来的____和估值机构、地产经纪等带来的____。
(　　)
    A．项目风险；欺诈风险　　　　　B．欺诈风险；项目风险
    C．信用风险；操作风险　　　　　D．法律风险；信用风险

76. 在商用房贷款业务中，为了防控合作机构的风险，银行可采取的措施不包括(　　)。
    A．加强对开发商及合作项目的审查
    B．加强对估值机构等合作机构的准入管理

C．选择尽可能多的合作机构

D．业务合作中不过分依赖合作机构

77．为加强对个人隐私的保护，中国人民银行对个人征信系统的安全管理采取的措施中不包括(   )。

　　A．查询记录　　B．违规处罚　　C．限定用途　　D．分级管理

78．个人征信查询系统中，下列不属于个人基本信息的是(   )。

　　A．居住信息　　B．身份信息　　C．职业信息　　D．贷款信息

79．对于个人信用报告的异议处理，商业银行应当在接到核查通知的(   )个工作日内向征信服务中心做出核查情况的书面答复。

　　A．7　　　　　B．2　　　　　C．10　　　　D．5

80．信用报告查询相关档案资料保管期限为(   )年，到期可对档案资料进行销毁。

　　A．一　　　　　B．二　　　　　C．三　　　　D．四

二、多选题(共45题，每小题1分，共45分，下列选项中有两项或两项以上符合题目的要求，多选、少选、错选均不得分。)

1．有些银行将客户特征归纳为"5P"要素，包括(   )。

　　A．还款来源因素——Payment Factor　B．个人因素——Personal Factor

　　C．资金用途因素——Purpose Factor　D．债权保障因素——Protection Factor

　　E．前景因素——Perspective Factor

2．借款人申请个人住房贷款须提供购房首付款证明材料，可以证明首付款交款的单据有(   )。

　　A．收款收据　　　B．现金交款单　　　C．银行进账单

　　D．购房发票　　　E．借款人声明

3．下列关于个人贷款利率的表述，错误的有(   )。

　　A．个人贷款的利率由贷款银行根据法定贷款利率和中国人民银行规定的浮动幅度范围以及利率政策等，与借款人共同商定

　　B．贷款利率=利息额/本息之和

　　C．一般来说，贷款期限在1年以内(含1年)的实行合同利率，遇法定利率调整不分段计息，执行原合同利率

　　D．国务院批准和国务院授权中国人民银行制定的各种利率为法定利率

　　E．贷款期限在1年以上的，合同期内遇法定利率调整时，可由借贷双方按商业原则确定

4．根据我国《担保法》的规定，下列不能作为保证人的有(   )。

　　A．国家机关　　　　　　　　B．公立学校

　　C．公立医院　　　　　　　　D．有法人授权的企业法人分支机构

　　E．企业法人的职能部门

5．个人质押贷款的特点包括(   )。

　　A．质物范围广泛　　　　　　B．贷款风险较低

　　C．操作流程短　　　　　　　D．时间长、周转慢

　　E．担保方式相对安全

6. 下列关于个人住房贷款的说法，错误的有(　　)。

    A. 贷款还款期限越长越好

    B. 等额本金还款法优于等额本息还款法

    C. 相对于递减速度非常缓慢的贷款余额，银行通常认为房地产的抵押价值是充足的

    D. 公积金个人住房贷款以营利为目的，实行"低进高出"的利率政策

    E. 个人住房贷款包括自营性个人住房贷款、公积金个人住房贷款和个人住房组合贷款

7. 下列属于个人耐用消费品贷款购买范畴的有(　　)。

    A. 汽车　　　　　　　　　B. 房屋　　　　　　　　　C. 电脑

    D. 乐器　　　　　　　　　E. 健身器材

8. (　　)合资成立信用卡公司，标志着外资银行开始进入我国信用卡市场。

    A. 汇丰银行　　　　　　　B. 花旗银行集团　　　　　C. 上海浦东发展银行

    D. 渣打银行　　　　　　　E. 东亚银行

9. 个人贷款营销中，银行社会、人口和文化环境分析的内容有(　　)。

    A. 信贷客户的分布　　　　　　　　　B. 客户购买金融产品的习惯

    C. 劳动力的素质　　　　　　　　　　D. 社会思潮

    E. 主流理论

10. 根据美国著名管理学家迈克尔·波特的竞争战略理论，商业银行可以通过(　　)策略来达到营销目的。

    A. 产品差异　　　　　　　B. 大众营销　　　　　　　C. 单一营销

    D. 分层营销　　　　　　　E. 交叉营销

11. 我国商业银行个人贷款的借款对象包括(　　)。

    A. 具有限制民事行为能力的中华人民共和国公民

    B. 符合国家有关规定的境外自然人

    C. 境内股份有限责任公司

    D. 具有完全民事行为能力的中华人民共和国公民

    E. 社团组织

12. 根据贷款审批人的审批意见，业务部门应做好的工作有(　　)。

    A. 对经审批同意或有条件同意的贷款，及时通知借款人并落实相关授信条件

    B. 未获批准的申请资料不通知借款人，自行销毁

    C. 帮助不具备贷款条件的借款人完善材料，重新上报审批

    D. 对未获批准的借款申请，贷前调查人应及时告知借款人

    E. 对需补充材料的，贷前调查人应按要求及时补充材料

13. 在个人汽车贷款业务的贷款审批工作中需要注意的事项有(　　)。

    A. 对于单笔贷款超过经办行审批权限的，必须逐笔将贷款申请及经办行审批材料报上级行进行后续审批

    B. 确保符合转授权规定

    C. 确保贷款申请资料合规，资料审查流程严密

    D. 确保贷款方案合理

    E. 确保业务办理符合银行政策和制度

14. 银行一般通过( )等渠道和方式,向拟申请个人住房贷款的个人提供有关信息咨询服务。

    A. 现场、窗口   B. 电话银行   C. 业务宣传手册

    D. 电视广告   E. 网上银行

15. 下列关于个人贷款对象的表述,正确的有( )。

    A. 个人贷款的对象可以是自然人,也可以是法人

    B. 合格的个人贷款申请人必须是具有完全民事行为能力的自然人

    C. 个人贷款的对象仅限于自然人,而不包括法人

    D. 个人贷款的对象不能是企业的法定代表人

    E. 个人贷款的对象仅限于我国公民

16. 在签订商业助学贷款借款合同时,借款人、担保人必须严格履行合同条款,构成借款人、担保人违约行为的情况有( )。

    A. 借款人拒绝或阻挠贷款银行监督检查贷款使用情况

    B. 借款人未能履行有关合同所规定的义务

    C. 抵押人取得银行书面同意赠予抵押物的情况

    D. 借款人未能及时足额偿还贷款本息

    E. 借款人和担保人提供虚假文件材料,可能造成贷款损失

17. 按照五级分类方式,不良个人住房贷款包括( )。

    A. 正常贷款   B. 关注贷款   C. 次级贷款

    D. 可疑贷款   E. 损失贷款

18. 借款合同应符合《合同法》的规定,明确约定各方当事人的诚信承诺和贷款资金的用途、( )等。

    A. 支付方式   B. 支付对象(范围)   C. 支付时间

    D. 支付金额   E. 支付条件

19. 公积金个人住房贷款实行( )的原则。

    A. 存贷结合   B. 先存后贷   C. 贷款担保

    D. 整借零还   E. 先贷后存

20. 个人汽车贷款的贷后与档案管理是指贷款发放后到合同终止前对有关事宜的管理,具体包括( )。

    A. 贷款的回收   B. 贷后检查   C. 贷后档案管理

    D. 合同变更   E. 不良贷款管理

21. 针对个人住房贷款担保方式的说法,正确的有( )。

    A. 在贷款期间,借款人不可变更担保方式

    B. 以所购住房作抵押的,银行通常要求将住房价值全额用于贷款抵押

    C. 个人住房贷款可实行抵押、质押、保证三种担保方式

    D. 贷款银行可以根据借款人具体情况同时采用几种贷款担保方式

    E. 采取保证方式,保证人应与贷款银行签订保证合同

22. 在个人住房贷款的贷前调查环节,对开发商资信审查的内容包括( )。

    A. 房地产开发商资质

B．借款申请人偿还能力

C．企业法人代表的个人信用程度和管理层的决策能力

D．项目资金到位情况

E．企业资信等级或信用程度

23．下列情形中，抵押无效的有( )。

A．红星中学提出以学校教学操场为抵押，贷款 60 万元建新校舍

B．某公司老总以公司财产为自己购买汽车提供抵押担保

C．某幢房产在 2002 年的交易价格为 50 万元，银行按照 2009 年的评估价 50 万元核算贷款金额

D．张三以夫妻名下房产作为抵押申请汽车贷款，其配偶并不知情

E．李四以自家宅基地使用权作为抵押，贷款 10 万元装修住房

24．下列关于公积金个人住房贷款的表述，正确的有( )。

A．贷款审查比较宽松，只要是具有完全民事行为能力、住房公积金缴存人以及在职期间缴存住房公积金的离退休职工，都可申请

B．目前，公积金个人住房贷款期限不得超过法定离退休年龄后 5 年

C．贷款利率比商业贷款较高

D．贷款期限在 1 年以内(含 1 年)的，实行到期一次还本付息

E．是一种互助性住房消费贷款，资金来源为单位和个人共同缴存的住房公积金

25．银行经办人员考察借款申请人租金收入的真实性时，要做到( )。

A．通过验证房屋产权和租赁合同来确认借款人对房产的所有权及租赁行为的真实性

B．通过了解其公积金数额及存折上流水情况来验证收入证明的真实情况

C．通过电话调查、面谈核实其工作单位和收入的真实性

D．通过房地产中介机构来调查该房产附近地区的房产租赁市场租金收入平均水平，验证该借款人是否有故意提高其租金收入的行为

E．在条件允许的情况下，通过实地考察验证房产面积和位置等情况，以确认租金收入的稳定性

26．公积金个人住房贷款和商业银行自营性个人住房贷款的区别有( )。

A．二者审批主体存在差异

B．前者的贷款对象比后者范围小

C．后者的贷款利率更加优惠

D．前者的资金来源于公积金管理部门归集的公积金，后者的贷款资金来自银行

E．商业银行对前者不承担风险，而对后者要承担一定的风险

27．商业助学贷款的特色包括( )。

A．不需要任何担保

B．商业银行向境内高等院校困难学生自主发放的商业贷款

C．各金融机构均可办理

D．贷款用于学费、生活费和住宿费的支出

E．财政不贴息

28. 下列属于个人教育贷款借款人还款能力风险的有(　　)。

    A. 借款人为受教育人，毕业后一时难以找到工作，且家庭经济条件恶化，无法按计划偿还贷款

    B. 借款人为受教育人父母，最近失业

    C. 借款人因违规、违法行为被学校开除

    D. 借款人与银行内部人员相互勾结骗取银行贷款

    E. 借款人因学习成绩不好，未能拿到毕业证书

29. 在个人经营贷款业务操作中，对抵押物的调查和审查要重点关注(　　)。

    A. 抵押文件资料的真实有效性   B. 抵押物存续状况的完好性

    C. 抵押物的合法性   D. 抵押物的易变现性

    E. 抵押物权属的完整性

30. 已婚购车人购买自用车，申请个人汽车贷款需提交的申请材料有(　　)。

    A. 所购车辆合法运营的证明

    B. 购车首付款证明

    C. 配偶的居民身份证、户口本或其他有效身份证件

    D. 收入证明和资产证明

    E. 居民身份证、户口本或其他有效身份证件

31. 个人汽车贷款贷后管理环节的主要风险点有(　　)。

    A. 贷后管理与贷款规模不匹配，贷后管理力度偏弱，贷前调查材料较为简单

    B. 他项权利证书未按规定进行保管，造成他项权证遗失，他项权利灭失

    C. 未按规定保管借款合同、担保合同等重要贷款档案资料

    D. 未对贷款使用情况进行跟踪检查，逾期贷款催收、处置不力

    E. 在发放条件不齐全的情况下发放贷款，未按规定办妥相关评估、公证等事宜

32. 汽车贷款风险控制的难度相对较大的原因包括(　　)。

    A. 个人征信体系尚不完善

    B. 商业银行对借款人的资信状况较难评价

    C. 汽车贷款购买的标的产品为移动易耗品

    D. 商业银行对借款人的违约行为缺乏有效的约束力

    E. 汽车贷款多以信用作为担保方式

33. 个人汽车贷款以所购车辆作抵押的，借款人须在办理完购车手续后，及时办理车辆抵押登记手续，并将(　　)交予贷款银行保管。

    A. 购车发票原件   B. 机动车登记证原件

    C. 保险单   D. 各种缴费凭证原件

    E. 行驶证原件

34. 下列抵押物中，银行应谨慎受理的包括(　　)。

    A. 自建住房   B. 集体土地使用权

    C. 划拨土地及地上定着物   D. 工业土地及地上定着物

    E. 工业用房及仓库

35. 借款人申请个人商用房贷款，须提交的申请材料有(   )。
    A. 购买商用房的合同、协议或者其他有效文件
    B. 已支付所购商用房价款规定比例首付款的证明
    C. 合法有效的身份证件
    D. 营业执照及相关行业的经营许可证
    E. 收入证明和有关资产证明材料

36. 下列财产中，不得用于贷款抵押的有(   )。
    A. 耕地   B. 自留地   C. 非法所得财产
    D. 宅基地   E. 幼儿园办公楼

37. 个人教育贷款支付管理中的风险点主要包括(   )。
    A. 将学费和住宿费的贷款资金全额发放至借款人账户
    B. 未详细记录资金流向和归集保存相关凭证，造成凭证遗失
    C. 授意借款人虚构情节获得贷款
    D. 未通过账户分析、凭证查验或现场调查等方式，核查贷款支付是否符合约定用途
    E. 将贷款调查的全部事项委托第三方完成

38. 下列关于个人商用房贷款流程的说法，正确的有(   )。
    A. 贷款受理人应要求商用房贷款申请人以书面形式提出贷款申请，填写借款申请表，并按银行要求提交相关申请材料
    B. 贷款审查人需要提出是否同意贷款的明确意见
    C. 贷款审查应对贷款调查内容的合法性、合理性、准确性进行全面审查
    D. 贷款审查人应对贷前调查人提出的调查意见和贷款建议是否合理、合规等提出书面审查意见
    E. 贷款审批人应根据审查情况签署审批意见

39. 在个人商用房贷款中，贷款审批人应根据审查情况签署审批意见，下列说法正确的是(   )。
    A. 对未获批准的贷款申请，应写明拒批理由
    B. 对未获批准的贷款申请，提出明确的调整意见
    C. 对需补充材料后再审批的，应详细说明需要补充的材料名称与内容
    D. 对未获批准的贷款申请，贷款人应告知借款人，贷款签批人不得同意发放
    E. 对同意或有条件同意贷款的，应提出明确的调整意见

40. 加强对估值机构、地产经纪和律师事务所等合作机构的准入管理，要求银行在该类机构的选择上，应把握(   )的总体原则。
    A. 具有合法、合规的经营资质
    B. 具备较强的经营能力和好的发展前景，在同业中处于领先地位
    C. 内部管理机制科学完善
    D. 通过合作切实有利于商用房贷款业务的发展
    E. 盈利能力极强

41．贷款人受理借款人个人经营贷款申请后，应履行尽职调查职责，对个人经营贷款申请内容和相关情况的(　　)进行调查核实，形成贷前调查报告。

    A．真实性   B．准确性   C．完整性

    D．审慎性   E．合法性

42．办理个人经营贷款时，担保机构应具备的基本准入资质有(　　)。

    A．注册资金应达到一定规模

    B．原则上应从事担保业务一定期限，信用评级达到一定的标准

    C．具备符合担保业务要求的人员配置、业务流程和系统支持

    D．具有良好的信用资质，公司及其主要经营者无重大不良信用记录，无违法涉案行为等

    E．具有一定的信贷担保经验

43．个人征信系统依法采集和保存的全国银行信贷信用信息，主要包括(　　)。

    A．个人在商业银行的身份验证信息   B．个人在商业银行的借款信息

    C．个人的存款信息   D．个人在商业银行的担保信息

    E．个人在商业银行的抵押信息

44．根据《个人信用信息基础数据库管理暂行办法》的规定，商业银行在(　　)时，才可查看个人的信用报告。

    A．办理贷款业务   B．办理存款业务   C．贷后管理

    D．办理信用卡业务   E．办理担保业务

45．异议信息确实有误，但因技术原因无法修改时，征信服务中心应(　　)。

    A．不得按照异议申请人要求更改个人信息

    B．检查个人信用数据库中存在的问题

    C．对该异议信息做特殊标注

    D．提供原信用报告

    E．在书面答复中予以说明，待更正后再提供信用报告

三、判断题(共 15 题，每小题 1 分，共 15 分，正确的选 A，错误的选 B；不选、错选均不得分。)

1．个人信用贷款是商业银行向个人发放的，无须提供任何抵、质押物，只需保证人提供保证的人民币贷款。   (　　)

    A．正确   B．错误

2．期限在 1 年以内(含 1 年)的个人贷款的利率可分段计息。   (　　)

    A．正确   B．错误

3．申请信用卡时，相同的材料在不同的银行会得到相同的审核结果。   (　　)

    A．正确   B．错误

4．银行一般选择资信度高、规模大、有较稳定二手房交易量的经纪公司作为二手个人住房贷款合作单位，并与其建立长期合作关系，两者之间其实是贷款产品的代理人与被代理人的关系。   (　　)

    A．正确   B．错误

5. 银行市场细分策略主要包括集中策略和差异性策略两种。　　　　　　　（　　）

　　A．正确　　　　　　　　　　　B．错误

6. 在个人住房贷款的签约过程中，同笔贷款的合同填写人与合同复核人不得为同一人。

　　　　　　　　　　　　　　　　　　　　　　　　　　　　　　　　　（　　）

　　A．正确　　　　　　　　　　　B．错误

7. 关于行为评分的结果，一般认为评分越高，成为坏客户的可能性越高。（　　）

　　A．正确　　　　　　　　　　　B．错误

8. 个人信用贷款无须办理任何担保手续，风险成本相对高，但银行操作成本低，所以，银行在核定贷款利率时，通常较担保贷款利率低。　　　　　　　　　　（　　）

　　A．正确　　　　　　　　　　　B．错误

9. 如果在同一供求范围内存在较多类似房地产的交易，则可以采用市场法进行房地产估价。　　　　　　　　　　　　　　　　　　　　　　　　　　　　（　　）

　　A．正确　　　　　　　　　　　B．错误

10. 个人住房贷款中，在所抵押的住房取得房屋所有权证并办妥抵押登记后，根据合同约定，抵押加阶段性保证人需继续承担保证责任。　　　　　　　　　（　　）

　　A．正确　　　　　　　　　　　B．错误

11. 如果投保人因为疏忽大意或过失而未履行如实告知义务，保险人无权解除保险合同。　　　　　　　　　　　　　　　　　　　　　　　　　　　　　　（　　）

　　A．正确　　　　　　　　　　　B．错误

12. 个人汽车贷款履约保证保险是财产保险的一种，银行只是保证保险合同中的被保险人而不是保险合同的一方当事人。　　　　　　　　　　　　　　　　（　　）

　　A．正确　　　　　　　　　　　B．错误

13. 保证人经济实力下降或信用状况恶化是导致保证人担保能力下降的主要原因，这种风险会使保证担保对银行债权的保障能力降低，第二还款来源严重不足。（　　）

　　A．正确　　　　　　　　　　　B．错误

14. 个人信用报告中的信息主要有个人基本信息、银行信贷交易信息、非银行信用信息、本人声明及异议标注和查询历史信息这五个方面。　　　　　　　（　　）

　　A．正确　　　　　　　　　　　B．错误

15. 个人信用信息基础数据库的计算机系统会记录每一个用户对每一笔信用报告的查询操作。　　　　　　　　　　　　　　　　　　　　　　　　　　　　（　　）

　　A．正确　　　　　　　　　　　B．错误

答案及详解

一、单选题(共80题，每小题0.5分，共40分，下列选项中只有一项最符合题目要求，不选、错选均不得分。)

1. 【答案】B

【解析】权利质押是指以汇票、支票、本票、债券、存款单、仓单、提单、依法可转让的股份、股票、商标专用权、专利权、著作权中的财产权利等《担保法》规定的可以质押的，或贷款银行许可的质押物作为担保，借款人不履行还款义务时，贷款银行有权依法以权利凭证折价或以拍卖、变卖该权利凭证的价款优先受偿。

2. 【答案】C

【解析】基准利率的变动是货币政策的主要手段之一，是各国利率体系的核心。如果中央银行改变基准利率，会直接影响商业银行借款成本的高低，从而对信贷起着限制或鼓励的作用，并同时影响其他金融市场的利率水平。

3. 【答案】D

【解析】业务部门对未获批准的贷款申请，应及时告知借款人，将有关材料退还，并做好解释工作，同时做好信贷拒批记录存档；对需要补充材料的，应按要求及时补充材料后重新履行审查、审批程序。

4. 【答案】B

【解析】个人住房贷款可采取多种还款方式进行还款。例如，一次还本付息法、等额本息还款法、等额本金还款法、等比累进还款法、等额累进还款法及组合还款法等多种方法。其中，以等额本息还款法和等额本金还款法最为常用。

5. 【答案】A

【解析】个人住房贷款的利率按商业性贷款利率执行，上限放开，实行下限管理。根据现行规定，个人住房贷款利率浮动区间的下限为基准利率的 0.7 倍。

6. 【答案】D

【解析】个人质押贷款中，由于借款人需将价值充足、变现性强的权利凭证质押给银行，银行贷款风险较低，担保方式相对安全，此类贷款的风险控制重点是关注质物的真实性、合法性和可变现性。

7. 【答案】C

【解析】根据《担保法》第三十四条的规定，下列财产可以抵押：①抵押人所有的房屋和其他地上定着物；②抵押人所有的机器、交通运输工具和其他财产；③抵押人依法有权处分的国有的土地使用权、房屋和其他地上定着物；④抵押人依法有权处分的国有的机器、交通运输工具和其他财产；⑤抵押人依法承包并经发包方同意抵押的荒山、荒沟、荒丘、荒滩等荒地的土地使用权；⑥依法可以抵押的其他财产。

8. 【答案】D

【解析】D 项，应付账款属于负债，不能作为个人质押贷款质押物。

9. 【答案】C

【解析】A 项，根据《担保法》的规定，国家机关不能担任保证人；B 项，保证担保是指保证人和贷款银行约定，当借款人不履行还款义务时，由保证人按照约定履行或承担还款责任的行为；D 项，抵押担保中，借款人不履行还款义务时，贷款银行有权依法以该财产折价或者以拍卖、变卖财产的价款优先受偿。

10. 【答案】A

【解析】个人住房装修贷款是指银行向个人发放的、用于装修自用住房的人民币担保贷款。个人住房装修贷款可以用于支付家庭装潢和维修工程的施工款、相关的装修材料和厨卫设备款等。

11．【答案】A

【解析】A项，等额本息还款法和等额本金还款法作为常用的个人住房贷款还款方法，分别适合不同情况的借款人，没有绝对的利弊之分。

12．【答案】D

【解析】贷款额度是指银行向借款人提供的以货币计量的贷款数额。除了中国人民银行、银监会或国家其他有关部门有明确规定外，个人贷款的额度可以根据申请人所购财产价值提供的抵押担保、质押担保和保证担保的额度以及资信等情况确定。

13．【答案】A

【解析】等额本息还款法和等额本金还款法在首期归还的利息金额是一样的，只是本金数额不一样，第一个月供款中的利息=本金×月利率=200 000×0.5%=1000(元)。

14．【答案】A

【解析】对于银行而言，把握住借款人的还款能力，就基本把握住了第一还款来源，就能够保证个人住房贷款的安全。

15．【答案】B

【解析】集中策略是指银行把某种产品的总市场按照一定标准细分为若干个子市场后，从中选择一个子市场作为目标市场，针对这一目标市场，只设计一种营销组合，集中人力、物力和财力投入到这一目标市场。由于集中策略只需设计一种营销组合，策略实施的成本相对较小，比较适合资源不多的中小银行。ACD三项适用差异性策略。

16．【答案】B

【解析】市场细分是银行营销战略的重要组成部分，其作用主要表现在以下几个方面：①有利于选择目标市场和制定营销策略；②有利于发掘市场机会，开拓新市场，更好地满足不同客户对金融产品的需求；③有利于集中人力、物力投入目标市场，提高银行的经济效益。

17．【答案】D

【解析】公积金个人住房贷款、个人汽车贷款等贷款种类中均涉及与担保机构的合作。对于一手个人住房贷款，商业银行最主要的合作单位是房地产开发商。在消费场所开展营销，典型做法是与经销商合作，与其签署合作协议，由其向银行提供客户信息或推荐客户。

18．【答案】A

【解析】品牌是银行的核心竞争力，是让一家银行在同业中卓尔不群的标志，有了该标志，即使品牌经理离去，甚至银行行长的变更，对银行品牌的影响也不大。品牌已成为一种无形资产，从某种程度上说，品牌可以看成银行保持竞争优势的一种强有力的工具。

19．【答案】B

【解析】对于二手个人住房贷款，商业银行最主要的合作单位是房地产经纪公司，两者之间其实是贷款产品的代理人与被代理人的关系。

20．【答案】C

【解析】电子银行的特征包括：①电子虚拟服务方式；②运行环境开放；③模糊的业务时空界限；④业务实时处理，服务效率高；⑤运营成本低，降低了银行成本；⑥严密的安全系统，保证交易安全。

21．【答案】D

【解析】当产品的市场可加以划分，即每个不同细分市场有不同偏好的消费群体时，可以采用市场型营销组织结构。在这种结构中，一名市场副行长管理几名市场开发经理，后者的主要职能是负责制订所辖市场的长期计划或年度计划，并分析市场新动向和新需求。这种组织结构由于是按照不同客户的需求安排的，因而有利于银行开拓市场，加强业务的开展。

22．【答案】A

【解析】银行市场定位原则包括：①发挥优势；②围绕目标；③突出特色。A 项属于市场细分的原则。

23．【答案】A

【解析】SWOT 分析方法就是对企业的内外部环境进行综合分析，即对企业的优势(Strength)、劣势(Weak)、机遇(Opportunity)、威胁(Threat)进行综合分析。

24．【答案】B

【解析】银行在与开发商签订《商品房销售贷款合作协议》前，要对房地产开发商及其所开发的项目进行全面审查，包括对开发商的资信及经营状况审查、项目开发和销售的合法性审查、项目自有资金的到位情况审查以及对房屋销售前景的了解等。

25．【答案】D

【解析】银行市场定位方式主要有主导式定位、追随式定位和补缺式定位三种。主导式定位适合于市场规模大、资金实力强、能控制和影响其他商业银行行为的银行；追随式定位适合于刚开始经营或刚进入市场、资产规模中等、分支机构不多的银行；补缺式定位适合于资产规模小、提供信贷产品少的银行。

26．【答案】B

【解析】B 项，当发生通货膨胀时，社会物价会普遍上涨，使货币存款发生贬值，此时消费者为保值会倾向于将存款取出投资实物产品，如房产、黄金等，从而导致社会存款下降。

27．【答案】D

【解析】个人住房贷款中，合作机构风险的表现形式主要有：①房地产开发商和中介机构的欺诈风险，主要表现为"假个贷"；②担保公司的担保风险，主要的表现是"担保放大倍数"过大；③其他合作机构的风险，在二手房贷款业务中，往往涉及多个社会中介机构，如房屋中介机构、评估机构及律师事务所等，可能在社会中介机构环节出现风险。

28．【答案】C

【解析】B 项，由于各种还款方式是在一定条件下，需要遵循不同的计息规定，因此，并不是所有的还款方式之间都可以随意互相变更。AD 两项，借款人若要变更还款方式，需要满足如下条件：①向银行提交还款方式变更申请书；②借款人的贷款账户中没有拖欠本息及其他费用；③借款人在变更还款方式前应归还当期的贷款本息。

29．【答案】C

【解析】个人贷款的贷前调查应以实地调查为主、间接调查为辅，采取现场核实、电话查问以及信息咨询等途径和方法。

30．【答案】D

【解析】D 项，贷款金额、贷款期限、贷款利率、担保方式和还款方式等有关条款要与最终审批意见一致。

31．【答案】D

【解析】根据《个人贷款管理暂行办法》第二十六条的规定，以保证方式担保的个人贷款，贷款人应由不少于两名信贷人员完成。

32．【答案】D

【解析】个人贷款贷后检查是以借款人、抵(质)押物、担保保证人、担保物为对象，通过客户提供、访谈、实地检查、行内资源查询等途径获取信息，对影响贷款资产质量的因素进行持续跟踪调查、分析，并采取相应补救措施的过程，从而可以判断借款人的风险状况，提出相应的预防或补救措施。

33．【答案】D

【解析】在个人贷款的划付环节，借款人可以委托贷款银行或其他代理人代为办理。例如，借款人委托其他自然人代办的，代理人应持本人身份证件、借款人身份证件和借款人授权委托书到柜台办理。贷款银行认为有必要，可以要求对授权委托书进行公证。

34．【答案】A

【解析】由于信用评分的基础数据，要实现申请评分进行自动审批、提高审批效率、统一风险偏好的功能目标，必须保证评分所依据的数据真实、有效、合法合规。因此，评分环节是在贷款调查和审核之后，人工审批和贷款发放之前。

35．【答案】D

【解析】行为评分主要依据客户的账户历史使用行为进行评分，具体细分为还款与拖欠行为历史记录、账户使用记录、额度信息等几类行为信息。D 项为申请评分卡决策所依据的关键信息。

36．【答案】C

【解析】高分挑选政策主要用于挑选有瑕疵的高分申请，如有违约记录的客户不可直接通过；低分挑选政策主要用于挑选具有某些目标客户特征的低分客户进行人工审批。

37．【答案】B

【解析】B 项，违约概率模型可细分为行为模型和无行为模型，行为模型以客户的历史行为信息为预测变量，对于类似于"新开户即逾期"的无行为信息的客户，需要根据基本信息或其他外部信息构建预测变量。

38．【答案】C

【解析】催收策略制定好之后并不是一成不变的，即便是最优的策略，随着时间推移也会变得不适合，这就需要定期采用冠军/挑战者方法对策略进行优化。

39．【答案】D

【解析】押品价值评估的主要方法有市场法、成本法和收益法等。评估人员可根据押品的类型、特点、在评估过程中所处的状态、评估目的、评估时的市场条件及数据资料的搜集情况等因素选择与押品相适应的评估方法。

40．【答案】C

【解析】开发商提供的项目经过银行有关部门核批后，凡银行同意为该项目提供商品房销售贷款的，在受理该项目购房人的个人住房贷款前，银行可以与开发商签订商品房销售贷款合作协议书，以明确双方合作事宜、职责等，也可以不签订协议，以其他方式确定合作意向。

41．【答案】A

【解析】在住房公积金贷款合同签约过程中，承办银行按照公积金管理中心委托放款通知书审核预签合同或制作借款合同；落实借款人、住房置业公司等合同签约人在合同上盖章、签字(章)，经有权签字人审核同意，在合同上加盖合同专用章及有权签字人个人名章，由承办银行经办人员录入并检查修改系统中的信息。

42．【答案】B

【解析】个人汽车贷款中，借款人需要调整借款期限的，应向银行提交期限调整申请书，并必须具备以下条件：贷款未到期；无拖欠利息；无拖欠本金；本期本金已偿还。

43．【答案】B

【解析】个人汽车贷款信用风险主要表现为借款人还款能力的降低和还款意愿的变化。信用风险的防控措施包括：①严格审查客户信息资料的真实性；②详细调查客户的还款能力；③科学合理地确定客户还款方式。

44．【答案】D

【解析】国家助学贷款实行"借款人一次申请、贷款银行一次审批、单户核算、分次发放"的方式。其中，学费和住宿费贷款按学年(期)发放，直接划入借款人所在学校在贷款银行开立的账户；生活费贷款(每年的 2 月和 8 月不发放生活费贷款)，根据合同约定定期划入有关账户。

45．【答案】B

【解析】个人住房装修贷款是指银行向自然人发放的、用于装修自用住房的人民币担保贷款。个人住房装修贷款可以用于支付家庭装潢和维修工程的施工款、相关的装修材料和厨卫设备款等。

46．【答案】C

【解析】个人住房贷款的信用风险通常是因借款人还款能力和还款意愿的下降而导致的。因此，防范个人住房贷款的信用风险，就要求个人住房贷款的经办人员通过细致的工作，把握好借款人的还款能力和还款意愿。

47．【答案】D

【解析】个人住房贷款签约环节主要有以下风险点：①未签订合同或是签订无效合同，例如出现"先放款、后签约"或是银行单方面先签署合同后由借款人签约的情况，以及由非银行人员代为签约等；②合同文本中的不规范行为，例如数字的书写不规范、签字(签章)不齐全、签字(签章)使用不规范简体等；③未对合同签署人及签字(签章)进行核实，例如借款相关人员(借款人、共同还款人)及其配偶必须到场而未到场，或是伪造授权书等。D 项属于贷款发放风险。

48．【答案】C

【解析】贷款审查人负责对借款申请人提交的材料进行合规性审查，对贷前调查人提交的个人住房贷款调查审批表、面谈记录以及贷前调查的内容是否完整进行审查。贷款审查人认为需要补充材料和完善调查内容的，可要求贷前调查人进一步落实。

49．【答案】C

【解析】个人住房贷款属于中长期贷款，其还款期限通常要持续20～30年，在这段时间里，个人资信状况面临着巨大的不确定性。而我国目前个人住房贷款中的浮动利率制度，使借款人承担了相当大比率的利率风险，这就导致了借款人在利率上升周期中出现贷款违约的可能性加大。

50．【答案】B

【解析】目前，公积金个人住房贷款最长期限为30年(贷款期限不得超过法定离退休年龄后5年)。

51．【答案】B

【解析】一般来说，个人住房贷款的期限在1年以内(含1年)的，实行合同利率，遇法定利率调整不分段计息；贷款期限在1年以上的，合同期内遇法定利率调整时，可由借贷双方按商业原则确定，可在合同期间按月、按季、按年调整，也可采用固定利率的确定方式。

52．【答案】C

【解析】C项，个人住房贷款除参照个人贷款贷前调查内容外，还应对开发商及住房楼盘项目材料的真实性、合法性、完整性、可行性以及借款人的品行、信誉、偿债能力、担保手段落实情况等进行调查和评估。

53．【答案】D

【解析】商用房贷款审查时，贷款人应开展风险评价工作，以分析借款人现金收入为基础，采取定性和定量分析方法，全面动态地进行贷款审查和风险评估。贷款人应建立和完善借款人信用记录和评价体系。

54．【答案】A

【解析】个人商用房贷款利率不得低于中国人民银行规定的同期同档次利率的1.1倍。个人商用房贷款执行浮动利率，如中国人民银行调整利率，应按照合同约定的调整时间进行调整。

55．【答案】D

【解析】个人经营贷款中，借款人以自有或第三人的财产进行抵押，银行在实际操作中要注意：抵押文件资料的真实有效性、抵押物的合法性、抵押物权属的完整性、抵押物存续状况的完好性等。要加强对抵押物价值的调查和分析，有效规避抵押物价值变化而带来的信用风险。

56．【答案】C

【解析】个人经营贷款是指用于借款人合法经营活动的人民币贷款。个人贷款利率需同时符合中国人民银行和总行对相关产品的风险定价政策，并符合总行利率授权管理规定，个人经营贷款可在基准利率的基础上上浮或适当下浮。

57．【答案】C

【解析】商业助学贷款的贷后管理是指对贷款发放后到合同终止前有关事宜的管理，包括贷后检查、贷款的偿还、贷款质量分类与风险预警、不良贷款管理及贷后档案管理等工作。

58．【答案】A

【解析】A 项，国家助学贷款财政贴息，商业助学贷款财政不贴息，各商业银行、城市信用社和农村信用社等金融机构均可开办。

59. 【答案】A

【解析】个人汽车贷款的受理是指从客户向银行提交借款申请书、银行受理到上报审核的全过程。银行可通过现场咨询、窗口咨询、电话银行、网上银行、客户服务中心、业务宣传手册等渠道和方式向拟申请个人汽车贷款的个人提供有关信息咨询服务。

60. 【答案】B

【解析】个人汽车贷款中，贷前调查应以实地调查为主、间接调查为辅，贷前调查可以采取审查借款申请材料、面谈借款申请人、查询个人信用、实地调查和电话调查及委托第三方调查等多种方式进行。除参照个人贷款贷前调查内容外，还应对购车行为的真实性进行调查。

61. 【答案】B

【解析】出国留学贷款期限最短 6 个月，一般为 1～6 年，最长不超过 10 年。

62. 【答案】B

【解析】经办银行在发放贷款后，于每季度结束后的 10 个工作日内，按照"中央部门所属高校国家助学贷款贴息资金汇总表"汇总已发放的国家助学贷款学生名单、贷款金额、利率、利息，经合作高校确认后上报总行。

63. 【答案】D

【解析】借款合同依法需要变更或解除的，必须经借贷双方协商同意，协商未达成之前借款合同继续有效。

64. 【答案】A

【解析】个人汽车贷款的特点主要体现在以下几个方面：①作为汽车金融服务领域的主要内容之一，在汽车产业和汽车市场发展中占有一席之地；②与汽车市场的多种行业机构具有密切关系；③风险管理难度相对较大。

65. 【答案】A

【解析】诚实信用原则是指民事活动中，民事主体应该诚实、守信用，正当行使权利和义务。诚实信用原则是民事活动中最核心、最基本的原则。

66. 【答案】D

【解析】一般保证的保证人与债权人未约定保证期间的，保证期间为主债务履行期届满之日起 6 个月。在保证期间，债权人未对债务人提起诉讼或者申请仲裁的，保证人免除保证责任；债权人已提起诉讼或者申请仲裁的，保证期间适用诉讼时效中断的规定。

67. 【答案】C

【解析】根据《担保法》第六十五条，质押合同应当包括以下内容：①被担保的主债权种类、数额；②债务人履行债务的期限；③质物的名称、数量、质量、状况；④质押担保的范围；⑤质物移交的时间；⑥当事人认为需要约定的其他事项。

68. 【答案】D

【解析】D 项是借款人的义务。

69. 【答案】C

【解析】根据《商业银行房地产贷款风险管理指引》第十六条，商业银行对申请贷款的房地产开发企业，应要求其开发项目资本金比例不低于35%。

70．【答案】B

【解析】个人经营贷款还款能力证明包括：①个人收入证明，如个人纳税证明、工资薪金证明、个人在经营实体的分红证明、租金收入、在银行近6个月内的存款、国债、基金等平均金融资产证明等；②能反映借款人或其经营实体近期经营状况的银行结算账户明细或完税凭证等证明资料；③抵押房产权属证明原件及复印件。

71．【答案】A

【解析】个人商用房贷款的发放要遵循审贷与放贷分离的原则，设立独立的放款管理部门或岗位，负责落实放款条件、发放满足约定条件的贷款，对贷款资金的支付进行严格管理与控制。

72．【答案】A

【解析】A项，用于抵押的财产需要估价的，可以由贷款银行进行评估，也可委托贷款银行认可的资产评估机构进行估价。

73．【答案】A

【解析】商用房主要是用于盈利的经营性房屋，与普通个人住房贷款以工资薪金收入作为主要还款来源不同，商用房贷款(特别是金额较大的商用房贷款)的还款来源主要是借款人的经营性收入，包括租金收入和其他经营收入等。

74．【答案】D

【解析】对借款人的生产经营收入，应重点调查其经营收入的稳定性、合法性和未来收入预期的合理性。

75．【答案】A

【解析】商用房贷款主要面临的是开发商带来的项目风险和估值机构、地产经纪等带来的欺诈风险；商用房贷款开展中应规范与外部合作机构的合作，既要充分发挥合作机构在业务拓展、客户选择和贷后管理等方面的积极作用，又要有效防范合作中可能产生的风险，把握好风险控制的主动权。

76．【答案】C

【解析】商用房贷款合作机构风险的防控措施主要包括：①加强对开发商及合作项目的审查；②加强对估值机构、地产经纪和律师事务所等合作机构的准入管理；③业务合作中不过分依赖合作机构。C项，选择合作机构的多少与防控合作机构风险并无必然联系，合作机构过多还会加大银行防控风险的难度。

77．【答案】D

【解析】为了保证个人信用信息的合法使用，保护个人的合法权益，中国人民银行对个人征信系统的安全管理采取了授权查询、限定用途、保障安全、查询记录、违规处罚等措施，以保护个人隐私和信息安全。

78．【答案】D

【解析】个人征信系统所搜集的个人信用信息包括个人基本信息、信贷信息、非银行信息、客户本人声明等各类信息。个人基本信息包括个人身份、配偶身份、居住信息、职业信息等。

79. 【答案】C

【解析】征信服务中心内部核查未发现个人信用数据库处理过程中存在问题的，应当立即书面通知提供相关信息的商业银行进行核查。商业银行应当在接到核查通知的10个工作日内向征信服务中心做出核查情况的书面答复。

80. 【答案】C

【解析】查询机构要按业务档案管理规定对档案资料(包括相关文件)进行管理。信用报告查询相关档案资料保管期限为三年，到期可对档案资料进行销毁。

二、多选题(共45题，每小题1分，共45分，下列选项中有两项或两项以上符合题目的要求，多选、少选、错选均不得分。)

1. 【答案】ABCDE

【解析】有些银行将客户的特征归纳为"5P"要素，包括：①个人因素(Personal Factor)；②资金用途因素(Purpose Factor)；③还款来源因素(Payment Factor)；④债权保障因素(Protection Factor)；⑤前景因素(Perspective Factor)。与此类似，还有"5W"因素分析法，即借款人(Who)、借款用途(Why)、还款期限(When)、担保物(What)及如何还款(How)。

2. 【答案】ABCD

【解析】购房首付款证明材料，包括借款人首付款交款单据(如发票、收据、银行进账单、现金交款单等)，首付款尚未支付或者首付款未达到规定比例的，需提供用于购买住房的自筹资金的有关证明。

3. 【答案】AB

【解析】A项，个人贷款的利率需按中国人民银行的规定执行，可根据贷款产品的特性，在一定的区间内浮动；合同利率是贷款银行根据法定贷款利率和中国人民银行规定的浮动幅度范围以及利率政策等，经与借款人共同商定，并在借款合同中载明的某一笔具体贷款的利率。B项，贷款利率的公式为：利率=利息额/本金。

4. 【答案】ABCE

【解析】根据《担保法》的规定，下列单位或组织不能担任保证人：①国家机关；②学校、幼儿园、医院等以公益为目的的事业单位、社会团体；③企业法人的分支机构、职能部门，但如果有法人授权的，其分支机构可以在授权的范围内提供保证。

5. 【答案】ABCE

【解析】个人质押贷款的特点包括：①贷款风险较低，担保方式相对安全；②时间短、周转快，个人质押贷款一般是急用，要求效率较高，办理时间短，手续简便；③操作流程短，个人质押贷款一般在柜台办理，按照网点授权大小进行审批，同行开出的权利凭证办理质押贷款便于核实，效率较高；④质物范围广泛。

6. 【答案】ABD

【解析】A项，借款期限越长，每月还款就越少，但总还款额必然上升；B项，等额本息还款法和等额本金还款法作为常用的个人住房贷款还款方法，分别适合不同情况的借款人，没有绝对的利弊之分；D项，公积金个人住房贷款不以营利为目的，实行"低进低出"的利率政策，带有较强的政策性，贷款额度受到限制，是一种政策性个人住房贷款。

7. 【答案】CDE

【解析】个人耐用消费品贷款是指银行向自然人发放的用于购买大额耐用消费品的人民币担保贷款。其中，耐用消费品通常是指价值较大、使用寿命相对较长的家用商品，包括除汽车、房屋以外的家用电器、电脑、家具、健身器材和乐器等。

8. 【答案】BC

【解析】2003年4月，中国人民银行批准花旗银行集团和上海浦东发展银行合资成立信用卡公司，标志着外资银行开始进入我国信用卡市场。

9. 【答案】ABCDE

【解析】在个人贷款营销中，银行市场环境分析的宏观环境因素包括经济与技术环境、政治与法律环境以及社会、人口与文化环境。其中，社会、人口与文化环境包括信贷客户分布与构成，购买金融产品的模式与习惯，人口构成结构的变动、劳动力的结构与素质，社会思潮和社会习惯，主流理论和价值等。

10. 【答案】ABCDE

【解析】根据迈克尔·波特的竞争战略理论，银行实现营销目的的策略包括：①低成本策略；②产品差异策略；③专业化策略；④大众营销策略；⑤单一营销策略；⑥情感营销策略；⑦分层营销策略；⑧交叉营销策略。

11. 【答案】BD

【解析】个人贷款借款人为具有完全民事行为能力的中华人民共和国公民或符合国家有关规定的境外自然人。

12. 【答案】ADE

【解析】业务部门应根据贷款审批人的审批意见做好以下工作：①对未获批准的借款申请，贷前调查人应及时告知借款人，将有关材料退还，并做好解释工作，同时做好信贷拒批记录存档；②对需补充材料的，贷前调查人应按要求及时补充材料后重新履行审核、审批程序；③对经审批同意或有条件同意的贷款，如贷款条件与申报审批的贷款方案内容不一致的，应提出明确的调整意见，信贷经办人员应及时通知借款申请人并按要求落实有关条件、办理合同签约和发放贷款等。

13. 【答案】ABCDE

【解析】贷款审批中需要注意的事项除ABCDE五项外，还包括：严格执行客户经理、业务主管、专职审批人和牵头审批人逐级审批的制度。

14. 【答案】ABCE

【解析】银行通过现场咨询、窗口咨询、电话银行、网上银行、业务宣传手册等渠道和方式，向拟申请个人贷款的个人提供有关信息咨询服务。

15. 【答案】BC

【解析】AD两项，个人贷款的对象仅限于自然人，而不包括法人；E项，个人贷款的借款人为具有完全民事行为能力的中华人民共和国公民或符合国家有关规定的境外自然人。

16. 【答案】ABDE

【解析】除ABDE四项外，借款人、担保人构成违约行为的情况还包括：①抵押物受毁损导致其价值明显减少或贬值，以致全部或部分失去了抵押价值，足以危害贷款银行利益，而借款人未按贷款银行要求重新落实抵押、质押或保证的；②抵押人、出质人未经贷款银行书面同意擅自变卖、赠予、出租、拆迁、转让、重复抵(质)押或以其他方式处置抵(质)押物的；③借款人、担保人在贷款期间的其他违约行为。

17．【答案】CDE

【解析】按照五级分类方式，不良个人住房贷款包括五级分类中的后三类贷款，即次级、可疑和损失类贷款。银行应按照银行监管部门的规定定期对不良个人住房贷款进行认定。

18．【答案】ABDE

【解析】借款合同应当符合《合同法》的规定，明确约定各方当事人的诚信承诺和贷款资金的用途、支付对象(范围)、支付金额、支付条件、支付方式等。借款合同应设置相关条款，明确借款人不履行合同或怠于履行合同时承担的违约责任。

19．【答案】ABCD

【解析】公积金个人住房贷款是住房公积金使用的中心内容。公积金个人住房贷款实行"存贷结合、先存后贷、整借零还和贷款担保"的原则。

20．【答案】ABCDE

【解析】个人汽车贷款贷后与档案管理包括：①贷后检查；②合同变更；③贷款的回收；④贷款风险分类与不良贷款管理；⑤贷后档案管理。

21．【答案】BCDE

【解析】A 项，在贷款期间，经贷款银行同意，借款人可根据实际情况变更贷款担保方式。

22．【答案】ACE

【解析】开发商资信审查具体包括：①房地产开发商资质审查；②企业资信等级或信用程度；③经国家工商行政管理机关核发的企业法人营业执照；④税务登记证明；⑤会计报表；⑥开发商的债权债务和为其他债权人提供担保的情况；⑦企业法人代表的个人信用程度和管理层的决策能力。

23．【答案】ABDE

【解析】根据《担保法》的规定，学校、医院等公益性事业单位公益财产，所有权不明、有争议的财产以及宅基地使用权不得设定抵押，共有财产的抵押须取得共有人的同意，公司董事、经理不得以公司财产为个人提供抵押担保。

24．【答案】ABDE

【解析】C 项，相对商业贷款，公积金个人住房贷款利率相对较低。

25．【答案】ADE

【解析】BC 两项是验证工资收入真实性的方法。

26．【答案】ABDE

【解析】C 项，公积金个人住房贷款的利率比自营性个人住房贷款利率低。

27．【答案】BDE

【解析】A 项，商业助学贷款实行"部分自筹、有效担保、专款专用和按期偿还"的原则；C 项，各商业银行、城市信用社和农村信用社等金融机构均可开办商业助学贷款。

28. 【答案】AB

【解析】影响个人教育贷款借款人还款能力的因素包括：①借款人为受教育人的，毕业后如一时难以找到工作，无还款来源，其父母等关系人又因失业、疾病等原因致使家庭经济条件恶化，无法按计划偿还贷款；②借款人为受教育人父母的，随着国有企业改制和政府机构改革的深化，受教育者父母的下岗或分流压力加大，未来收入难以预测。

29. 【答案】ABCDE

【解析】个人经营贷款中，借款人以自有或第三人的财产进行抵押，抵押物须产权明晰、价值稳定、变现能力强、易于处置。银行在实际操作中要注意抵押文件资料的真实有效性、抵押物的合法性、抵押物权属的完整性、抵押物存续状况的完好性等。

30. 【答案】BCDE

【解析】申请个人汽车贷款需提交的申请材料包括：①合法有效的身份证件，包括居民身份证、户口本或其他有效身份证件，借款人已婚的还需要提供配偶的身份证明材料；②贷款银行认可的借款人还款能力证明材料，包括收入证明材料和有关资产证明等；③购车首付款证明材料等。如果借款所购车辆为商用车，还需提供所购车辆可合法用于运营的证明，如车辆挂靠运输车队的挂靠协议和租赁协议等。

31. 【答案】ABCD

【解析】E项属于个人汽车贷款在贷款签约和发放过程中的风险。

32. 【答案】ABCD

【解析】由于汽车贷款购买的标的产品为移动易耗品，以汽车作抵押的风险缓释作用有限，其风险相对于住房贷款来说更难把握。特别是在国内信用体系尚不完善的情况下，商业银行对借款人的资信状况较难评价，对其违约行为缺乏有效的约束力。因此，汽车贷款风险控制的难度相对较大。

33. 【答案】ABCD

【解析】个人汽车贷款以贷款所购车辆作抵押的，借款人须在办理购车手续后，及时到贷款银行所在地的车辆管理部门办理车辆抵押登记手续，并将购车发票原件、各种缴费凭证原件、机动车登记证原件、行驶证复印件、保险单等交予贷款银行进行保管。

34. 【答案】ABCDE

【解析】为防范操作风险，银行应对产权、使用权不明确或当前管理不规范的不动产抵押物谨慎受理，包括自建住房、集体土地使用权、划拨土地及地上定着物、工业土地及地上定着物、工业用房、仓库等。

35. 【答案】ABCE

【解析】除ABCE四项外，借款人申请个人商用房贷款，还须提交：①借款申请表；②所购商用房为二手房的，须提供售房人开具的首期付款的收据原件及复印件；③拟购房产为共有的，须提供共有人同意抵押的证明文件，抵押房产如需评估，须提供评估报告原件；④贷款人要求提供的其他文件或资料。

36. 【答案】ABCDE

【解析】根据《物权法》第一百八十四条的规定，下列财产不得抵押：①土地所有权；②耕地、宅基地、自留地、自留山等集体所有的土地使用权，但法律规定可以抵押的除外；③学校、幼儿园、医院等以公益为目的的事业单位、社会团体的教育设施、医疗卫生设施和其他社会公益设施；④所有权、使用权不明或者有争议的财产；⑤依法被查封、扣押、监管的财产；⑥法律、行政法规规定不得抵押的其他财产。

37. 【答案】ABD

【解析】C 项属于贷款受理与调查中的风险；E 项属于贷款审查与审批中的风险。

38. 【答案】ACDE

【解析】B 项，应由贷前调查人提出是否同意贷款的明确意见。

39. 【答案】ACDE

【解析】贷款审批人应根据审查情况签署审批意见，对未获批准的贷款申请，应写明拒批理由；对需补充材料后再审批的，应详细说明需要补充的材料名称与内容；对同意或有条件同意贷款的，如贷款条件与申报审批的贷款方案内容不一致的，应提出明确的调整意见。贷款审批人签署审批意见后，应将审批表连同有关材料退还业务部门。对未获批准的贷款申请，贷款人应告知借款人，贷款签批人不得同意发放。

40. 【答案】ABCD

【解析】在估值机构、地产经纪和律师事务所等合作机构的选择上，银行应把握以下几条总体原则：①具有合法、合规的经营资质；②具备较强的经营能力和好的发展前景，在同业中处于领先地位；③内部管理机制科学完善，包括高素质的高管人员、有明确合理的发展规划、业务人员配备充足和有完善的业务办理流程等；④通过合作切实有利于商用房贷款业务的发展，包括可以拓展客户营销渠道、提高业务办理效率和客户服务质量、降低操作成本等。

41. 【答案】ABC

【解析】在个人经营贷款的贷前调查中，贷款人受理借款人个人经营贷款申请后，应履行尽职调查职责，对个人经营贷款申请内容和相关情况的真实性、准确性、完整性进行调查核实，形成贷前调查报告。

42. 【答案】ABCDE

【解析】办理个人经营贷款时，担保机构应具备的基本准入资质除 ABCDE 五项之外还包括：此类担保公司，原则上要求其与贷款银行进行独家合作，如与多家银行合作，应对其担保总额进行有效监控。

43. 【答案】ABDE

【解析】我国的全国个人信用信息基础数据库系统中，依法采集和保存的全国银行信贷信用信息主要包括个人在商业银行的借款、抵押、担保数据及身份验证信息，在此基础上，将逐步扩大到保险、证券、工商等领域，从而形成覆盖全国的基础信用信息服务网络。

44. 【答案】ACDE

【解析】中国人民银行颁布的《个人信用信息基础数据库管理暂行办法》明确规定，除了本人以外，商业银行只有在办理贷款、信用卡、担保等业务时，或贷后管理、发放信用卡时才能查看个人的信用报告。

45. 【答案】CE

【解析】如果异议信息确实有误，但因技术原因暂时无法更正的，征信服务中心应对该异议信息做特殊标注，以有别于其他异议信息，并在书面答复中予以说明，待异议信息更正后，提供更正后的信用报告。

三、判断题(共 15 题，每小题 1 分，共 15 分，正确的选 A，错误的选 B；不选、错选均不得分。)

1. 【答案】B

【解析】个人信用贷款是银行向自然人发放的无须提供任何担保的贷款。

2. 【答案】B

【解析】一般来说，贷款期限在 1 年以内(含)的实行合同利率，遇法定利率调整不分段计息，执行原合同利率；贷款期限在 1 年以上的，合同期内遇法定利率调整时，可由借贷双方按商业原则确定，可在合同期间按月、按季、按年调整，也可采用固定利率的确定方式。

3. 【答案】B

【解析】各发卡行审核的具体因素、过程和标准不尽相同，因此，同样的材料在不同的银行可能会出现核发的信用额度不同，信用卡的种类不同，甚至会出现有的银行审核通过，而有的银行拒发的情况。

4. 【答案】A

【解析】对于二手个人住房贷款，商业银行最主要的合作单位是房地产经纪公司，两者之间其实是贷款产品的代理人与被代理人的关系。一般来说，资信度高、规模大的经纪公司具备稳定的二手房成交量，经手的房贷业务量也相应较大，往往能与银行建立起固定的合作关系。

5. 【答案】A

【解析】银行市场细分的策略，即通过市场细分选择目标市场的具体对策，主要包括集中策略和差异性策略两种。

6. 【答案】A

【解析】个人住房贷款的合同填写完毕后，填写人员应及时将有关合同文本交合同复核人员进行复核。同笔贷款的合同填写人与合同复核人不得为同一人。

7. 【答案】B

【解析】行为评分本质上是对客户"变坏"的可能性的一种直观化的表现形式，评分越高，成为"坏"客户的可能性越低。

8. 【答案】B

【解析】银行对个人信用贷款的借款人一般有严格规定，需要经过严格审查。此外，由于个人信用记录和个人信用评级时刻都在变化，因此还需要时时跟踪个人的信用变化状况，银行操作成本并不低。

9. 【答案】A

【解析】市场法适用的条件是在同一供求范围内存在较多类似房地产的交易。例如，在房地产市场发育不良、市场不活跃的地区，则难以采用市场法估价。

10. 【答案】B

【解析】个人住房贷款业务中，在所抵押的住房取得房屋所有权证并办妥抵押登记后，根据合同约定，抵押加阶段性保证人不再承担保证责任。

11. 【答案】B

【解析】《保险法》赋予保险公司解除保险合同的权利，即如果投保人故意或过失不履行如实告知义务，足以影响保险人决定是否同意承保或提高保险费率的，保险人有权解除保险合同。

12．【答案】A

【解析】采取购买个人汽车贷款履约保证保险方式的，借款人需购买与贷款银行有相关业务合作关系的保险公司的履约保证保险产品，并在保险单中明确第一受益人为银行。保证保险是财产保险的一种，银行只是保证保险合同中的被保险人而不是保险合同的一方当事人。

13．【答案】A

【解析】商用房贷款信用风险的防范措施包括加强对保证人还款能力的调查和分析，保证人经济实力下降或信用状况恶化是导致保证人还款能力下降的主要原因，这种风险会使保证担保对银行债权的保障能力降低，第二还款来源严重不足。

14．【答案】B

【解析】个人信用报告中的信息主要有六个方面：①公安部身份信息核查结果；②个人基本信息；③银行信贷交易信息；④非银行信用信息；⑤本人声明及异议标注；⑥查询历史信息。

15．【答案】A

【解析】个人信用信息基础数据库对查看信用报告的商业银行信贷人员进行管理，每一个用户在进入该系统时都要登记注册，而且计算机系统自动追踪和记录每一个用户查询个人信用报告的情况，并展示在个人的信用报告中。